大运营

后流量时代的企业运营笔

小海龟智库◎著

電子工業出版社
Publishing House of Electronics Industry
北京·BEIJING

内容简介

本书从企业生命周期的视角来看待企业运营重点的进化，并对流量运营、会员运营、商家运营、体验运营、品牌运营、数据运营、产品运营、内容运营、社交运营等各个细分领域进行了体系化的梳理。全书知识点的介绍具体全面、体系清晰、案例充分，涵盖了电商、酒旅、020 互联网公司的运营的最新一手案例，并通过思维导图的形式对大运营的理论体系和知识树进行了展示。

本书适合有意愿从事运营工作的大学生和对数字化时代的企业运营战略感兴趣的读者阅读。

图书在版编目（CIP）数据

大运营：后流量时代的企业运营策略 / 小海龟智库著 .-- 北京：电子工业出版社，2020.7
ISBN 978-7-121-39188-0

Ⅰ .①大… Ⅱ .①小… Ⅲ .①网络公司—企业管理—研究—中国 Ⅳ .① F279.244.4
中国版本图书馆 CIP 数据核字 (2020) 第 114501 号

责任编辑：石会敏
印　　刷：天津千鹤文化传播有限公司
装　　订：天津千鹤文化传播有限公司
出版发行：电子工业出版社
　　　　　北京市海淀区万寿路 173 信箱　邮编：100036
开　　本：787×1 092　1/16　　印张：18.25　　字数：296 千字
版　　次：2020 年 7 月第 1 版
印　　次：2020 年 8 月第 2 次印刷
定　　价：59.00 元

凡所购买电子工业出版社图书有缺损问题，请向购买书店调换。若书店售缺，请与本社发行部联系，联系及邮购电话：（010）88254888，88258888。

质量投诉请发邮件至 zlts@phei.com.cn，盗版侵权举报请发邮件至 dbqq@phei.com.cn。

本书咨询联系方式：738848961@qq.com。

序

《大运营》是一本什么书

《大运营：后流量时代的企业运营策略》（简称《大运营》）不是教科书读本，不是汇报给董事长的PPT。你不必担心佶屈聱牙的行文和又端又装的空洞论调；不必担心只有骨骼体系而无血肉内涵的干巴文字；不必担心毫无新意、老酒新瓶式的沉闷说教；不必担心高高在上的庙堂之论而无一线炮火声中的咆哮呐喊。

《大运营》不是互联网大拿的讲座，宏图伟业离我们太远。它是BAT及独角兽公司总监层亲自执笔而作的轻量级互联网入门图书，面向入门员工、基层管理者以及对互联网行业感兴趣的普通大众，界面友好。睡前读一段，如同你我身边的高人指路。

《大运营》更不是互联网圈的戏说与漫画。它按互联网部门设置来规划，介绍实打实的案例与项目分析，梳理出非碎片化的专业知识系统思维导图。项目经验情节主导的编写风格，让你看见总监们亲自挖过填过的坑、躲过的飞刀、迈过的门槛儿以及深夜无人处流过的眼泪……

《大运营》不是同一口味的菜，它更像一桌满汉全席，聚各路精英，以飨读者。笔者相信即使是在互联网运营这一个单一的领域，也需要多视角的审视——电商、出行、O2O、出海领域所面临的运营挑战千差万别；出身流量、用户、品牌、产品、体验、内容的运营总监，其知识体系和对互联网运营的理解也会是横看成岭侧成峰。所以，我们需要体系化地合著，共同梳理新经济下的大运营知识体系，故名为《大运营》。

何谓“大运营”

首先，大运营是运营边界上的“大”。本书是从营销、运营、产品不分家的视角来看运营——我们没有去刻意规范运营的内涵，运营其实是一件非常琐碎的工作，给公众号写文章是运营，看数据提产品需求也是运营，对接渠道互换流量也是运营，提升用户活跃度还是运营。再比如品牌，在传统意义上是属于营销的内容；但在互联网行业，新零售、新经济的时代，完全按照传统的管理学科来规范商业实践中的运营战略，往往是可笑的。我们观察到CMO的困境，如品牌越来越要求得到效果，越来越把关注的重心调整到“增长黑客”的视角来要求CMO的绩效；我们还观察到CTO越来越多地参与到CMO的决策中，MarTech的盛行（用科学技术辅助营销活动/策略的选择）就是很好的例证。COO与CMO之间的边界也日益模糊，在一些技术导向的公司，CTO来主导数据化的营销产品也并不罕见。查理·芒格在《穷查理宝典》中认为“跨学科攻击”才是解决现实世界各种问题的有效方法。人们必须摆脱传统硬学科的桎梏，拥有跨科学的心态，才能高效而成熟地生活。

从运营内涵本身来看，我们虽划分了流量运营、会员运营、商家运营等各个不同的细分领域，但细心的读者将会在阅读的过程中发现，这一划分更多的是源于对运营实践观察的视角，并反映了专家本身的核心能力，其目的并不是要囿于特定主题的讨论。比如，流量运营是从获客的角度来看运营，也包含了如何通过老客流量、内容（文案）以及数据分析来优化流量运营等。运营本身需要“学习转移”的技能。“学习转移”的意思是一个人将他在某处学到的知识应用于其他地方。当我们将从学校或书本中学到的知识应用于现实世界时，我们主要就在运用“学习转移”这一技能。同理，当我们能将某一领域的知识应用于其他领域时，我们也在“学习转移”。按传统学科划分的营销、运营、品牌的绝对边界，乃至数据、流量、品牌等边界正在被不断打破并融会贯通。

从本书适用的行业来看，我们的作者既有来自电商、酒店旅游、O2O互联网公司的运营总监，也有来自传统行业在新经济条件下从事创造性运营的总监。我们不但邀请了大型一线互联网公司的运营总监，也邀请了渐成平台的独角兽公司的运营总监，还包括一些正在成长中的定位突出的小型公司的运营总监。从新产品到成熟产品，从以内容为王到渠道为王、到用户为王的不同企业类型，大运营之大就是跨行业、跨企业类别及规模之大。我们在相互的探讨中发现，行业、企业类型与企业规模的差异对运营战略及策略的影响是巨大的。例如，就运营战略而言，成熟的、大型的、传统的企业在运营战略上更注重“守正”而非“出奇”，在决策因素上，会给避免风险赋予更高的权重，而非追逐盈利；就运营策略方面，更有很多具象的差异，如纯电商行业的运营人员就很少能理解基于位置服务（location based service，LBS）的运营的重要性，而对于本地化服务行业这才是最为重要的运营利器。

其次，大运营是大咖的“大”，本书有的是运营领域的战略及策略层面的思考，而不仅仅是一本技术手册。运营并非是管理，和管理相比，运营这个词可能更多了些“江湖气”，更“接地气”，更琐碎，知易行难——离一线实务太远的理论家来讲运营往往有隔靴搔痒之感。但我们也在合著此书的过程中发现，不同大咖的“知识输出模式”是不同的：有人擅长说，有人擅长写；有人实操一把好手，让他来讲却不知道从何说起。所以从实践到理论的这条路径，我们又再次体会到“知难行易”——做起来有条不紊、大刀阔斧的行家里手，在面临知识凝萃和系统梳理的任务时也并非是手到擒来。

如果在这个行当浸淫十年，就会发现运营行业鱼龙混杂，鹰击蛇行各行其道。不同的人选择的价值观取向和发展路径大不相同。在策划此书之前，我们考察研究了市面上诸多同类书籍，这些书都为从事运营的人士提供了有益的参考。本书的特点和优势在于聚合了更多细分领域的专家，从总监层的各个不同细分领域来鸟瞰整个运营体系，希望我们这本书能对有志于成为运营总监的朋友有所助益。

最后，大运营是格局上的“大”。所谓“格局”体现到行为的层面，就是“有所为有所不为”。从内容运营上看，我们并不倡导“奶头乐”——只在迎合低俗内容消费，我们提倡价值诉求——引导消费、鼓励创新、弘扬文化；不仅追求业绩，也讲究用户体验，尊重用户；不仅追求商业价值，也追求社会价值。我们不屑于用“标题党”的手法来追求运营点击率的奇技淫巧，但致力于挖掘文化、精神内涵，提供“干货”，力图建立大运营的管理流程、思维方法和工具箱。从用户运营方面来看，我们提倡消费者教育——洞察消费者需求，而不仅仅只是迎合消费者的各种口味，放大各种人性的弱点来获取商业利益。当然，我们也认为“包容”是最重要的价值观之一，通过不让消极低俗内容发声的“消灭”方式来引导舆论，甚不可取。

何谓“大咖”

我们认为“大咖”应有家国情怀，对行业的热忱，对创造价值的信念。有诗云：“白日不到处，青春恰自来。苔花如米小，也学牡丹开。”虽远在江湖，我们也立志在新经济时代为中国之崛起贡献不才之智，奉献绵薄之力。“土鳖必须海水放养，海龟必须淡水养殖”——这是马云老师人才观的一句玩笑话：“土鳖”在这里指的是本地人才，意为本地人才需要去外国学习一下外国的先进之处；而你从海外归来的时候又要适应中国本土的发展环境。我们想要致力于打造的“小海龟智库”团队正是这样的人才俱乐部——我们的所谓“大咖”，有在海外工作学习多年又朝气蓬勃地投入祖国一线实业建设中的海归精英；也有在国内市场深耕数十年，不断开疆拓土，跨出国门驰骋疆场的本土豪杰；群贤毕至，少长咸集，草根出身，志在青云；虽非殿堂精英，但愿立大志担大责，是为“大咖”。

互联网这个圈子里有很多有意思的人物！他们跟你我一样，从草根阶层一路高歌猛进，撞得头破血流，却精进磨砺，屡败屡战！与此同时，他们也是日日思嫁却绝不将就的“白骨精”、久居海外却钟情于中国古典文化的高尔夫球手、一把年纪却双面少女心的二宝妈妈、在商场上杀伐决断却恨别鸟惊心的茹素居士、穿梭于建筑丛林却小半年消失于西藏高原的荒野之狼、一边趿着拖鞋蓬头垢面写代码一边为球迷呐喊助威的股市短线小高手、热爱潜水运动精通油画素描的小提琴手兼产品总监、游遍亚欧美非的旅行达人兼中国最大电商的社区运营大咖……历历万乡，从容我心！我迫不及待地想要和你分享他们的人生见解、他们在专业领域的独到专长以及他们别具特色的人格魅力，期待你也能成为他们的朋友。

《大运营》一波三折的诞生

我们对专家的甄选也颇费周章。写书不是一门挣钱的生意，邀请年薪百万起的作者们一起来做这件事，我们是没办法去做物质激励的，只能诉诸情怀——我们要做一本好书，记录一个新经济时代各种传统商业运作方法的变迁；我们要去引导那些曾经像我们一样的年轻人，总结一些少走弯路的方法。成书的另一个实际困难是，500强企业和互联网独角兽公司总监都是企业的核心骨干，平时的工作强度大，每个人的时间都非常不可控。虽然按专题内容组织人力，每位专家只需写1万~3万字的精粹，但从本书的第一个字开始到最终完成花了整个团队两年的时间。

互联网行业是中国的优势行业，整理并梳理该行业的知识体系和经验传播，是中国商业界向全世界进行知识输出和商业模式输出的一个最有可能的领域和出口。互联网行业及AI时代的到来将会颠覆过去的企业组织结构和有效的企业商业运作模式，而这一模式和结构是什么，传统商学院的教材并没有讲。商学院的系统课程大多数是对过去商业世界成功经验的知识总结，而在新经济时代行之有效的方法需要从最前沿、最一线的实践和观测中去总结。

本套书的策划团队也期望能够组织一批互联网的有识之士，以及由传统行业转型的先锋精英，从一线行业实践的角度反思商业理论和经典体系，梳理来自实业界的方法论和思维体系，抛砖引玉，献计献策。我们也期待更多的一线大咖能够在商场搏杀的间隙，拨得沉淀与静思的时空，加入小海龟智库俱乐部，一起来聊在新经济时代快乐做企业的故事。

最后，特别感谢各位合著专家付出的时间、精力和热忱，关注本书的领导、帮助引荐专家的朋友，以及武汉大学汪涛老师，唯品会蒋泾、魏燕翔先生，美团郭庆先生，欧美同学会王悦、乌兰高娃女士，CR Capital管理合伙人郭静女士等的鼓励和帮助。

小海龟智库

目录

CONTENTS

导论　新经济与大运营版图

风起于青萍之末，浪成于微澜之间。新经济与大运营一脉相承，既是新时代的产物，也是当下中国企业管理理论与实践的需要。大运营版图的构成有如一个有机体，各构成要素各司其职又相互交织，并不断进化。运营人需要具备“跨学科攻击”的能力，并不断自我修炼。

第一章　流量运营的“上帝视角”

新经济时代是全球化竞争的时代，是中国企业走出去的时代。互联网行业是中国的优势行业，在移动互联网方兴未艾的国际市场上，中国互联网企业输出中国市场上验证成功的商业模式，如同具备了“上帝视角”的运营优势。

第二章　后流量时代会员运营的春天

新经济是用户至上、以人为本的经济。会员运营为企业创造持续满意和忠诚的用户，重视用户的终身价值。以3R（VR、AR、MR）、AI与区块链为代表的新技术使会员运营的未来充满了想象空间。

第三章　品牌运营的哲学、科学与艺术

新经济是丰饶经济：产品过剩、传播过剩、信息过剩；移动互联网进一步将这种过剩放大。以心智规律寻求差异化优势机会，组织资源配置，最终创造竞争优势成为移动互联网时代品牌运营的不二法则。

第四章 体验运营——终极之路

新经济呈现迈向体验经济的端倪。为顾客创造独一无二、难以忘怀、不可复制的美好生活瞬间将是企业的终极使命。

第五章 数据运营

新经济是大数据与人工智能并驾齐驱的经济。数据运营如同人类的理性左脑，是运营制胜的关键思维之一。

第六章 内容运营为王

新经济时代内容为王，内容运营与品牌、社群、用户有着水乳交融的天然联系。当下，新媒体运营、用户生成内容与IP赋能成为内容运营最炙手可热的三大主题。

第七章　商家运营：赋能、生态、共赢

新经济时代是平台型企业崛起的时代。平台型企业的商家运营实质是在做供应链端的平台用户运营。平台企业一手连接终端用户，一手连接商家，凭借信息、交易和数据，理解用户，赋能商家，更好地服务于用户。

第八章　无所不在的活动运营

新经济条件下诞生了跨界营销、场景营销等诸多新营销概念，其底层动力或可归结为企业生态系统依存关系的加深及集团化竞争的趋势。活动运营是运营系统中无处不在的最小细胞，运营的落地从活动运营开始。

第九章 产品运营——一个互联网产品的诞生和发展

新经济是以信息技术为基础设施的经济。新经济时代的大运营离不开产品，而一个互联网产品诞生和发展的不同阶段，需要运营人具备全面的能力，即在从0到1、从1到10及10以后的世界实现商业价值、用户价值和产品价值的统一。

第十章 社交运营——新的活力

新经济是社交经济、分享经济。新型社交经济模式是关系驱动的网络经济，个体会利用技术手段与他人更好地连接，从而得到优质的商品和服务。社交运营在这一背景下大放异彩，社交运营为大运营版图注入了新的活力。

第十一章　运营总监的人力资源管理

一切问题都是人的问题，不论新经济还是传统经济均是如此。从管理生产力到管理生产关系是管理的质的飞越。正确的组织人才观和方法论往往需要那些精通业务、从一线摸爬滚打提拔上来的运营总监们进行系统化的学习。

导论

新经济与大运营版图

作者：陈露蓉

风起于青萍之末，浪成于微澜之间。新经济与大运营一脉相承，既是新时代的产物，也是当下中国企业管理理论与实践的需要。大运营版图的构成有如一个有机体，各构成要素各司其职又相互交织，并不断进化。运营人需要具备“跨学科攻击”的能力，并不断自我修炼。

一、新经济与大运营一脉相承

“新经济”的概念起源于美国。20世纪90年代以来，美国经济在高速平稳增长的同时，通货膨胀（简称“通胀”）率、失业率和财政赤字都控制在较低水平，呈现出数十年少有的“一高三低”的理想状态。这使传统上描述失业与通胀反向相关关系的所谓菲利普斯曲线不再适用，因此被称为“新经济”。美国的新经济，被认为是由信息技术革命和经济全球化浪潮所带来的。

新经济概念在美国兴起之后，随之在世界范围内广泛传播与使用。中国在经历了1990—2010年这20年传统经济的高速增长期后，进入了平台期（即所谓的“新常态”）。如果新经济在经济高速平稳增长的同时，还能将通货膨胀率、失业率和财政赤字都控制在较低水平，无疑颇具吸引力。

以上讲的是“新经济”之“新”的宏观层面，毫无疑问，对于积极主动的政府而言，“新经济”是很有吸引力的概念。近年来，“新经济”一词被越来越多地用于不同场合，但内涵却发生了一些变化。许多人正在把以信息、网络为代表的“新科技产业”或“科技板块”称为“新经济”，而把其他所谓的

"传统产业"称为"旧经济"（见表0-1）；此外，利用新的技术手段对传统行业进行改造，也开始冠以"新经济"的名词，如"新零售""新制造""新金融""新技术""新能源"，从而引发了一波又一波投资新经济的热潮。比如，马云和雷军先生首创的"新零售"概念，其"新"的内涵体现在线上线下的全渠道融合发展、大数据技术和用户精准画像、新科技赋能全新的用户体验（如无人零售）、新生代消费群体及消费者社群的异军突起以及应运而生的创新品牌上，这些都给传统零售行业带来了新的挑战、机遇与活力。从中观行业的角度来理解新经济，对于普通商业企业从业人员而言具有提高认知格局和指引战略方向的作用。

表0-1 "新经济"与"旧经济"的区别

区别	旧经济	新经济
经济形态	以制造业为基础的"传统工业经济形态"	以信息技术为基石的"新的科技经济形态"
核心产业	第二产业	兼容并包第一、第二、第三产业
中心活动	生产	研发与服务
经济周期	扩张与收缩周期明显	扩张期超长，可持续发展
发展路线	高投入、高耗能的粗放式发展	高人力资本、高科技技术投入的集约型发展
经济目标实现状况	物价、失业率、经济增长、国际收支平衡四大宏观经济目标难以同时实现	低通胀、低失业率、低财政赤字并存

资料来源：安信证券研究中心。

我们无意从宏观经济层面以及行业中观层面来厘清新经济之"新"的内涵和外延；"春江水暖鸭先知"，任何新趋势的展开和新模式的端倪都会在微观经济活动主体（包括企业）的具体经营中率先体现出来。从微观的企业运营上讲，新经济到底意味着什么？这些新的趋势对企业大运营的方方面面提出了什么新的要求，是我们想要在本书中探索和试图解答的问题（见表0-2）。

表0-2 新经济与大运营的内在关系

新经济	大运营
新经济是全球化竞争的经济	流量运营——拥抱国际竞争
新经济是用户至上、以人为本的经济	会员运营——创造用户价值
新经济是注意力短缺的丰饶经济	品牌运营——打造中国品牌

（续表）

新经济	大运营
新经济呈现迈向体验经济的端倪	体验运营——实现终极进化
新经济是大数据与人工智能并驾齐驱的经济	数据运营——理性大脑与智慧
新经济是内容为王的经济	内容运营——感性大脑与创意
新经济时代是平台型企业崛起的时代	商家运营——赋能、生态、共赢
新经济时代是企业联盟和跨界营销兴起的时代	活动运营——无处不在的运营基本功
新经济是以互联网技术为基础设施的经济	产品运营——结构化落地工具
新经济是个体崛起、社交与分享的经济	社交运营——个体时代的网络经济

新经济是全球化竞争的经济。目前在互联网业内流行一句话：“流量红利时代已经过去，线上流量枯竭。”这句话对吗？应该说，这句话只是基于国内主流市场（一、二线城市）和成熟商业模式（如电商行业）的判断。首先，在其他一些发展中国家，移动互联网的发展正处于上升期，有的甚至才刚刚开始。中国企业在“一带一路”倡议下，越来越积极主动地参与到国际竞争当中。特别是在中国市场上被验证成功的互联网产品，向其他国家进行复制和输出，成功的概率将会大为提升。比如，跨境电商、小游戏、智慧出行平台的出海，都获得了不菲的战绩。出海企业做好流量运营，对于开拓国际市场、寻找新的流量红利无疑具有重要价值。其次，在国内一些流量只有存量转移没有红利增长的细分市场里，企业无疑更需要关注流量（注意力）存量的配置。我们看到每年总有新的“爆款产品”出现——从今日头条到抖音，从各种微信公众号到小程序，关注流量的爆发口和趋势性产品无疑也能在所谓“流量枯竭”的市场上找到新的增长点，这其中也包括“线下”的渠道，如低线城市与农村市场仍存在流量红利。最后，“互联网+教育”和“互联网+医疗”等行业的互联网渗透率仍然具备超强的增长潜力。在本书第一章，我们集中探讨出海企业如何在国际市场上获取流量。

新经济是用户至上、以人为本的经济。彼得·德鲁克（Peter Drucker）说，企业存在的目的就是创造顾客。“以用户为中心”这个说法一直都在商业教科书中不断被强调，而在商业实践中却长期被漠视，直到“互联网思维”在企业界盛行。互联网思维即用户思维，商业模式创新的套路往往是先圈定用户，再进行用户变现。传统商业模式中创造顾客和创造利润是同时的，而创新的商业模式把创造用户和创造利润的过程分离，将创造用户优先考虑。“以用户为中心”从过去体现在口号上，变为切实落地到了讨好用户的方方面面：大数据让互联网企业更加了解用户，能够给出个性化的解决方案；用户运营中心通过各种活动和产品来服务用户；对用户的各种亲密的称呼，如“小主”“上仙”“亲”等；关心用户的痛点，对投诉毫不犹豫地道歉、退钱——这些做法相比传统行业店大欺客的傲慢态度无疑进步了百倍。必须承认，为用户创造价值才是企业赖以生存的基础。本书第二章介绍了会员运营的方法论、以会员为中心的团队组织以及会员运营所需秉持的价值观。

新经济是注意力短缺的丰饶经济。而塑造品牌正是让企业在短缺的消费者注意力中脱颖而出，节省消费者选择成本的好办法。如同法人是企业的法律身份，品牌是企业的商业身份。在商业的大潮里，来来往往、生生死死的企业何其多，很多企业终其一生也只是芸芸众生之中的无名之辈。企业只有到了品牌这个阶段才能真正被商业世界的其他主体注意到。品牌是公司的一套符号系统，起到增强识别的作用，从而使企业在物质世界占领市场之后，开始占领人们的心智。一旦拥有“品牌资产”，甚至可以让物质上消失的企业起死回生，如“健力宝”饮料和“回力”球鞋，在“死去”20多年后又重返市场。此外，品牌还是一套意义系统，不论是诉诸理性的信誉，还是感性的品牌公众形象，最终都是要引起人们的共鸣。所以从这个意义上讲，品牌不属于企业，而属于消费者，存在于消费者的心智之中。中国企业目前正逐渐步入打造中国品牌的起步阶段，在全球经济圈中开始出现中国企业品牌的靓丽身影。与广为大众熟知的《财富》“世界500强企业”不同（这份榜单更关注总资产，即量的方面），中国企业不断入驻各种“品牌力”榜单（这些榜单更关注企业品牌的质的方面）。例如，美国的世界品牌实验室（World Brand Lab）发布的“世界品牌500强”榜单，英国的Brand Finance公司发布的BSI指数，英国的WPP集团发布的BrandZ品牌榜单，登上这些品牌榜单才真正意味着中国企业在全球市场上的知名度开始提升。本书第三章介绍了在品牌运营阶段，企业如何以心智规律寻求差异化优势机会，组织资源配置，并最终创造竞争优势的不二法则。

新经济呈现迈向体验经济的端倪。客观地讲，我们的现实商业世界离体验经济时代还相距遥远，但不妨碍一部分富裕人群已经处于体验经济的阶段——价格、性价比、品质、品牌这些购买决策因素对他们统统失效，他们只看重个体的“体验”。在圈层的包围中，我们大部分普通人也要在人生漫漫无期的平淡中寻求突破的兴奋点，追求不同寻常的体验“时刻”，并将其收藏作为人生值得回忆的片段——一次放松身心的奢侈旅行、一次惊喜的购物体验都让人分外留恋。人生的本质是一次生命旅行的体验。为顾客创造独一无二、难以忘怀、不可复制的美好生活瞬间是企业的终极使命，所以我认为体验运营是企业运营的终极进化。本书第四章梳理了知名学者对体验经济的前瞻性预测，介绍了体验经济的战略模型和策略工具，并结合商业实践提出了体验经济研究的新方法论，大胆展望了体验经济的未来。

新经济是大数据与人工智能并驾齐驱的经济。可以确定，谁掌握了数据，谁就掌握了未来。未来企业的核心竞争优势，将是对数据资源的专属和垄断。数据运营就是要积累、提炼、分析数据，进而客观、理性地指导企业的运营。在企业实践中，数据往往为老板所掌控，而一线员工只是执行，这是本末倒置的。数据支持不应仅是企业战略决策的数据支持，更主要的应是辅助制定一线策略以指导具体的行动；而在战略决策层面往往没有那么确定的数据可供参考，也更不能仅仅依赖于数据来做决策。另外，数据运营的自动化具有重要价值。硅谷企业没有运营岗，很大一部分原因就在于基于数据的运营产品化让大部分运营工作本身实现了自动化。数据运营威力无穷，个性化推荐、精准营销、增长黑客等热词都与数据运营相关。本书第五章介绍了硅谷知名企业的数据运营基本方法、数据运营组织结构、数据运营的中外比较，以他山之石助力中国的企业数据运营实践。

新经济是内容为王的经济。新经济时代媒体、广告和品牌运营都发生了新变化，传统大众媒体与网络媒体、社交媒体逐渐融合，以更加个性化和互动的方式精准地吸引目标用户群体。内容运营，即内容营销（content marketing）管理者利用付费媒体（paid media）、自有媒体（owned media）、赢得媒体（earned media）、分享媒体（shared media）等沟通渠道[①]与用户一起或在用

① 付费媒体：营销者付费才能使用的促销渠道，包括付费的传统媒体（如电视、广播、平面或户外广告）、网络和数字媒体（付费搜索广告、网页及社交媒体展示广告、移动广告或电子邮件营销）。自有媒体：由公司自己所有并管理的促销渠道，包括公司网站、博客、官方社交媒体账号、品牌社群、营销人员、促销活动等。赢得媒体：公共关系媒体渠道（如电视、报纸、博客、视频网站等），不需要营销者直接付费或控制，但因为观众、读者或用户感兴趣而主动自发参与或传播的媒体。分享媒体：在用户之间传播的媒体，如博客、微信等社交媒体、各种裂变营销渠道，以及传统的消费者口碑。

户之间创造、激发和分享品牌信息和对话。本书第六章着重介绍了内容运营中最为火爆的三个话题：新媒体运营、用户生产内容（User Generated Content，UGC）与知识产权（Intellectual Property, IP）赋能内容运营。作者凭借数十年娴熟老道的专业修炼，把这三大炙手可热的内容运营方法论，以轻松的笔触融入网易、马蜂窝、途家等新派公司鲜活的案例中，向读者展现了内容运营的巨大威力。

新经济时代是平台型企业崛起的时代。赋能、生态、共赢是新经济的三个关键词。平台企业一手连接终端用户，一手连接商家，历经信息平台、交易平台和数据平台三个阶段。平台型企业的商家运营，其实质也是在做供应链端的平台用户运营。本书第七章介绍了平台型企业从信息平台、交易平台到数据平台的发展历程，总结了作者独创的商家运营系统模型，并展望了平台型企业对供应商门店管理、供应链、金融、人才培训等方面全面赋能的未来趋势。

新经济时代是企业联盟和跨界营销兴起的时代。我们看到BATJ①一线互联网企业都设置了不同的事业群，在战略投资上进行生态布局，映射到一般企业的运营活动中则是跨企业的战略合作及大量跨界营销活动的蓬勃兴起。本书第八章详细介绍了活动运营的核心内容，活动运营指标的设定、拆解与落地，活动方案的制订及落地执行，并对跨界营销活动进行了重点介绍和相关案例分析。活动运营如同大运营的细胞，是最接地气、最能锻炼全面运营基本功的一个运营板块，所有的大运营板块都从活动运营开始，或者依托活动运营来落地执行。

新经济是以互联网技术为基础设施的经济。互联网的一个关键词是“产品化”——内容运营、数据运营、流量运营、会员运营、商家运营、活动运营等的具体内容都可以“产品化”。产品化的目的是提高运营效率，把同类的运营操作集成、自动化，以实现特定的运营功能。除此之外，更重要的是产品往往是运营的起点，了解一个互联网产品“从0到1”“从1到10”，以及“10以上的世界”等各个不同阶段的产品运营重心至关重要。产品运营就像是运营的骨骼和阵地，是实现各个运营板块功能的结构化的落地工具。本书第九章从产品总监的视角来看大运营，介绍了在一个产品从诞生、发展到成熟的各个阶段，

① BATJ是百度、阿里巴巴、腾讯、京东四大互联网公司的简称。

产品运营应该注意的关键点。

新经济是个体崛起、社交与分享的经济。硅谷知名未来学家、未来学院执行总监玛丽娜·戈尔比斯（Marina Gorbis）认为，我们正在告别一个由机构产品主导的世界，走向一个围绕社会关系和社交回报运行的新经济。这种关系驱动的网络将赋能于个体，使得“个体崛起”，全面改变以家庭为基本单元的社会关系和以企业为基本单元的经济关系，激发整个社会和经济的新活力。个体既高度独立，又高度共享，用技术手段与他人更好地联结，从而得到优质的商品和服务。社交运营是当前的趋势之一——无论是社交电商等新的商业模式，还是从移动互联网过渡到开发以微信为平台的各种小程序应用产品，都体现了基于社交运营的无穷潜力。在互联网领域，社交运营既可以指社交产品的运营（如陌陌、抖音），也有基于社交的内容运营、渠道运营，还有社交产品的用户运营，内涵广泛。本书特别在第十章中进行专门讨论，介绍社交平台的规划定位、日常运营及生命周期管理的相关知识。

风起于青萍之末，浪成于微澜之间。新经济与大运营一脉相承，既是新时代的产物，也是当下中国理论与实践的需要。

二、大运营思维——一种有机体的运营观

1. 新经济的挑战与机遇——中国的管理模式

中国新经济的蓬勃发展，为管理学界提出了新的挑战和丰富的研究素材。清华大学的朱恒源和杨斌教授在《战略节奏》一书中指出，战略分析的主流框架——PEST宏观分析框架、五力模型产业分析框架、价值链、SWOT企业分析框架，在这个迅速变化的时代，已经缺乏解释力。但是，中国的战略制定者、商学院，还是在以这些框架为主流。无论是波特的五力模型，还是杰恩·巴尼（Jay Barney）的VRIO框架等，都产生于美国商业社会格局稳定的时代，对高度动态的商业社会变化反应不够，其明显的缺陷，就是不能解释创业公司的成长。而中国的市场环境是非连续性的、动态的，在此环境下一批又一批的创业公司不断成长壮大，新创公司、独角兽公司如何在新经济条件下把握未来？与此同时，许多有活力的小组织群、小微创客组织、平台化组织，它们的战略体系是怎样的？它们的运营模式如何？它们的市场与产品如何创新？这些新经济

条件下的管理挑战，日渐成为学术与企业界迫切需要解决的问题。

当今商业管理理论的发展，基本是以美国为代表的西方世界的商业管理实践为基础的。在很长一段时间里，中国管理理论的发展，从概念到框架乃至商学院的课程都由国外定义。中国管理学术体系的发展，大致有两条路径：一条路是跟着西方走，以海外标准作为基准体系；另一条路是跟着商业界走，中国很多知名企业聘请了诸多来自商学院的学者担当顾问，但若要构建完整的理论体系难度巨大。

学院派与江湖派的交流与跨界也越来越成为总结中国企业新经济方法论的一个趋势。来自传统转型和创新企业以及独角兽公司的高管，在中国市场一线实操运营大盘的同时，也在自媒体平台、企业大学和行业学院分享创新实践的经验。企业界大咖提出了增长黑客、小群理论、波纹理论、流量池等具有行业影响的体系化思考。而在学术界，在中国管理研究国际学会（IACMR）2018年的年会上，学术领袖也纷纷呼吁学者们走出象牙塔，开展“负责任的研究”，并首次在学术会议上邀请了实业界的大咖参会。一些不断求实创新的高校，也陆续开始外聘企业高管给MBA学员授课。中欧商学院、长江商学院的许多教授更是担任企业大学客座教授，并兼任企业智囊，中国企业管理理论发展的第二条路径逐渐开始变得清晰。

2. 大运营思维模型——一种有机体的运营观

近年来运营领域的专家纷纷著书立说，介绍他们在该领域的知识经验与思考，例如用户运营的8字模型、增长黑客、流量池等，启发了读者思考并受到了广泛好评。但是，我们在现有的介绍大运营的书籍中发现，各个运营板块如何拼接成大运营的版图还未有系统梳理，也未形成体系化的思维框架。

2017年以来，我们以新经济为切入点，邀请到了运营各领域的优秀总监或专家来系统探讨大运营的各个板块，而各位大咖“跨学科攻击”的讨论需要基于一个共同的框架，那么我们一直在思考并希望回答的一个关键问题就无法回避了：流量运营、会员运营、数据运营等各个运营板块之间是否有顺序？它们的独特性分别是什么？它们之间是如何相互联系的？我们在学校或通过培训获取知识，并通过在实践中运用所学的知识点形成自己的经验，这个过程就好比把知识点串联起来连成线的过程。而只有通过创新才能在知识点、经验的基础上，形成自己独有的方法论和思维框架（如图0–1所示），我们试图建立一个整体框架，把这些既相互联系又相对独立的运营板块纳入一个大版图，厘清我们对大运营的全局观。尽管勉为其难，但我们还是决定抛砖引玉，把对这个关键问题的思考提出来，以引发读者及业界专家的重视与讨论。

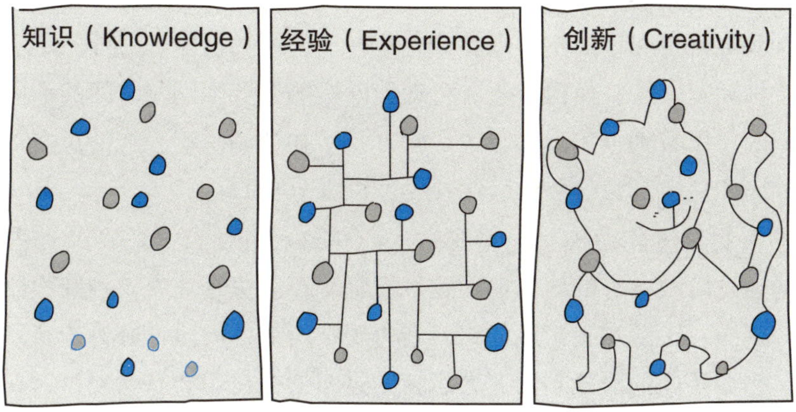

图 0–1　知识、经验和创新

资料来源：Anadi Sahoo，“Knowledge，Experience and Creativity”，www.cnblogs.com/linjierd/p/10373198.html, 访问时间2019年5月10日。

如果把企业看作是一个有机体，那么随着企业从小到大发展的过程，其运营重点也是不断进化的，即要经历流量—会员—品牌—体验运营四个阶段。①如同人的进化过程一样，初创公司都需要经历一个茹毛饮血的流量运营阶段，运营的重点是通过各种渠道来大量获取用户，保持流量、用户和业务的持续增长，从而在竞争残酷的市场上存活下来。②在企业的市场渗透已经较为充分时，获客成本越来越高，对现有用户的精细化运营、挖掘用户的潜力就显得更为重要了。处于这一阶段的企业，已经能够在市场上活下来，并在某一细分行业拥有自己的一席之地。③随着用户量的稳定，企业开始需要做一些投放电视广告等“空中打击”的工作，从获客、留客这种接地气的“拉”式运营战略转为“吸引”的运营战略，开始关注并投入大量资源做品牌运营。处于这一阶段的企业，一般都位居细分行业的前三名。目前几乎所有的中国知名企业在国际市场上都正处于这一阶段的入口处，中国因为经济体量的原因造就了不少“大企业”，但“大品牌”却寥寥无几，建立世界市场上的中国知名品牌是这个时代赋予中国企业家最重要的任务。④体验运营是一个还未到来的阶段。这一阶段的企业以服务和产品为道具，为用户提供独一无二、值得回忆的消费体验；人们的审美和精神需求将成为主要诉求。处于这一阶段的企业对用户体验有着无止境的追求，是行业未来的引领者。

需要说明的是，运营进化的四个阶段指的是运营重心的转移而非运营手段的单一化。比如，并非是初创企业不需要品牌建设和注重用户体验，而是运营的重心在获取流量和用户上，以验证企业存活的市场价值。另外，由于中国市场的多样性和复杂性，使得处于各种运营阶段的企业在同一时间的不同空间并存：我们既可以看到以流量获胜的运营方式（如早期拼购获客的拼多多），也可以看到以体验运营为中心的运营方式（如迪士尼）。

了解大运营进化阶梯至关重要，入职新公司的运营总监需要把握公司目前所处的运营阶段，有的放矢地配置运营资源，解决企业发展当前阶段中的核心问题，同时，了解过去走过的路，着力现在所处的阶段，并为未来发展规划好路径。企业所处的阶段不同，大运营的组织架构也需要有所侧重：在流量运营阶段，大运营的架构大多以渠道营销部为核心，围绕渠道流量来设定人、财、物的分配。在会员运营阶段，企业以大会员事业部为核心，以会员获取、转化、留存、满意、推荐等为工作要点。在品牌运营阶段，企业开始启动品牌管理系统，把会员纳入品牌关系的范畴，高屋建瓴地进行大运营的制度、流程与规范建设，这是一套我们在经典的商学院教科书中看到的系统的管理制度和方法。在体验运营阶段，因这个阶段还未到来，适应这一阶段的组织架构也未见雏形。在企业内部，已经开始有以体验为中心的项目架构，通常是由一个高管带领跨部门项目团队来围绕体验进行设计，其中体验设计师的重要性大为提升。

如果把大运营看作是一个人的有机体，那么内容运营和数据运营如同人的左右脑，会员运营和商家运营是左右手，活动运营和产品运营则是两只脚（如图0-2所示）。内容运营的专家善于洞察人性，调动人的情绪，着力于影响用户的决策，如同企业的右脑。数据运营基于运营数据帮助企业做理性判断与决策，客观记录用户的行为数据，利用算法来个性化地满足用户需求，如同企业的左脑。用户与商家是运营的具体对象，互联网时期的平台型企业一手连接用户，一手连接商家，从提供信息、保障交易到数据赋能，提供供应链、培训、金融等全方位的平台服务，更好地服务于用户与商家。活动与产品都是大运营落地的形式。会员运营、商家运营一般都要从活动开始或者以活动的形式落地执行；如果同种形式的运营需求反复发生，那么就需要以产品的形式固定下来。活动运营与产品运营的区别在于：活动如同细胞，是大量的、快速的、灵活的；产品如同骨骼，是系统性的、相对稳定的，支撑着整个互联网的运营。

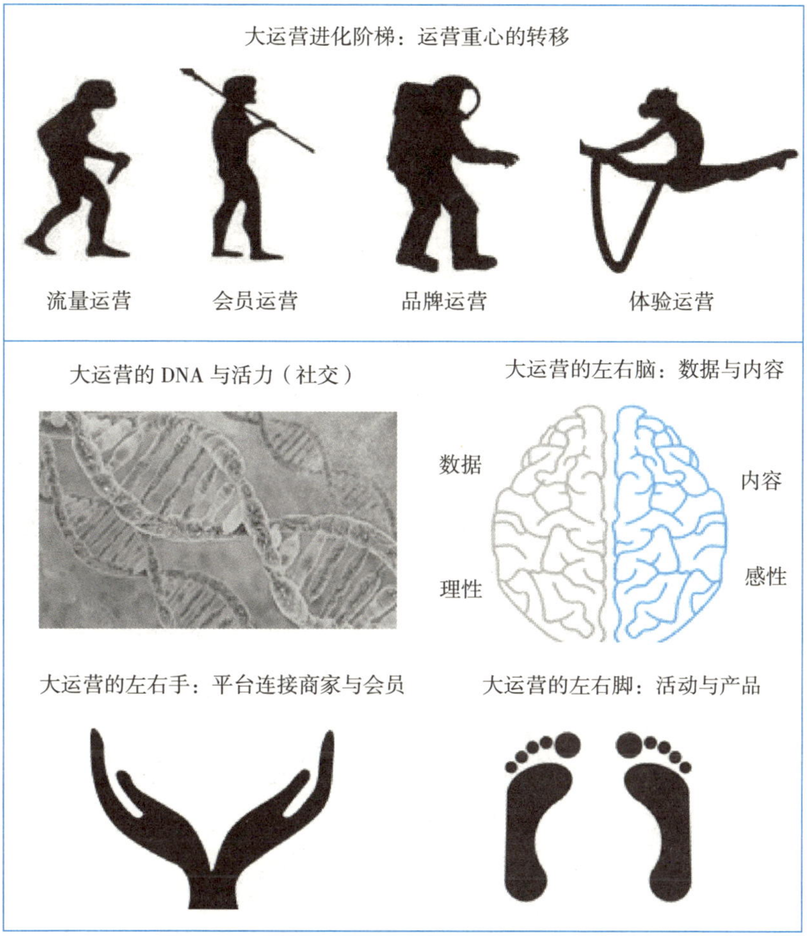

图 0-2　运营进化阶梯与有机体的运营观

社交运营意味着活力。《腾讯00后研究报告》[①]指出，2012年之后是移动互联网与社交媒体时代，基于用户关系的内容生产与交换用移动端连接起来。这个时代“KOL的影响力降低，大V网红走下神坛，靠谱好友才是新的带货之王”。2018年裂变营销成为增长黑客的低成本高效获客方法之一。社交电商基

① 资料来源：www.199it.com/archives/728677.html，访问时间 2019 年 5 月 28 日。

于人与人之间的信任与共同喜好等因素产生商品分享行为，社交应用软件助推了这种分享行为的传播与裂变速度，将社交分享行为转换为商品交易。社交运营是否代表了未来的方向，我们目前是难以论断的，但作为一种新鲜的运营方式，社交运营给整个大运营版图注入了新的活力，其影响力和地位正越来越受到重视，值得我们关注。

最后想和读者讨论的是企业大运营的DNA。我到过不同的企业，观察到不同企业的文化、制度及流程的特殊性，有些是由产品的差异性决定的，有些是由定位与企业的核心竞争力决定的，有些则体现了企业创始人的意志烙印。比如，百度的工程师文化，阿里巴巴和唯品会的运营为王，兰亭集势的数据决策优先，腾讯的产品经理的支配地位等。还比如，同样是做内容产品，今日头条就更注重数据驱动，而虎嗅则更注重创作精品内容。同样是做电商产品，唯品会常常是活动运营大放异彩，兰亭集势则是算法规则优先的数据化运营，而小红书则注重内容运营。企业大运营的DNA决定了企业在大运营版图上对运营板块的资源配置和轻重取舍，这也是不同企业的运营总监需要注重的问题。

吴晓波说，商学院的优势在于构建强大的理论模型；而企业界、培训公司的人缺乏构建理论模型的能力，他们所著的书多以故事或案例取胜，若要具备信服力，必须首先有足够的知名度，即需要足够强大且独创的概念才能被广泛接受，如“蓝海战略”“基业长青”等概念的提出；毕竟，商业是靠结果说话的。本书的作者团队均操作过独角兽公司的运营管理，掌握了足够充分的核心资料，而目前对于新经济条件下大运营的理论模型无法在商学院经典的教科书中找到，必须由我们自己进行探索和系统梳理。我们提出的一个有机体的运营观有利于以整体的、动态的、相互联系的方式来把握大运营版图。

三、大运营职业发展路径

从个体来看，大运营职业发展路径不是能一眼望到头的——专员/助理、主管、经理、总监，极少数的副总裁和凤毛麟角般的首席运营官（Chief Operating Officer, COO）（见图0-3）。专员/助理—主管—经理—总监—副总裁—COO的路径并不是那么一帆风顺的，当然也未见得不能是跳跃式的。然而，没有职场大咖能笃定地告诉你明天会怎样，因为即便看得见终点，但通往终点的路也各不相同。

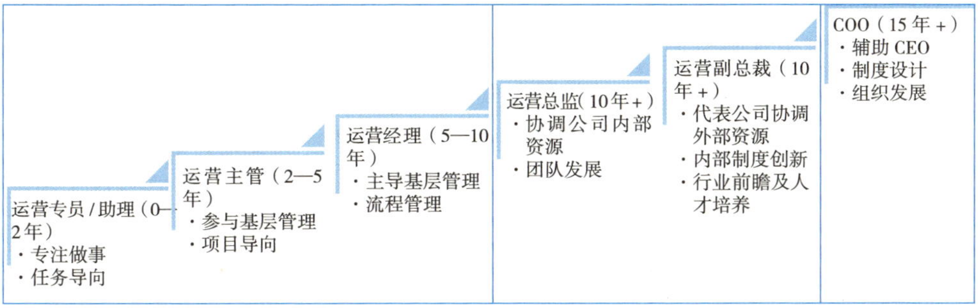

图 0-3　大运营职业发展路径

运营专员/助理　初入职场的专员，对运营工作从一无所知到知其然不知其所以然。这个阶段主要是参与各个环节（任务）的基础工作。在专员这一站待了一段时间（一般为两年）后，其实已经开始出现发展方向上的区分。有人擅长数据，有人喜欢内容，可以根据自己的禀赋和兴趣来选择深入学习和发展的路径。这一阶段的员工最重要的是从学生（或外行）到职场人士的心态转变：放下所学的各种理论知识框架，一切归零；学习的方法从书本转变为从工作实践中学习，这一点对于高学历的从业者尤其重要。这一阶段最大的敌人就是“不知道自己不知道”的傲慢心理，应把踏实、主动、虚心放在第一位。

运营主管　较之于专员，主管最大的特点在于能独立完成一个项目，并能参与基层管理，指导新进员工的工作。在运营的组织架构里，专员们或者因为能力够了，资历到了，或者因为机会来了，总有一天会晋升为主管。评价主管的能力如果一定要给出一个统一标准，那么这个标准就是解决问题的能力。

运营经理　经理在运营部门是一个相对独立的运营模块的负责人。在大部分人的潜意识里，只有经理岗位才算真正开启了职业经理人的大门，才算是在企业内拥有了独立的话语权。运营经理既要管人也要理事，既要做部门内部的流程梳理、控制执行，又要做计划、组织、协调、分配以及与公司其他部门运营流程的衔接工作等。经理层面不需要考虑战略（因为掌握不到足够信息），而需要懂战术，应多花心思考虑负责的运营模块如何能够顺利开展，做到这些，经理的作用已经足够了。

运营总监　从运营总监开始，才算真正承担了公司中层管理者的角色，成为一个独立运营部门的负责人。运营总监需要：①理解公司的战略并在部门内做好战略执行，协调资源、搭建团队、培养人才、引导团队成员的职业发展。总监层是企业的骨干，决定了一个组织“有效果、有效率”的执行力。②总监层更需要做好对上沟通，明确部门在公司的业务定位；进行公司内跨部门的资源协调，确保部门能得到发展所需的各种资源；努力获得在核心业务的话语权以及公司战略决策的建议权。在中小型公司，运营总监就是公司的整体运营负责人。总监层一般都积累了十余年的工作经验，此时，对自我的认知（优缺点）和定位（适合干什么）都比较清楚明白，对运营有了真正的深度体验，对书本理论也有了属于自己的理解。

运营副总裁　在大型公司，副总裁通常负责几个高度关联的业务部门，或者是事业群。在副总裁这个阶段，才可以说进入了公司真正的高管层，在公司战略决策上有建议权和决策权。处于运营副总裁的位置，不再需要像总监层那样事必躬亲。副总裁最重要的任务是：①对内进行公司制度创新——发起或推动相关的公司组织及制度方面的进步与变革，以激发人才开展业务的活力；②对外代表公司协调资源，拓展公司战略级企业合作；③对行业施加影响力，为行业培养人才，促进行业健康发展和提升行业话语权。现如今很多公司因为激励员工的需要，出现了各种“头衔通胀”的现象，虽然公司的规模和业务发展阶段还不足以支撑副总裁的内涵，但是却给予了数十个“副总裁”的头衔，这种滥用的做法刺激了职场人的虚荣心，名曰激励手段，但其实对于个人的成长十分不利。

COO　制定公司或者集团公司的整体运营战略，进行运营管理。COO最重要的工作是辅助首席执行官（Chief Executive Officer，CEO）的工作。CEO定方向并决定最重要的事情，COO则管理整个公司向CEO指定的方向前进：①公司的制度设计。进行制度设计，让那些有能力、有意愿的人得到他该得到的一切。COO不仅要制定关键绩效指标（Key Performance Indicator, KPI）体系，实现目标、结果管理，做到赏罚分明；也要指导总监层对业务逻辑进行分解梳理，然后通过管理系统把各个关键的过程指标抓起来，通过对过程的管控实现结果的可控。②企业文化及领导班子建设。比制度更重要的是人才和组织的发展提升，通过企业文化建设和激发人的内在驱动力，让员工自发自愿地去实现组织目标，实现自发的有效能的管理。

就职业发展而言，我个人认为（不一定正确）不要去死磕大公司残酷的职场晋升之路，特别是追求头衔。职场人士的发展，一直到总监这一层都是在管理生产力，到这一层的职场之路是可以大批量复制的（区别无非是跨国上市公司还是本土小公司而已）。总监之上的副总裁和COO，则更多的是管理生产关系，所需的知识和技能大不相同，而个人禀赋并不一定与之相匹配；此外，在最炙手可热的行业或者最优秀的公司里，往往是精英人才汇聚，在一大批最优秀的总监中被擢升为副总裁，机遇等不可控因素不可或缺，不能强求。人生不是规划出来的，应该追求个人成长与发展，而不要执念于成功与卓越。只有在各种限制条件和不确定性中不断探索自身的潜力和可能性，付出每一份当下的努力，淡定接受其间的曲折、挑战和偶然，我们才能在追求卓越的过程中不错过领略丰富的人生。

综上所述，因为大运营的丰富内涵，无论处于哪一阶段的企业运营人，想要取得职业成功都需要具备查理·芒格（Charlie Munger）所说的“跨学科攻击”的能力，也需要具备创造性的思维来构建自己的大运营版图，踏踏实实地在大运营职业发展路径上不断求索。在接下来的各章中，期待你和我们各个运营领域的专家一起来逐一透视大运营的构成板块，不断自我修炼。

1

第一章 流量运营的“上帝视角”

作者：沈　劼

新经济时代是全球化竞争的时代，是中国企业走出去的时代。互联网行业是中国的优势行业，在移动互联网方兴未艾的国际市场上，中国互联网企业输出中国市场上验证成功的商业模式，如同具备了“上帝视角”的运营优势。

一、流量运营——提升电商网站营业额的必由之路

《2017年度中国出口跨境电商发展报告》数据表明，中国已占据全球电商市场40%的份额。近年来，出口跨境电商作为中国外贸的新增长点，得到了广泛的关注。2017年，中国出口跨境电商交易规模为6.3万亿元，同比增长14.5%。出口电商面向全球200余个国家，约70亿消费者，其中既有美国、英国等发达国家，又有巴西、印度等新兴国家，从消费者总量、区域、整体市场来看，都比国内电商市场更为广阔。2017年国务院总理李克强再次在政府工作报告中提及跨境电商，将跨境电商发展作为坚持对外开放的基本国策的工作项目之一。

欧美市场的出口跨境电商已是一片红海，而中国“一带一路”倡议带来的沿线国家进出口政策的开放为跨境电商在“一带一路”国家开辟新的市场打下了良好的基础。“一带一路”涵盖亚太、欧亚、中东、非洲等地区，包括65个国家，并不是每个国家的物流情况、互联网渗透率、智能手机普及情况均适于跨境电商的发展。从整个“一带一路”的电商情况看，网上流量仍然是三大流量来源——谷歌（Google）、脸书（Facebook）、优兔（YouTube）占据统治地

位，在网站产品和服务同质化且竞争日益激烈的环境下，流量运营能力成为企业生存并脱颖而出的核心竞争力之一。

电商网站流量运营工作可以分为两个方面。①优化流量获取：通过改善和实施流量获取策略与渠道，优化访问网站的用户数量、质量及市场费用。②优化流量转化：通过改善和实施网站页面、流程、促销活动，优化网站用户的转化率，提高网站销售。在本章中，我只从流量运营的角度来探讨如何提升电商销售额，包括：①学习电商网站的转化漏斗；②利用转化漏斗制定电商网站的战略战术；③在流量运营中使用关键的数据指标。

1. 电商网站的转化漏斗

流量运营工作的最终目标是完成业务指标，电商网站中最重要的一个指标是年销售额（Cross Merchandise Volume，GMV），那么如何通过流量运营来提升年销售额呢？在这里我们引入转化漏斗模型来看一看。转化漏斗分析是一套流程分析，能够科学反应用户行为状态以及从起点到终点各流程的转化率情况，在电商领域几乎已是所有市场人员都知道和正在使用的概念。电商领域业务流程较多，转化漏斗模型可以应用在各个领域。表1-1列出了一个常用的电商网站转化漏斗模型及其对应的关键指标：

表1-1　常用的电商网站转化漏斗模型及其对应的关键指标

转化漏斗	关键指标
网站访问	独立访问（Unique Visitor, UV）
单品页访问	单品页访问/独立访问（product page view/unique visitor）
添加购物车	加购物车/单品页访问（add to cart/product page view）
生成订单	生成订单/加购物车（place order/add to cart）
发起支付	发起支付/生成订单（start payment/place order）
支付成功	支付成功/发起支付（receive order/start payment）
销售额	平均订单量（average order size）

如果我们可以在转化漏斗的各个环节实现年度增长率提升5%，那么年度销售额将增长41%；如果在各个环节年度增长率提升10%，那么年度销售额将增长95%。

在漏斗的单一环节实现年度增长5%～10%并不困难，我们可以根据网站转化漏斗制定在单一环节上的提升指标，来实现网站整体销售额提升的目标。现在大家是否觉得实现网站销售额年度增长50%～100%的目标变得没有那么困难，并可以进行操作了呢？

2. 利用转化漏斗制定战略和战术

在明确了需要提升的转化漏斗中的指标后，我们就可以有针对性地制定对应的战略和战术。表1–2中列出了一些常用的战略和战术，涉及流量运营的各个环节以及电商网站中的多个部门。下文将会对流量运营的各个环节进行更加深入的探讨。

表1–2　利用转化漏斗制定的战略和战术

战略	战术
提升网站访问量	购买线上广告
	发送电子邮件
	购买联盟广告
	搜索引擎优化
	发展社交媒体
	扩大市场
增加单品页访问量	优化产品品类页的商品排序
	增加产品详情页上推荐产品位置
	增加产品品类和商品数量
提高加购物车次数	改善产品详情页质量
	进行促销活动
	改进价格策略
	改善产品详情页用户评价
提高支付成功率	顾客关系管理
	创建Q&A版块
	改善客服质量
提高平均客单价	改进相关产品推荐
	进行多产品购买促销
	进行满减、免运费优惠

3. 转化漏斗中的关键指标

流量运营工作要使用大量数据作为指标（见表1–3），运用这些指标来分析和改善流量运营各个环节的特性和状况。

表1–3 电商网站运营指标

指标类别	中文名称	英文名称
流量类指标	网站流量	sessions
	独立访客数	UV（unique visits）
	新访客数	new users
	新访客比例	new user rate
	综合浏览量	PV（Page Views）
	平均访问页面流量	PV/sessions
	产品详情页浏览量	PPV（Product Page Views）
	平均访问产品页面流量	PPV/session
	跳出率	bounce rate
	平均访问时长	average visit time
流量获取类指标	平均点击成本	CPC（Cost Per Clicks）
	千次展示成本	CPM（Cost Per Mille）
	点击率	CTR（Click Through Rate）
	转化率	CR（Conversion Rate）
	获客成本	CPA（Cost Per Acquisition）
	平均访客价值	ARPU（Average Revenue Per User）
	平均付费访客价值	ARPPU（Average Revenue Per Paid User）
订单产生效率指标	加购物车数	add to cart
	加购物车率	add to cart rate
	发起支付数	start payment
	发起支付率	start payment rate
	总订单量	orders
	支付成功率	success payment rate
总体销售业绩指标	成交金额	Gross Merchandise Volume（GMV）
	平均客单价	Average Order Size（AOS）
	毛利率	rate of margin

二、优化流量获取渠道

本节会介绍一些电商网站中优化流量获取的渠道，在网站流量到最终转化的这个漏斗中，漏斗的口越广阔，网站得到的营业额才能越多。优化流量获取就是在一定的广告预算范围内，获取更多的网站流量和网站销售额。下面我们来了解一下电商网站常用流量渠道及其特点。

1. 搜索引擎购物广告

谷歌购物广告（Google shopping Ads）是指通过产品集合（Google shopping product feed）在谷歌中投放商品广告，这种广告类型可以展示商品图片、商品名称、商品价格、商品评论、店家名称等信息。

谷歌在2016年第四季度取消了搜索广告（search Ads）在搜索结果右侧的展示，将更多广告位置给了谷歌购物广告。同样，在移动端，谷歌购物广告的展示效果和展示位置远远好于在个人电脑端。目前，谷歌购物网站可以说是电商网站投资回报率（Return on Investment, ROI）最高的流量渠道（见表1–4）。

表1–4　谷歌购物广告的特点

特点	说明
流量大	谷歌购物广告在移动端拥有远远好于搜索广告的展示效果，流量高。在个人电脑端，谷歌也将展示位置向谷歌购物广告倾斜
流量精准、ROI高	谷歌购物广告直接展示产品图片、价值等信息，用户点击已代表了非常高的需求度，因此流量精准、ROI高
投放相对简单	使用产品集合进行投放，可以按照产品类目进行广告账户结构的设立，因此广告单元相对较少，易于管理

2. 付费搜索广告

搜索引擎竞价排名广告是指向搜索引擎付费，在搜索结果页中展示网站广告和链接的广告。谷歌占据海外搜索引擎的统治地位，必应（Bing）在英语国家中也占据一定的市场份额，此外雅虎（Yahoo）在日本市场、Yandex 在俄语国家也是主流搜索引擎。因此付费搜索广告往往是电商网站必备的流量渠道，但对于平台类电商来说，付费搜索广告需要管理海量的关键词，这对于市场团队和技术团队的实力是一大挑战（见表1–5）。

表1-5　付费搜索广告特点

特点	说明
成本效率高	付费搜索广告只有在点击时才产生费用，因此与展示类广告相比成本效率更高
流量精准	付费搜索广告只有在用户搜索与所设置的关键词相匹配时才会展示，因此看到广告的用户与广告及网站的匹配度较高
ROI容易控制	付费搜索广告往往是对点击进行出价（平均点击成本，Cost Per Click，CPC），因此$ROI=\frac{转化率\times 平均客单价}{平均点击成本}$；只需要控制CPC出价，就能比较简单地控制ROI

3. 自然流量

自然流量（organic traffic）是指用户通过主动在搜索引擎上搜索而来到网站所形成的流量，增加自然流量的工作被称为搜索引擎优化（Search Engine Optimization, SEO）。SEO的目的是根据各个搜索引擎算法使网站出现在更多的关键词搜索排名中。SEO工作大体可以分为增加网站内链及页面数量、改进网站内关键词使用量及位置、增加网站外链数量等几个方面；但与付费流量相比，SEO工作见效较慢，时间成本较高（见表1-6）。

表1-6　搜索引擎广告特点

特点	说明
无需广告费用	自然搜索引擎流量属于免费流量，与付费搜索广告相比，SEO的人工成本以及购买外链的成本十分低。因此ROI往往并不是考核SEO工作的指标
转化率高	通常通过搜索引擎访问网站的用户已是对网站感兴趣的用户，因此转化率相对较高
难以衡量效果	自然搜索引擎流量受到季节性流行趋势、付费搜索广告流量大小等众多因素影响，很难测量SEO工作的准确成效
见效慢	自然搜索引擎流量依赖搜索引擎自身算法，因此SEO工作难以在短期内看见成效，往往需要数周到数月的时间

4. 社交媒体广告

以脸书为代表的社交媒体广告近年来市场份额不断扩大，目前已经开放广告产品的社交媒体有脸书、优兔、照片墙（Instagram）、拼趣（Pinterest）、

VK（俄罗斯社交网站）、推特（Twitter）、色拉布（Snapchat）等，其中以脸书广告的市场份额最大。根据营销情报服务商WARC的数据（见图1-1），2017年谷歌占据全球在线广告收入的44%，脸书占据18%，脸书广告主要是在信息流中的原生广告，原生广告的意思是“付费广告的展现形式与非广告内容基本一致”。目前脸书已有众多适合电商的广告产品，如轮播广告、幻灯片广告、使用产品集合的动态展示广告、视频广告等，脸书的广告营业收入主要来自移动端广告（见表1-7）。

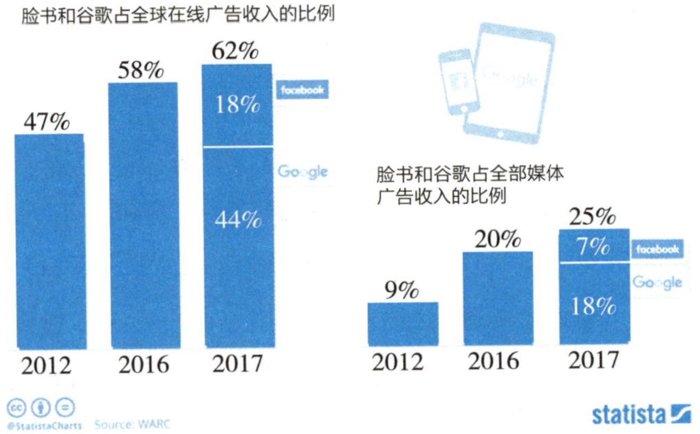

图 1-1　全球媒体广告收入构成

资料来源：营销情报服务商WARC，Global Ad Trends，https://www.199it.com/archives/661692.html，访问时间2019年5月20日。

表1-7　脸书广告较谷歌广告的优点

特点	说明
上手容易	脸书广告平台较谷歌广告平台易于学习，上手较快
转化率高	脸书广告虽然相对于谷歌广告的关键词匹配相关性较低，但凭借脸书的推荐算法，其ROI高于其他展示类广告
素材、创意更重要	广告质量在脸书中起决定作用，在众多广告形式中，视频广告往往能获得最好的效果
移动端主导	脸书80% 的广告营业收入来自移动端

与谷歌基于点击的竞价模式不同，脸书采取的是基于展示进行收费的方法。在广告排序与展示上参考了更多广告质量的因素，如果广告质量得分高，

互动、评论、点赞数都很多，则广告收费会很便宜；反之，如果用户点击关闭这条广告的次数很多，脸书会收取更高的价钱。因此，广告销售额 = 展示数 × 点击率 × 转化率 × 平均订单金额。

在计算和优化广告的投资回报率时，与谷歌广告相比，脸书广告的点击率变得更加重要。与谷歌广告更多基于计算的优化方式相比，脸书广告的创意与素材显得更加重要。

5. 电子邮件

通过电子邮件将商品或服务信息发送给用户仍旧是电商网站获取流量的重要手段（见表1–8），同时电子邮件也是向用户传递信息的最主要渠道之一。计算电子邮件渠道的销售公式为：

销售额 = 发送数 × 电子邮件打开率 × 点击率 × 转化率 × 平均订单金额

其中发送数是由发送人群和发送频率决定的，发送人群根据邮件分组策略而定，而发送频率并无固定的最优数字。对电商网站而言，在电子邮件退订不增加的情况下可以每周保持一定频率的发送。

表1–8　电子邮件渠道的特点

特点	说明
转化率高	电子邮件的发送对象为网站注册用户，已对网站产生兴趣，因此相比其他广告渠道，转化率更高
顾客关系管理和再营销的重要工具	在掌握了用户在网站上的行为数据之后，电子邮件是顾客关系管理和再营销的最佳工具，可以推荐用户感兴趣的商品并促进其支付
注意发送频率	电子邮件应注意发送频率，发送频率过高会骚扰用户，甚至会导致退订，影响邮件发送

6. 网络联盟广告

网络联盟（简称“网盟”）广告（见表1–9）是指将制作好的广告内容发布到广告联盟服务上，网盟广告成本包括向提供服务的公司支付的服务费和发生转化时向刊登方支付的报酬两个部分。竞价排名广告在每次点击时都会产生成本，但是网盟广告通常只在每次转化时产生成本。

表1-9　网盟广告的特点

特点	说明
按结果付费	网盟广告只会在转化时产生成本，没有产生转化的流量增加，不会增加成本，而且可以调整产生转化时的佣金比例，容易控制投资回报率
难以控制预算	在网盟上获得的转化数难以预测，无法对部分广告预算进行很好的控制
需控制作弊	网盟广告可能会发生作弊行为，需要防作弊机制

7. 自有社交媒体

利用企业在社交媒体上的账号进行自我流量的获取，同时社交媒体也是企业与用户沟通和提供服务的重要渠道（见表1-10）。

表1-10　自有社交媒体的特点

特点	说明
社交服务属性	相比其他流量获取渠道，社交媒体更注重与用户的沟通与服务，获取流量及产生销售的作用倒在其次
易形成回访用户	与电子邮件等其他顾客关系管理渠道相比，社交媒体更容易产生回访用户

8. 流量运营的两个悖论

在流量运营方面有两个悖论：其一，精准投放的悖论。在数字营销领域，“精准投放”这个词经常被提起，但“精准投放”是一个悖论。一方面，流量越精准意味着可获取的流量越少，虽然流量转化率较高，但实际获得的销售有限；另一方面，流量越精准往往流量获取的成本越高，如果转化率的提升幅度没有流量成本提升的幅度大，那么精准流量的投资回报率反而会降低。其二，扩大流量购买的质量与价值的悖论。在流量购买中，单一渠道的目标受众是有限的。在对目标用户进行广告投放时，当目标广告投放已经触及一定数量的目标用户时，增加广告投放的预算的效果与效率会越来越低。一方面，获取流量的成本在这时会变得越来越高；另一方面，获取的流量的质量也会越来越差。因此，应拓展更多的渠道，覆盖多样化的目标用户；拓展流量来源是扩大电商网站销售的必要选择。

三、数字营销归因模型

在数字营销领域，如何计算流量带来的转化这个问题比较复杂。数据统计存在广告平台、三方平台、自有商业智能（Business Intelligence, BI）平台等不同的统计口径。由于各口径统计原理的不同，数据存在差异也被无奈地认为是合理的。但在衡量一个流量渠道的投资回报率时，计算方法的差异将直接影响到如何制定战略。

1. 流量转化的归因模型

流量转化的归因模型是指在一条具有多个流量参与的转化路径中，如何将销售或转化分配到流量的各个路径上。对线上广告来说，投资回报率是衡量一个渠道最重要的指标，但由于单一指标难以衡量线上广告的整体表现，为了理解多渠道营销对用户的影响，需要考虑多渠道的归因模型。

由于广告的出价是基于点击或者展示的，因此需要理解广告每次互动带来的价值。由于投放渠道性质的不同，广告表现的差异十分巨大，一般来说搜索广告的直接效果要好于展示类广告，但用户有可能会认同展示类广告所传递的信息，因此更好地衡量展示类广告的效果也是十分重要的。

目前 Google Analytics 360 中的归因模型工具中共提供7种默认归因模型，下面是Google Analytics 360 中的一个场景案例。

案例1-1

Google Analytics 360 归因模型

“一位用户通过点击您的一个谷歌广告找到了您的网站。一周后，她通过某个社交网络点击回到您的网站。当天，她通过您的一个电子邮件广告系列第三次回到您的网站，并在几个小时后直接回到您的网站完成购买。”

（1）最终非直接点击（last non-direction click）：所有直接流量均被忽略，100%的销售功劳归于用户在转化之前点击访问的最后一个渠道（在本例中为“电子邮件”渠道）。这一归因模型最大的特点是忽略了直接流量。直接流量指用户直接访问网站产生的流量，因其中存在由于没有正确添加标签而Google Analytics无法正确划分渠道的流量，所以直接访问流量的比例越大，我们得到的数据越不准确。最终非直接点击模型是Google Analytics 360 默认的归因模型，也是大多数广告平台及 BI 系统使用的归因模型。

（2）最终互动（last interaction）：最后一个接触点（在本例中为“直接”渠道）将获得 100% 的销售功劳。最终互动模型与最终非直接点击模型类似，但也包括了直接访问流量。使用这种模型的场景很少，大家在分析流量转化时，希望能尽可能地减少由直接转化带来的转化数量。

（3）最终谷歌广告点击（last adwords click）：最终谷歌广告点击（本例中为对“付费搜索”渠道的首次也是唯一一次点击）将获得 100% 的销售功劳。

（4）首次互动（first interaction）：第一个接触点（在本例中为“付费搜索”渠道）将获得 100% 的销售功劳。这个归因模型更关注用户是如何知道你的公司的，它适用于初创品牌或新用户占比较大的公司。

（5）线性（liner）：其他归因模型的权重分配不同，而这一归因将权重平均分配给了转化路径上的所有渠道。这种归因模型比较适合决策周期较长的情况，用户在购买前可能经过了一系列广告的互动，转化并不是单一渠道互动的结果。

（6）时间衰减（time decay）：根据接触点的位置向首次互动和最终互动各分配 40% 的功劳，剩下 20% 的功劳将平均分配给中间的互动。在本例中，“付费搜索”和“直接”渠道各自获得 40% 的功劳，而“社交网络”和“电子邮件”渠道各自获得 10% 的功劳。首次转化告诉你用户是如何知道你的，最后一次转化告诉你用户是如何完成交易的，如果这两种信息对你都很重要，那么这个混合了这两种主要信息的归因模型就十分适合你。

（7）数据驱动（data-driving）模型：数据驱动模型是谷歌依据合作博弈理论中“Shapley值”的概念设计的算法，用来对转化路径上各个渠道的效果进行重新分配。“Shapley 值”由诺贝尔经济学奖获得者罗伊德·S. 沙普利（Lloyd S. Shapley）提出，是一种在团队成员之间公平分配团队成果的方法。简单来说就是计算在一个多渠道转化路径中如果拿走一个渠道，那么发生转化的概率会有多大变化，以此来计算该渠道对转化的贡献。

与数据驱动类似的算法还有马尔可夫链算法，同样是通过计算在多渠道转化路径中拿走一个渠道所带来的转化概率的变化来衡量该渠道的效果。这一算法可以通过下载Google Analytics多渠道转化路径的原始数据来自行计算。

资料来源：作者根据Google Analytics帮助中心《归因模型概览》整理。

2. 展示归因（view-through）转化

随着广告技术的日趋成熟，人们开始思考展示类广告对那些没有点击广告的人是否产生了影响，幸运的是越来越多的广告和数据统计平台已可以提供这样的报告。展示类广告的投放人员通常使用两种维度的报告衡量广告效果：点击归因转化（click-through conversion）和展示归因转化（view-through conversion）。点击归因转化指当用户点击广告后所带来的转化，转化可以并非是点击后立即发生的；展示归因转化指广告展示给用户后，用户并未点击广告，但在一段时间后发生的转化。

点击归因转化与展示归因转化的窗口期在大部分广告平台都是可以进行独立设置的。例如，脸书广告的默认窗口期是展示归因为1天，点击归因为28天。谷歌广告的点击归因窗口期最长可以设置180天。

找到一个适用于你的完美的点击归因转化窗口期十分困难，太短或太长会造成对广告效果的低估或高估。通常在制定窗口期时我们需要考虑以下三点：

（1）产品的购买决策周期。用户从开始了解到购买产品需要多长时间？对于快速消费品可能短至几分钟到几小时，而对B2B产品决策周期可能需要数周乃至数月。用户在浏览了广告后可能会去上网比价、咨询朋友、浏览相关视频、等待降价…… 这些都会延长用户的购买决策时间是改善展示类广告的一个有效途径。最直接的方法往往是提供一个有力的优惠券促销。

（2）衡量广告整体效果。购买很少是由一次广告点击或一次广告流量所带来的。展示类广告在转化路径的前面通常比在转化路径的后面产生的影响要大。最终购买会受到季节变化、折扣力度、用户评价等多种因素的影响。设置较短的展示归因窗口期有利于横向比较不同展示类广告之间的差异，而设置较长一些的展示归因窗口期，往往适用于衡量广告的整体效果。

（3）广告受众。对于新用户来说，从了解产品到购买需要较长的决策时间，因此对于面向新客的展示类广告，适用于较长的窗口期，如14—30天。但如果广告受众是老客，如曾经购买过产品或曾经加入过购物车的受众，展示类广告的作用是用户召回或促进购买，这种情况则适用于较短的窗口期，往往1天就很适合。

四、数字营销转化漏斗

数字营销中用户的转化可以分为几个阶段：意识（awareness）阶段、兴趣（interest）阶段、欲望（desire）阶段、转化（conversion）阶段、再触达（re-engage）阶段。

1. 意识阶段

让用户意识到产品的存在是转化漏斗的第一步，企业的主要做法是进行广告展示，关键指标是点击率（click through rate, CTR）。展示类广告可以广义地理解为按照广告展示次数与广告点击数来进行收费。点击率越高意味着每千次展示所获得的点击数越多，每千次展示的费用也越低。对于谷歌广告来说，广告按点击数收费，点击率较高的广告会获得较高的质量得分，而质量得分越高，广告在相同出价的情况下所获得的点击数越多；反之，如果点击率较低，则需要用更高的出价和花费来获得广告点击。那么如何提高广告点击率呢？我们可以：①提高广告素材的质量；②提高广告受众的匹配度；③为不同的广告类型、受众、设备使用不同的广告素材与策略。

2. 兴趣阶段

用户到达兴趣阶段，体现在通过广告点击到达着陆页（landing page），并进一步进行产品浏览。兴趣阶段的关键指标是跳出率（bounce rate），在产品浏览页面的关键指标是平均会话访问页面数量、平均产品详情页访问数量、平均页面访问时长。

每个广告都应该有相对应的着陆页，错误的着陆页会令访问者困惑，不知道如何进行下一步。例如，将一个有着清晰价格的单品图片链接至一个没有广告图片显示的单品的品类页，即使展示的是相同品类的产品，也会让访问者感到失望。在这种情况下，链接到单品详情页往往是更好的选择，并且这样也离用户加入购物车更近了一步。

那么如何在兴趣阶段做好网站的规划呢？需要考虑网页的内容优化：①考虑着陆页是选择使用品类列表页、商品详情页、活动页还是首页；②是否为个人电脑和移动端配置了不同的着陆页，或者着陆页是否可以同时适配或自动跳转；③广告与着陆页的显示语言是否匹配。另外，造成高跳出率的另一个可能原因是广告定位了错误的人群，或引入了一些低质量的流量。而且，不同人群的点击率差异也是巨大的，在广告投放时应考虑：①对不同国家进行单独定位；②对不同年龄、性别进行单独定位；③对不同兴趣、行为进行单独定位。

3. 欲望阶段

用户进入欲望阶段的一个重要表现就是"加入购物车"这个动作，其关键指标是加入购物车率、加入购物车数。在这一环节通常采取电子邮件（Electronic Direct Mail, EDM）、短信、手机推送（push）催付的手段促进用户转化，到达下一个阶段。

加入购物车反映用户对商品的感兴趣程度，影响加入购物车的因素有：①产品详情页的综合质量（图片、排版、参数说明等）；②评价信息（好评率、平均回复内容、晒单信息等）。

如果观测到加入购物车率较低或突然下降，从广告投放角度应当着重检查：①是否广告投放产品出现了产品下架、产品库存量单位（Stock Keeping Unit, SKU）缺货，出现这种情况应当紧急恢复供货或暂停广告投放；②是否广告展示了与实际情况不符的信息，如错误的价格、促销、运输政策；③竞争对手是否正在进行优惠更大的活动。

4. 转化阶段

转化阶段，即用户从发起支付到支付成功，这一个阶段的关键指标是支付成功率。支付成功率的变化往往与营销手段无关，考验支付成功率主要是如下三个方面：①支付手段是否齐全，是否具备当地常用的支付手段；②支付流程的产品设计；③网站的速度及稳定性。在排除系统问题后，这一环节通常采取电子邮件、短信、手机推送催付的手段促进转化。

5. 再触达阶段

许多转化漏斗模型都忽略了这一环节，但这一环节对电商网站是十分重要的。在用户对你的商品产生了兴趣甚至完成了交易时，通过再营销的手段将其拉回成为复购用户，这是电商网站盈利的关键，因为此时：①老客已经对你的品牌产生了巨大的兴趣；②老客营销的投资回报率远远高于新客营销的投资回报率；③对老客进行再营销是提高用户生命周期价值的重要手段。

对老客的营销手段也应与新客营销的策略有所不同：①对老客从行动和时间两个维度进行分组，如1天前加过购物车的用户、7天前加过购物车的用户、1天前产生过转化的用户、7天前产生过转化的用户，这几组人群在再营销广告投放的策略和信息上应予以区分。②老客可以有更多的营销手段触达，要充分利用这些营销手段，如邀请老客加入社交媒体，向老客发送电子邮件，在电子邮件中加入优惠券码，邀请老客下载App，告诉老客App下单优惠更大，向老客发送手机推送、短信或在包裹中夹带促销信息等。

在对老客进行再营销时我们要思考：①用户目前处于转化漏斗的哪个环节；②什么信息和促销可以消除用户当前的顾虑或者刺激用户进行再次消费。一些营销细节的改变就有可能增加用户的生命周期价值。

6. 电商转化漏斗和数字营销转化漏斗的匹配关系

把数字营销的理论模型套用到本章开始时介绍的电商转化漏斗上，我们会发现两者之间的内在关系（如表1-11所示）。用户开始认识你的阶段会进行网站的访问，在单品页浏览表明了用户的兴趣在哪些产品或品类上，添加购物车、形成订单表示用户产生了购买的欲望，最后通过支付而实现用户的最终转化。

表1-11 电商转化漏斗和数字营销转化漏斗的匹配关系

电商转化漏斗	指标	数字营销转化漏斗
网站访问	独立访问（Unique Visitor, UV）	意识阶段
单品页访问	单品页访问/独立访问（product page views/unique visitor）	兴趣阶段
添加购物车	加购物车/单品页访问（add to cart/product page view）	欲望阶段
生成订单	生成订单/加购物车（place order/add to cart）	欲望阶段
发起支付	发起支付/生成订单（start payment/place order）	转化阶段
支付成功	支付成功/发起支付（receive order/start payment）	转化阶段
销售额	平均订单量（average order size）	转化阶段

你可能需要具备一定的流量运营基础知识才能比较容易地理解本章的核心内容——电商网站和数字营销转化两大漏斗模型、多元化的流量渠道及合理的归因模型。本章就出海电商行业的流量运营进行了范例式的解说。目前市面上大多数的流量运营或市场运营的书籍，更多的是介绍国内市场的典型渠道，而海外市场是一个比国内市场更庞大、更复杂的市场，离我们的日常生活有些距离；但随着中国企业实力的日益增强，走出国门、开拓国际市场是不可回避的一步。希望这一章的内容对拓展读者的国际视野，对已经走出国门的企业做好流量运营有所帮助。

思维导图

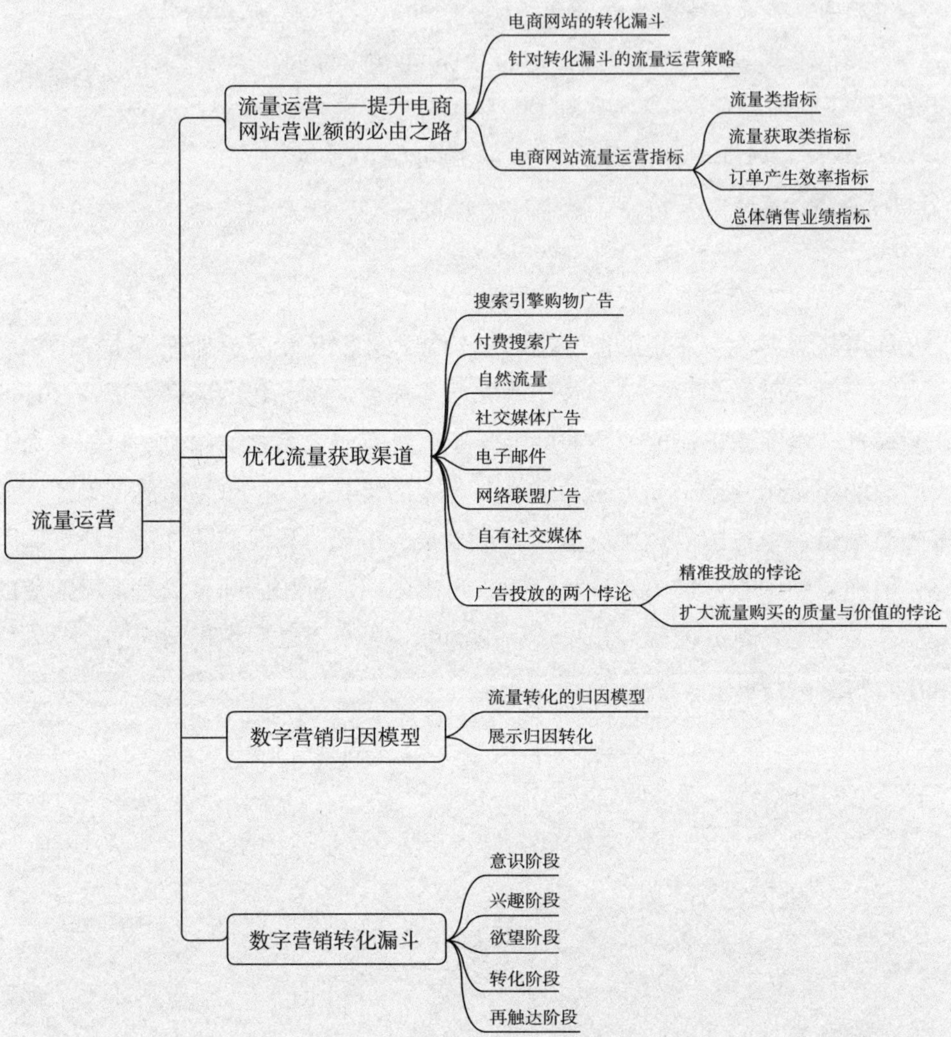
流量运营
流量运营——提升电商网站营业额的必由之路
电商网站的转化漏斗
针对转化漏斗的流量运营策略
电商网站流量运营指标
流量类指标
流量获取类指标
订单产生效率指标
总体销售业绩指标
优化流量获取渠道
搜索引擎购物广告
付费搜索广告
自然流量
社交媒体广告
电子邮件
网络联盟广告
自有社交媒体
广告投放的两个悖论
精准投放的悖论
扩大流量购买的质量与价值的悖论
数字营销归因模型
流量转化的归因模型
展示归因转化
数字营销转化漏斗
意识阶段
兴趣阶段
欲望阶段
转化阶段
再触达阶段

大/咖/知/心/谈

沈劼

英国诺森比亚大学工商管理学硕士；敦煌网营销总监，前兰亭集势营销总监。

中国跨境电商流量运营专家；擅长中国海外数字化整合营销，对中国出海电商的流量获取有丰富经验。

箴　言

博学之，审问之，慎思之，明辨之，笃行之。

——《中庸》

书籍推荐

1. 罗伯特·B.西奥迪尼. 影响力，闾佳译. 杭州：浙江人民出版社，2015.
2. 史蒂芬·柯维. 高效能人士的七个习惯，高新勇等译. 北京：中国青年出版社，2010.
3. 戴尔·卡耐基. 人性的弱点，亦言译. 济南：中国友谊出版社，2017.

第二章 后流量时代会员运营的春天

作者：陈露蓉

新经济是用户至上、以人为本的经济。会员运营为企业创造持续满意和忠诚的用户，重视用户的终身价值。以3R（VR、AR、MR）、AI与区块链为代表的新技术使会员运营的未来充满了想象空间。

一、前言

微风撩开互联网世界新一年的门帘，此时线上流量红利早已被瓜分殆尽，新客获客成本已高达数百元，增量机会仅存于几个伶仃的角落。在“2017年腾讯媒体+峰会”上，广点通的投放效果大不如前，新媒体的全新用户机会竟然是“会抢红包的老年人、3岁就会用iPad的儿童”，白发和低幼群体需求崛起。一茬接一茬的直播、手游、短视频、知识产权（Intellectual Property，IP）和原生营销[①]令人目不暇接，而价格便宜量又足的线上流量却好像变得越来越难以获取了，特别是目标人群全覆盖的挑战越来越艰巨。与此同时，各路大咖发力布局线下流量，盒马鲜生、京东到家等各种线下“新物种”携虚拟现实（Virtual Reality，VR）、人工智能、区块链等高新技术频频亮相新闻头条，大有霸屏之势；然而这番热闹的秀场背后，模模糊糊又确确实实候在前方的仍是一个诱惑无穷、路径不明的巨大想象空间。在焦灼不安的互联网营销人员的背影之后，憋屈良久的“运营狗”终于吁出一口长

① 原生营销：根据投放渠道特点、产品特质和投放目的，依赖深度定制化的内容，最终达到让用户潜移默化接受传播的内容。

气——电商行业楚河汉界大局略定，高筑墙、广积粮，会员运营的春天终于来了！

电商平台企业的会员运营频频祭出大招——阿里巴巴重组会员体系，把原来的多级会员体系简化为三级会员制度；加强淘气值认知，试图打通并整合集团会员；面对高端用户的APASS（阿里巴巴黑卡俱乐部）高调秀出豪华游轮和跨国线下会员活动。京东则效法亚马逊推出PLUS付费会员产品，一边升级推出各种花哨的会员权益，一边和爱奇艺实现会员互通。小红书等电商新秀则另辟蹊径尝试使用社交、达人运营的方式。一时间会员运营的各种玩法百花齐放，好不热闹；与此同时，高级会员运营管理人才也炙手可热，百万年薪，一将难求！

为什么做会员运营①是互联网电商在这个时间需要去做的一件正确的事？其一，流量运营和新客红利不再；其二，各平台竞争者都在高筑墙、广积粮，投入成本运营会员，此时不去正面迎战，必将失去保卫市场的最后机会。

二、入门：会员运营四朵金花

会员运营或顾客关系管理（customer relationship management，CRM）在不同公司涵盖的工作职责各有差异。根据咨询公司Gartner Group的定义，CRM包括三个方面：新客获取、老客维护和顾客服务。由于公司商业模式、组织架构、业务重点、发展阶段、管理团队的差异，会员运营的内涵包罗万象、变化无穷；新客获取与流量运营（第一章）有诸多重合之处，而顾客服务多在体验运营（第四章）中讨论，因此这一章我们只关注老客维护。

针对老客运营，日常的CRM运营可以分为四大模块：用户研究与数据分

① 在英文中“customer”指“顾客”，“client”常翻译成“客户”，“consumer”是“消费者”，“user”是“用户”，“member”是“会员”。“客户”常用来指广告、银行、律师等服务行业的顾客，且有长期买卖关系或包含了代理、经销等非个人最终使用的顾客在内的含义，但在通常情况下“顾客”和“客户”常可通用。“消费者”是指使用产品或服务的人，而不论他是否购买，“用户”也是“使用”产品的人，不论是否购买。因此，“消费者”和“用户”常可通用，但“消费”有“可消耗”的含义，常用于消费品行业的使用者，而不用在如互联网行业的服务使用者上，在互联网等行业通常用“用户”来指代。“会员”是企业或组织自行定义的概念，可以是顾客或客户等付费者，也可以是消费者或用户（未付费但有试用或注册行为）。

析、会员营销、会员管理和CRM系统。其中，用户研究与数据分析好比整个会员运营战略的大脑，锚定问题并回馈分析；会员营销是直接触达用户的温暖之手，全面覆盖会员交互接触点，传播有价值又好玩的信息，变着花样设计新的玩法；会员管理包括会员体系、会员标签、会员权益、会员运营工具与产品，它是CRM的骨肉与核心；CRM系统是整个会员运营策略人工及自动化执行的支撑。下面我们分别来看看涉及这四个模块的专业团队需要怎样的职业素养、团队组织架构和主要业务职责（见图2–1）。

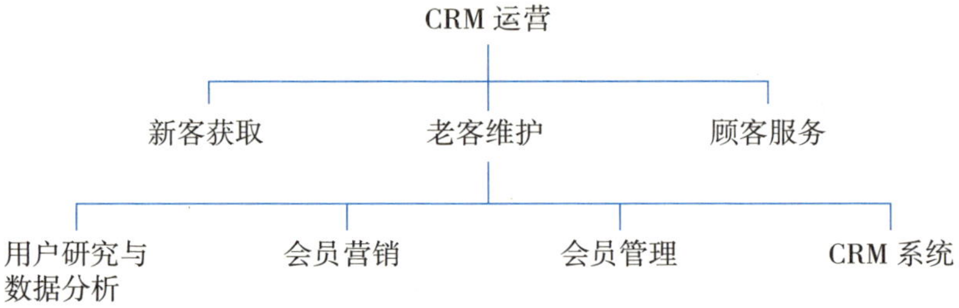

图 2–1　CRM

1. 用户研究与数据分析

放在公司范围内看，用户研究与数据分析（Analytical Customer Relationship Management，ACRM）团队是与大数据、BI团队结合最紧的一个部门。这个团队的成员要具备的最重要的素质是逻辑性、分析能力、质疑思维和沟通能力。但我发现，做数据分析的人大都是靠左脑思考，是数字化、结构化的思维，而在语言表达能力和人际沟通能力方面很难突破。这也是我们常常需要数据产品经理的原因，他们能够理解业务需求，并把业务部门的数据需求转化为数据分析师能够直接处理的数据化语言。

沟通能力对ACRM团队尤其重要。首先，ACRM团队的成员要理解业务需求的最终目的是什么，而不是对所有的数据需求予求予给，5 Why 分析法①在这里非常适用，有利于重新厘清需求方的最终目的。需求方也应该在表述清楚需求之后请数据分析师再次复述一遍，以确认双方达成一致理解。这看起来是

① 5 Why 分析法：又称为“5 问法”，是指对一个问题连续以 5 个“为什么”来自问，以探究其根本原因。

一个非常无厘头的过程，但请相信这是绝对省时省力、有百利而无一害的必要流程。之所以把沟通能力摆在第一位，是因为这一技能往往是制约ACRM团队成员发挥其应有价值的最大瓶颈。我带过的ACRM团队中几乎没有一个能真正把沟通做到令人满意的，可能是因为沟通能力强的数据分析师大多转型去做了数据产品经理。

其次，数据分析师应该能够向业务团队清晰并简明地说明分析的问题并提供运营建议。数据的语言和模型工具在分析师之间是最精确、最简单的术语，但他们应该认识到运营人员并非数据专业人士。运营人员并不在意数据分析的过程及各种复杂精巧的模型，他们更关心数据的意义。能够通过数据分析提供可供运营改进的建议是数据分析师最重要的价值；但往往数据分析师容易沉迷于数字游戏本身，而并不能很好地理解数据背后的商业意义。特别是没有经过商学院思维训练的数学专业和统计专业出身的分析师，非常不容易突破这个短板。他们不能提出有价值的商业问题，也不能理解数字背后的商业逻辑。数字其实是非常有欺骗性的，面对外行，如果你懂得操控数据的技巧，就可以做到通过貌似合逻辑的数据来操纵结论，让你的听众相信任何事情。有关如何操控数据（或者正面地说，防止他人利用数据操控你），我推荐达莱尔·哈夫（Darrell Huff）所著的《统计数字会撒谎》（*How to Lie with Statistics*）一书，该书比较系统地阐述了常见的数据陷阱。我们来看下面这个操控数据的例子。

案例2-1

留存率的操纵和正确的理解

问题：A公司是一家电商平台公司，用户留存率为45%。有一天，公司CEO发现B公司［市值与A公司接近的O2O（Online to Offline，线上线下一体化）平台公司］的核心用户留存率为85%，于是就问CRM总监：“我们的用户运营是不是不够健康？”

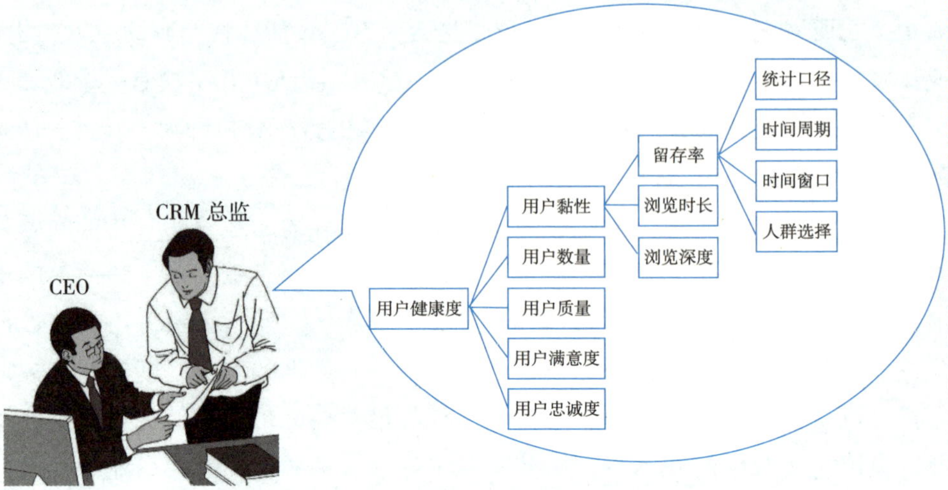

分析：留存率这个指标貌似很清晰，但其实质却可能大不相同。

（1）统计口径。留存率在不同的企业统计口径是不同的：有的公司（如内容性App、工具性App）以活跃行为为标准（如打开App），有的（如电商）在说留存率的时候还以转化为标准（实际购买），又称为复购率。在电商行业中还有用金融产品做出来的复购率，我们还得看公司是否有分期付款这种金融产品，并把分期付款的支付计算到月度复购的统计当中。

（2）时间周期。有的品类天然具有较长的复购周期，比如婚纱（一个极端的例子）、房屋、汽车、家具的复购周期都超过一年，长期度假产品以年度/半年为复购周期，服装以月或季度为复购周期，快餐O2O以天或周为复购周期。因此，先要按照行业平均复购周期，选择有意义的时间周期来衡量复购率，并理解这种品类上的天然差异，不做无意义的比较。

（3）时间窗口。以季度复购率为例，每年第四季度是各大电商的大促季和流量爆发季，所以在这个季度统计的复购率具有天然偏高的趋势。而在第一季度，由于上一年第四季度的促销存货效应，往往复购率较低，而这并不意味着用户留存整体情况恶化。

（4）人群选择。一般而言新客复购率会远低于老客复购率[①]，在公司初创没有做广告投放阶段被自然吸引过来的用户（公司的老客）的复购率会高于公司做广告之后的用户（新客）的复购率。因此，有的公司宣传说“我们的核心用户月度留存率高达85%”，需要厘清这部分“核心”用户是不是交过会员费、被锁定的老会员。

答案：通过以上分析，你已经发现这是一个不能马上回答的问题。首先，在寻找到答案之前，你必须调查清楚，以厘清口径、时间、人群及行业的标准值。一个好的CRM总监，不仅要清楚公司、本行业的情况，还需要了解其他行业的基本情况。如果不知道，应该去了解并及时汇报。

其次，还要注意到CEO的问题是：“我们的用户运营是不是不够健康？”用户健康度是一个概念（Concept），无法直接度量，它可能需要几个“构念”（Construct）之间的关系网来代表，比如用户黏性、用户数量、用户质量、用户满意度、用户忠诚度等。而用户黏性这个构念需要若干个指标去度量。留存率是一个对用户黏性全面的度量吗？ 也不尽然。CRM总监需要理解CEO关注的问题是用户运营是否健康，因此还需要对公司会员情况进行全面梳理。

最后，这个问题还表明，CEO对于用户运营是非常关注的，而对会员运营的指标并不是特别理解，这就需要CRM总监让CEO更好地理解自己的业务知识和职能，解释留存率背后的细节是什么，商业含义是什么；同时，CRM总监也需要随时关注同行业及互联网圈在会员运营方面的最新动向，向管理层定期汇报最新动态，逐步建立起管理层的信任和支持。

ACRM团队支持着整个会员运营团队的数据需求，因此，数据分析能力、批判性思维能力和逻辑思维能力是三个必备的看家本事。数据分析能力可以通过专业的培训（数据相关专业的大学课程或者专门的数据分析课程）获得，而批判性思维能力则需要培养一种质疑的习惯。对各种信息要抱以质疑的态度，关注信息的来源，对比各种信息源的差异。在如何培养这一能力方面，我推荐

① 新客和老客的界定根据统计需要可以年度、季度、月度为时间窗口来统计。一般而言，随着企业发展而一直留下来的老客对企业忠诚度高，而通过“免费送”等流量打法引诱过来的新客则很容易流失。

一本极好的书——尼尔·布朗（Neil Browne）和斯图尔特·M.基利（Stuart M. Keeley）所著的《学会提问》（*Asking the Right Questions*）。除必备工具箱和高级分析方法之外，这本书还教给数据分析师要获得职业成功所必须具备的素质和思维模式，请一定好好看，并随时在生活和工作中加以应用，审慎推敲，这样才能得到最接近真实的答案。逻辑思维能力的培养可能是从幼儿园就已经开始了，但却是一个需要终身培训加强的思维习惯。训练逻辑思维的方法论工具书首推艾森·M. 拉塞尔（Ethan M. Rasiel）所著的《麦肯锡方法》（*The McKinsey Way*）。大多数咨询公司出身的数据分析师都在这方面有过极好的专业培训，对于想招到ACRM好员工的老板而言，不啻为一个便宜的招聘筛选方法。这三种核心能力中，我认为批判性思维能力是ACRM获得成功最为关键的一个素质。

总结一下ACRM职业发展需要具备的几个关键能力——沟通能力、商业逻辑能力是数据分析师获得职场进阶的能力，也是加分（nice to have）的能力；数据分析能力、逻辑思维能力和批判性思维能力则是数据分析师的核心能力，也是必备（must have）的能力。ACRM小伙伴需要对自己的优势劣势进行清醒的分析，学会突破自己思维的墙，学会跨团队的沟通和培养商业敏感性，才能在这个领域内不断精进，获得成功。

ACRM团队的组织架构一般由两类人员组成：一类是用户研究人员，他们主要解决为什么（why）的问题；另一类则是数据分析师，他们主要提供日常运营数据支持和营销活动分析，解决谁、什么以及如何（who，what，how）的问题。ACRM团队主要负责三个方面的业务分析：①会员人数、会员分层、会员活跃度及销售量等描述性数据分析，销售驱动因素、业务短板、渠道差异等分析性数据统计，会员品类/品牌偏好预测、会员流失预警等预测性数据模型建立等；②会员营销活动支持，如提取精准营销人群、会员营销活动效果分析；③与会员相关问题的一次性研究，如沉睡流失原因分析、二次复购提升分析、会员画像等。

我在本章有限的篇幅里不便详述如何去做ACRM，这是一个可以十分投入去精进的领域。除了ACRM团队成员，我常常也会依赖外部咨询顾问和专业的数据营销分析公司来解决棘手的问题，这也可以作为企业ACRM工作的一个补充。

2. 会员营销

会员营销是与市场营销部门结合最紧的一个职能部门。会员营销团队的小伙伴也是最有趣、最接地气、最脑洞大开、最无厘头、最奇葩的一群人，我最爱他们的热烈、机灵、敏锐、洞悉人性、才华横溢，但他们也容易无组织无纪律、傲气、容易兴奋过头、看数据一头雾水、思维脱线……

无厘头、无意义、有意思，在特定人群与场景下胜过一切宏大叙事。寺库的营销总监曾分享过一个很有意思的案例：寺库是一家销售奢侈品的电商平台，其目标用户是富裕阶层，如老板、金领人士等，在广告投放的早期他们认为这些精英人群应该会关注时事新闻、财经等栏目，但投放的结果却并不理想。直到他们把现有用户拿到视频网站进行匹配（如手机号相同视为同一个人），才发现他们经常观看的节目并不是财经、体育等高大上的栏目，而是一些搞笑视频。这种乍一看很反直觉的现象其实又很容易理解——高管、老板平日里在职场、商场厮杀已经很累了，他们才是那群更需要放松和搞笑的人呢！游戏和娱乐是人类的天性，反人类天性的营销是很难获得成功的，我也很难想象一个不爱玩、无趣、不热爱生活的人会做营销。在做会员营销人员招聘的时候，我一定会问："你有没有什么兴趣爱好和主业之外的一技之长？"我最喜欢钻研过无用知识的那些应聘者。太过一本正经和循规蹈矩的人不适合做营销，且会是整个营销团队氛围的灾难。

除个性与爱好之外，要培养会员营销人员的综合素质可以从以下几个方面着手：①学习观察生活，积累素材；②多读书、读杂书，提高文化修养和历史知识积淀也是提升营销素质的捷径；③培养创新思维，做跨界高手，把两个毫无联系的东西关联起来也是一种创新。这一点得从自身的兴趣爱好上来发掘，很多活跃在微信的跨界营销高手本人就是一个双重职业人士，如拍照最好的医生、最会玩扑克牌的数学系毕业生等。"斜杠青年"欢乐多，这也是互联网环境下"90后"热衷的新的就业趋势，顺应这一趋势，未来可能会兴起"全民脑暴"参与式营销、新兴平台上的众包营销、全民互动式营销，待新的平台和工具成熟时也许会使得企业的营销活动变得越来越有趣。

做会员营销得会玩，但也要注意把握底线。特别是那些与主流价值观、大众舆论和国家倡导的新风尚背道而驰的宣传是非常危险的，得格外小心处理。有人开玩笑说营销人员在公司内部最大的敌人，不是控制预算的财务，不是不够配合的产品，而是束手束脚的法务。很多营销活动踩着法律或道德的边界游走，一不小心就会湿了鞋，小公司或能幸免，而大公司树大招风，很容易就掉坑里去了。蚂蚁财富联合各大银行策划的理财服务营销就是一个典型的案例。守正出奇是营销的铁律，守正对大公司更为重要！

案例2-2

出奇更要守正——大公司营销的重要一课

2017年互联网“毒鸡汤”营销和“丧文化”成为颇受欢迎的一种广告方式。人们不排斥对自己或者本群体的善意调侃，甚至可以付之一笑，顺手转发。然而，为了达到“扎心”的效果，“毒鸡汤”涉及的内容往往是一些比较敏感的社会话题，游走在这个边缘，度是不好把握的。以“蚂蚁财富联合16大基金公司”为噱头，推出的《年纪越大，越没有人会原谅你的穷》推广文案，就在微信广泛传播之后引起了大众的反感。支付宝公司迅速反应，指出此推广文案与蚂蚁财富的广告推广无关，并申明“每个认真生活的人都值得被认真对待”的价值观。

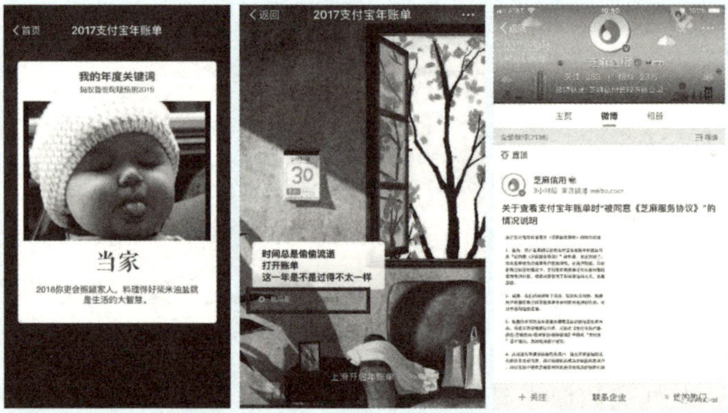

客观评价这则广告，其传播力和话题感十足，本意可能是一种自嘲；而最后却因为激起了公众不良的情绪反应，在“与公序良俗和法律违背”的理由下黯然落幕。

2018年1月3日，支付宝通过回顾用户2017年年度账单并预测2018年关键词的营销方式获得了广泛传播，原本是一出极好的全民参与的“新年自秀”。当日13点12分，岳成律师事务所合伙人岳屾山在微博上爆出《芝麻服务协议》被默认选好，这个协议将允许支付宝收集用户的信息包括在第三方保存的信息。岳屾山律师认为根据《中华人民共和国消费者权益保护法》，消费者有选择权，而不是商家替消费者选择。这一信息引起了公众的愤怒，感到自己深深地被支付宝“套路”了。当日晚间，阿里芝麻信用快速反应，及时发布了公开致歉信，说明情况并认错，从而及时遏制了舆情的进一步恶化！然而，一些用户仍然对此深表不满，阿里的美誉度无疑受到了影响；很多用户也采取行动保护个人数据隐私，在一夜之间取消了阿里的信用授权。2018的第二个工作日，阿里支付宝的这次营销活动大起大落以致道歉转圜，各种偶然因素在混沌的舆情中碰撞与叠加，回顾起整个营销事件不免让人感到凶险至极。

反思起来，这两次营销事件并非偶然现象。阿里营销在“出奇”这两个字上一向是行业的标杆，脑洞大、活力无穷。阿里巴巴公司本身也像一条鲶鱼一样搅动了整个中国零售市场，各种试错、改造与创新活动层出不穷，这也是阿里的优势！但是在品牌建立了知名度和强大的市场地位之后，则需要将建立品牌美誉度摆到优先的次序来考量。对于强者，人们的要求会更加苛刻，而反抗权威维护弱势群体的心态最能挑动网民的敏感神经。大公司战战兢兢、如履薄冰，把“守正”和“初心”作为头条军规来做营销实是不得已而为之。

资料来源：新华网客户端，《支付宝年度账单事件》，2018年1月11日。

此外，会员营销人员还需要具备良好的计划能力，会员营销最日常的工作就是跟随公司的整体营销节奏把控会员活动的策划与执行，安排各种会员沟通渠道的整体规划，把握精准触达与全面覆盖的平衡。由于营销计划经常随着商业活动的变更而改动，再加上各种追随社会热点事件的借势营销需求，因此营销日程表需要经常调整与改动，在我看来这是一件非常令人头疼的事情。由于我自己在计划执行能力方面非常吃力，所以经常被下属批评“健忘”，因此在我的团队中我会非常倚重一位善于活动排期、执行力强的助手，来补充我在这方面的短板。没有完美的个人，只有完美的团队，这一点是毋庸置疑的。好在在CRM团队中，从一线执行培养成长起来的员工一般都具有非常强的计划性、一丝不苟的严谨态度和关注细节的好习惯。凝聚一批营销狂人对严谨、靠谱和一丝不苟的领导来说还是颇具挑战性的。

总结一下会员营销人员的关键素质和职业要求是：创新思维、底线思维和计划能力。往往创新思维和计划能力很难在同一个人身上找到，所以团队成员最好是差异化的，彼此能够补位和协同。

再来看会员营销的团队架构和基本的工作流程。会员营销团队经理一般会领导一个包括活动排期、活动策划、文案、设计在内的小团队，通常主管活动排期的会是小团队的经理，他需要统一把控各项会员营销活动的安排与执行。在一个会员活动策划团队内，通常是活动策划来主导整个会员营销活动的执行，文案服从创意，设计配合创意文案风格。之所以这样来安排主从关系，往往源于设计师和文案人员的思维模式类似于艺术家和文学家，他们更倾向于从美的角度来进行创作，却不善于商业思考。

会员营销活动的工作流程：①在活动策划之前，定义好活动目的，不要试图在一个活动中包含多个相互矛盾的目标（比如市场占有率和利润、销售导向与用户体验等）。这很重要，多个目标会导致火力不集中，也会造成活动效果难以评估；此外，在活动之前必须很好地管理老板的期望值，否则很难向老板交代。②在营销策划活动的早期，要让所有相关方尽早参与进来。这不仅有利于集思广益，更为重要的是能够让你的项目在推进过程中得以顺利进行，要知道不是所有的工作都能像营销策划活动这么有趣。③创意、文案、设计的主从关系不能颠倒。一个流程要顺利运转，需要各个角色的人各司其职。这并非是说哪个职位更重要，或者哪个岗位的员工更强势能干就能更改主从关系。文案和设计为营销创意服务，手段为目的服务，是需要在会员营销领域确立的原则。

在明确活动目的之后，一个独立的会员营销活动策划需要把握好几个关键点：who，by which channel，what，how，即目标营销的对象是谁、通过什么接触渠道、沟通什么内容（激励措施、活动信息及规则）、活动的玩法是什么（实现方式）。会员营销活动策划计划表是策划的总体纲要。活动执行可用常见的项目管理工具进行人员、任务、时间节点、资源与成本等方面的安排。活动结束之后需要对活动进行效果评估，总结经验，进行提高与改进，这是一个渐进的提高过程。

对会员营销最具有挑战性的是在一年内如何规划一系列会员营销活动，以达到叠加绩效的最优化——用最小的成本最小重叠地覆盖最精准的人群带来最佳的传播及实际收益。全年营销活动策划管理异常复杂，是公司整体营销活动的一个部分，不在这里做深入讨论。

3. 会员管理

会员管理是与公司政策结合最紧的一个部门。会员管理团队的小伙伴需要具备很好的战略思维能力。就会员管理而言，在有的公司会员管理是一个成本中心，而在有的公司是利润中心，有的两者兼而有之。成本中心的例子如传统电商以积分兑换等形式补贴的普通会员，利润中心如好市多（Costco）的会员管理体系、腾讯等视频的付费会员，兼而有之的如唯品会、京东等电商企业，既有付费会员制度，也有面向注册用户的普通会员制度。基于盈利模式和用户黏性，有的公司会员管理管理的是强会员关系（如高尔夫球协会、会所会员），有的是弱会员关系（如大多数互联网公司的普通会员），所以做好会员管理的第一步是对基于会员的盈利模式和会员关系的强弱进行清晰的界定，谋定而后动。

有些老板经常把会员营销经理和会员管理经理进行毫无道理的对比——你看看会员营销经理多勤奋，每天各种计划安排忙不过来，而会员管理经理要么在刷手机，要么坐在椅子上发呆，是不是太不敬业了？会员管理与会员营销的最大区别就在于会员营销需要日日皆新的变动，而会员管理崇尚保守主义，需要谋定而后动，前瞻行业格局、深谙人性及用户心理，按照至少三年不变更的原则来进行规划，保持会员政策的相对稳定性。所以会员管理经理需要刷手机，关注竞争对手和行业的最佳实践；然后发呆——思索别人家的最佳实践是否适合在自家玩，以及是否能策划出更好的创新会员产品。会员管理切忌频繁变动，以免损坏会员运营的基石，破坏长期建立起来的消费者习惯和认知的连续性。

会员管理业务具体包括以下几大项目板块：会员积分、会员体系和会员权益，会员细分与会员标签，会员生命周期管理、会员价值管理和会员接触点管理，以及会员产品运营。

（1）会员积分、会员体系和会员权益。之所以要设计会员积分，对于企业而言是为了降低促销成本，增加用户黏性。航空酒店行业做会员积分由来已久，就连中国铁路部门也自2017年12月20日起试行推出“铁路畅行”常旅客会员服务。通过设计好会员积分的获得和消耗机制，可以管理会员行为以符合企业的目标，因此会员积分是企业衡量用户忠诚度的最佳运营工具。会员体系基于会员积分设计，既要体现层级尊贵感，也要阳光普照、简单易行，同时，会员权益设计要符合该企业的用户特征。例如，某高端奢侈品电商网站，客单价超千元，其推出的付费会员制度，会员权益居然是包邮，这在10块钱的小商品都全国包邮的电商圈，就显得过于没有诚意了。

电商公司会基于用户的购物、活跃行为（登录、完善个人信息等）、特定目的的营销活动以及用户体验（如退货补邮费）来发放用户积分，并通过购物抵现、兑换活动、积分清零制度和公益活动来消耗积分（见图2-2）。例如，唯品会会员收到一条短信被告知得到了公司的“致歉唯品币”（见图2-3），这种常规之外的积分运营尤其打动人心，体现了公司对会员的尊重，从而让坏事变成好事。

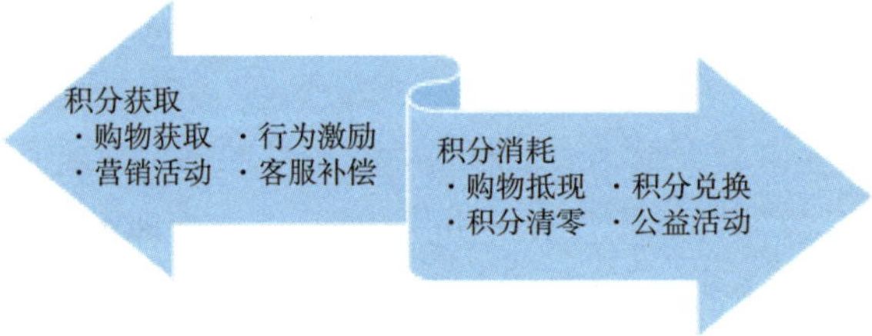

图 2-2　电商公司积分

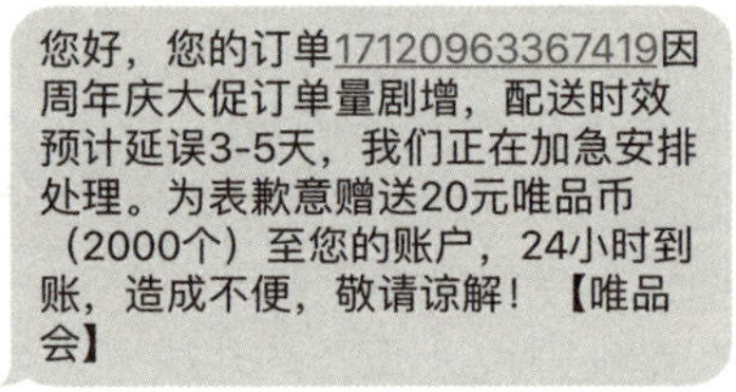

图 2-3　“致歉唯品币”短信

制定会员等级制度的原因是要基于用户价值进行运营。在忠诚度管理的视角下，划分不同等级则是要为忠诚用户回馈更丰富的会员权益，这是公司需要投入成本的一个地方。大多数电商公司目前都采用了普通会员制度和付费会员制度（见图2-4）并存的体系。普通会员等级以积分为基础，而各大电商在会员权益投入上都不是太充分，权益多是以差异化的积分返还、包邮、优先抢购或者身份标签等虚拟的产品来体现。付费会员以付费为基础，是一种常见的“锁定”用户的做法，以获取用户更多的“钱包份额”；相对而言，付费会员所能获得的权益可能更为实用。

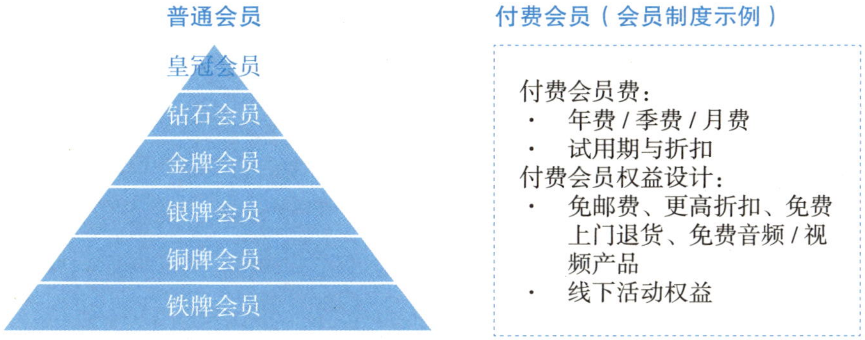

图 2-4 普通与付费会员制度

付费会员本身是一种订阅模式（subscription model），这个模式其实早就在报纸、杂志等媒体行业中广泛采用。在电商行业做得最好的是亚马逊和好市多，而一些国内电商学习的各种付费会员玩法，本质上并没有摆脱卖货的实质。

先来看好市多公司，根据其2017年财报，商品收入大概是1 260亿美元，运营利润41.1亿美元，交税13.3亿美元，会员费收入28.5亿美元，企业最后总利润26.8亿美元。企业税后利润等同于会员费，也就是说好市多只挣了会员费，没从零售中挣到钱。所以好市多的商业模式，本质上是在经营会员，而不是在经营商品。美国的快递成本十分高昂，亚马逊超过25美元以上免运费，并且要一周才能送达，但亚马逊自己的物流2天就可以送达。亚马逊对Prime会员收取99美元会员费，实际上是对他的用户群体重新做了一个细分。即对那些在意时间成本，而愿意付费的高价值用户，提供全年无限制金额2天送达的配送服务。到现在亚马逊已经发展成了包含音乐、电子书、云存储、视频等大量数字内容的超级服务平台。

有人认为航空公司、酒店会员权益做得好，那是因为它们有可利用的沉没成本（如酒店行业会员可利用入住率不足的豪华房间来升级会员权益）或者是有边际成本为零的产品（如免费赠送高等级会员音频 / 视频产品），所以把这类公司的权益运营和其他行业进行类比，就此认为电商平台的权益运营做得不好，也是不太公平的。会员权益的实质是激励制度的顶层设计，要牢记会员激励的五条法则：①匹配法则，不匹配的奖励就是惩罚；②变化法则，不变化的奖励就是惩罚；③及时法则，不及时的奖励就是惩罚；④足额法则，不足额的奖励就是惩罚；⑤公开法则，不公开的奖励就是惩罚。

（2）会员细分与会员标签。会员细分是按照一定规则或者算法把一类具有共性的会员集合到一起进行管理。在没有做到千人千面以及实现完全的个性化之前，这是一个非常好的会员运营管理方法。在这里我想分享我的两个观点。①传统的会员分层方法不一定过时。我认为基于会员价值和活跃度的会员分层并没有过时，反而是简单易用，对于企业销售管理而言是必不可少的工具。如果只能选择一个会员标签来运营，我会毫不犹豫地选择RFM（recency，frequency，monetary value，即按照用户活跃时间、购买频次和购买金额等因素分层）的标签，而不去追求打成百上千个标签，因为它们在实际营销过程中用不上。此外，我一定会把诸如基于男女、地域、年龄等统计特征的分群标签优先于基于价值观的分群做好；各色模型我也做过不少，基于商业理解、基于人的自然需求差异的分群方法在大多数情况下对没有被数据赋能的中小公司来说还是最先应该去做的事情。②千人千面是大势所趋，但不一定适合所有情境。首先，千人千面有成本且不适用于所有发展阶段的企业，在企业还没做到目标用户分群运营之前，请先别揽那瓷器活儿。其次，千人千面的数据基础在现阶段还比较有限，特别是企业新客的数据积累有限，难以做出与之真正匹配的个性化推荐；利用外部数据来描述新客是一个不错的解决方案，但也面临着匹配程度问题以及片面性的数据孤岛问题。最后，千人千面的推荐算法也不是一劳永逸的，需要不断学习，公司需要配备专业人员来持续进行优化。

（3）会员生命周期管理、会员价值管理和会员接触点管理。会员生命周期管理、会员价值管理、会员接触点管理和用户体验管理密切联系在一起，也和营销活动十分相关。会员生命周期经历获客（如潜在用户点击链接、新用户下载App）、激活（如网址注册或邮箱注册/手机号注册/关联微信号）、留存（经过一定时间段的二次活跃）、变现（新客有购买行为）、复购（二次购买）、沉睡、流失、唤醒，在罗杰·J. 贝斯特（Roger J. Best）《营销管理：提升顾客价值和利润增长的战略》（*Market-Based Management: Strategies for Growing Value and Profitability*）一书中对会员价值管理有非常详细的描述，国内的王永贵教授在顾客价值方面也有很棒的研究。在淘宝大学出版的《客户不丢》一书中对会员接触点管理有比较详细的描述，我非常推荐初学CRM的同学认真研读。

第一，会员生命周期管理——用户视角的自动化营销。

我喜欢把会员生命周期比作和用户谈恋爱，最开始的几天一定要趁热打铁，在次日、第三天、第七天的蜜月期频繁“刷脸”，留下美好的第一印象。在做营销活动献殷勤的时候一定要事出有因（在周年庆、会员日等节日发放优惠券），而不能自损身价和形象（毫无节制地狂发优惠券会造成品牌廉价的印象）。对沉睡用户要亲切提醒、热情邀请，对可能离开的恋人（流失用户）要寻找原因，自我检讨，用心挽回。会员生命周期管理（见图2-5）是可以完全实现营销自动化的。

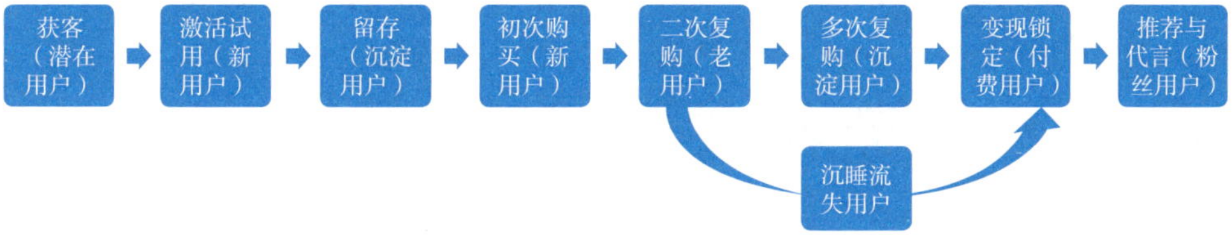

图 2-5　会员生命周期

第二，会员价值管理（现有价值 vs. 增长潜力）——用户价值迁移管理模型。

会员价值管理有两个维度：一是价值，二是价值增长。如果把它们作为坐标轴，可以将全体会员分为四类，从而根据会员的价值及价值增长潜力实施不同的会员运营策略（见图2-6）。在我了解的很多电商企业中，对潜力会员测量及管理的这个维度是缺失的，这是一个非常有潜力的市场突破点。

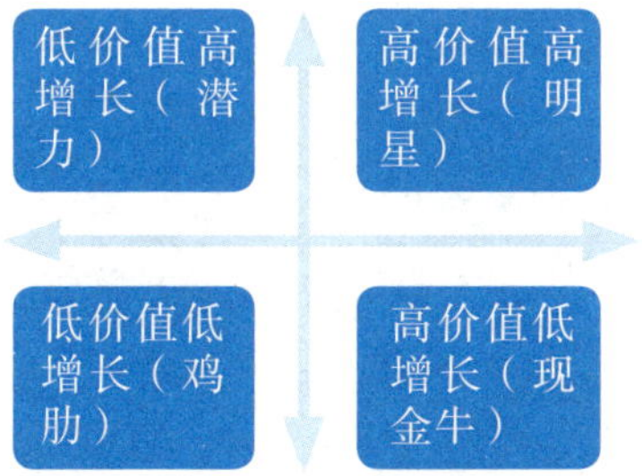

图 2-6　会员价值管理矩阵

第三，会员接触点管理——接触渠道和接触场景。

会员接触点管理有两点非常重要（见图2-7）：其一，关注企业与用户的接触渠道［邮件—短信—App消息中心—SCRM（微信公众号、订阅号、小程序、微信群等）］的变迁——用户在哪里，会员接触点就在哪里。有人总结CRM1.0时代是销售自动化（sales automation），CRM 2.0时代是数据驱动的个性化CRM，CRM3.0时代是SCRM（social CRM，社会化顾客关系管理），我认为其实会员运营的本质并没有变，只是CRM涵盖的业务重点、方法、系统和渠道在变化。CRM3.0之后的交互渠道在哪里？目前各种智能设备（可穿戴设备、智能家居、智能汽车）和线下流量新入口（3D试衣镜、室内导航人机交互界面）已经成为新的接触渠道，未来的接触渠道会越来越分散，更替节奏也会更快，但CRM围绕用户注意力来构筑接触渠道的根本方法论不会变。

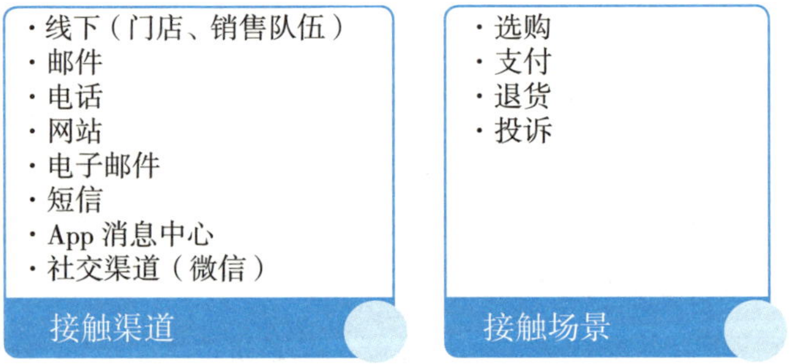

图 2-7　会员接触点管理

其二，是在用户需要的所有接触场景（选购支付/退货/投诉等流程）能够及时跟上，服务好用户。这个服务既可以与用户在当时场景下的实际需求相关（如支付超过限额时需提示进入修改支付限额的界面），也可以与用户的潜在需求相关（如在用户完成订单之后推荐相关商品或邀请好友获取优惠券等）。

（4）会员产品运营。会员产品是以上会员管理政策和会员营销活动所需的底层系统（后端）以及与会员交互的界面产品（前端），常见的具体会员产品包括会员俱乐部、会员标签、会员积分系统、会员促销系统等。在这里不介绍具体的产品实现形态和实现过程，只分享一个适用于平台型企业的会员管理产品的三要素模型和会员产品差异化的一般原则。

案例2-3

会员产品设计的三要素模型及设计原则——电商公司的案例

我们首先从平台、商家、会员的三要素模型（见图2-8）的角度来看电商平台的会员产品设计。

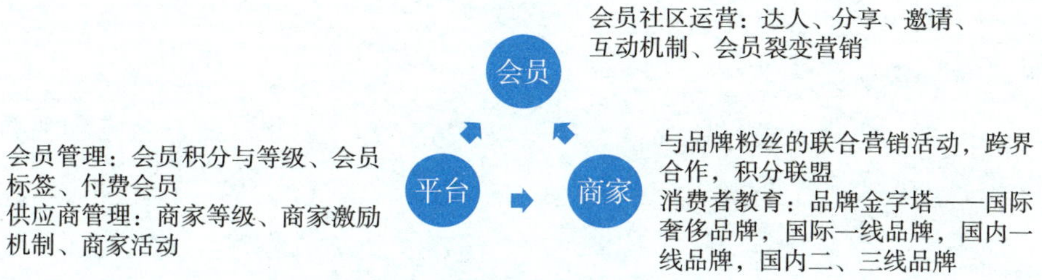

图 2-8 会员产品设计的三要素模型

（1）平台会员社区运营。在平台方面，搭建诸如一键关注社交圈朋友、会员达人原创内容、会员社区等与会员交流相关的产品非常重要。在这个平台上，用户可以分享购物经验、提问及赠予朋友积分、特权或优惠券，这是增加新用户（增长黑客）以及提升用户黏性的极简便的做法。

（2）消费者教育。目前，中国市场上的品牌还处于培育发展的初级阶段，消费者对品牌的认知和理解其实是非常有限的。国际奢侈品牌、国际一线品牌、国内一线品牌、国内二线品牌、国内三线品牌的品牌圈层是怎样的？各种品牌的含义、调性、价值观以及用户群体是怎样的？诸如此类的问题，很多消费者是需要学习的。高品质生活到底是怎样的？什么样的品牌更适合自己的个性与风格？这些都是平台可以联合入驻的商家去做的消费者教育的内容。具体说来可以做如下三件事：①结合超级品牌日，介绍该细分品类的相关品牌知识，做内容营销，教育消费者；②随着平台用户的激增，不同圈层消费者发现平台展示的品牌太杂、参差不齐，不再是他们所归属的品牌了，此时基于品牌层级的用户细分和商品管理就非常必要了；③基于平台数据定期推出一些按畅销、风格、国别、地域、质地、特色、等级等多个维度的品牌排名榜单，也是一件特别有价值的事情。

（3）从消费者自己的角度来看品牌，可设置收藏按钮，点击关注的品牌。但消费者与品牌的关系是一个金字塔结构，其内涵远远不止于“关注”一个品牌。品牌关系是多层级金字塔结构的模型——从消费者知晓的品牌、使用的品牌，到喜爱的品牌，再到渴望的品牌，这种品牌关系是层层递进的。所以通过消费者行为数据开发一个个性化的消费者品牌，金字塔产品会让其更清晰地了解自己的品牌需求和喜好，树立品牌意识，建立与品牌的深层次关系。

其次，各平台如何做好会员产品的差异化？可以根据用户特点和业务性质来设计会员产品。

各平台会员产品有很多共性，如激励用户活跃行为的积分制度及设定会员等级等方面；但更为重要的是根据不同平台的用户特点和业务性质来设计出各具特点的会员产品。

举个例子，支付宝和淘宝会员在积分上的本质差异是什么？支付宝是信用分，淘宝是诚信分；支付宝场景主要是O2O，淘宝场景是基于淘宝、天猫、飞猪及淘票票等线上购物行为。支付宝线上线下一体化的业务性质决定了它能够更全面地收集用户在资产、信用历史、购物行为等方面的线上线下的数据，因此支付宝在分析用户信用方面具有淘宝所无法比拟的优势，那么淘宝设计在线购物诚信分时如何才能体现出差异性呢？会员积分和管理制度都是要为核心业务服务的。一些电商平台除了从诚信的角度来定义会员的在线购物行为，更应该去深度挖掘业务特殊性的一些因子来为电商核心业务服务——如从喜欢逛（活跃度维度：采用频率与时长等指标）、喜欢买（销售维度：采用客单价和购买件数、购买高信誉高品质商品、退货率等指标）、喜欢推荐（评论、提问、推荐）、健康生活方式（绿色环保、慈善活动、量入为出）等维度去量化和给分，以能被用户理解的方式来设计。企业政策和制度要为业务服务，为用户服务，这个基本立足点很重要。

另外，做会员产品时要符合用户特点，这也是一个非常重要的关键点。例如，QQ会员里的各种权益设计满足了年轻人的意趣和个性化需求。

4. CRM系统

CRM系统业务组是与产品、技术、后台结合最紧的一个部门。做CRM系统平台最大的三家公司是Salesforce、SAP和甲骨文（Oracle）。一般而言，技术实力薄弱的大型传统企业会选择这些公司。大型互联网公司则会自建CRM系统平台，以满足自己特殊的业务需求。小型企业会选择国内软件供应商，如纷享销客。值得注意的是随着微信成为国内用户黏性最大的超级App，SCRM系统越来越受到重视，营销自动化能帮助我们更好地运营微信公众号、做内容、做活动、追踪粉丝行为、自动孵化顾客、挖掘潜在顾客、提升获客率及线索转化。就CRM系统而言，没有最好的，只有最适合的，应根据业务需要和业务规模来合理进行CRM选型。

以上按照业务内容横向拆解了CRM，从纵向发展职级上看，CRM（高级）经理、主管及专员都需要在这些CRM业务范畴之内积累和沉淀：（高级）经理级别的管理者需要熟悉全部CRM业务知识，并能主持管理部门内或组织执行跨部门的CRM项目，管理5 ~ 10人的小团队。主管需要熟悉至少一个CRM业务板块，能够独立进行至少一个项目管理，并能至少直接指导一位初级专员。专员则需要在上级指导下，学习CRM业务，达到能准确地理解并快速执行项目分解中的小任务。

三、进阶：CRM矛盾处理高手

入门阶段只是了解了CRM的基础知识，但CRM非常需要全面能力：必须理解商业逻辑和技术系统，兼备战略能力与计划落地能力，数据能力和创意思维，是颇有门槛和挑战性的一类运营工作。要在CRM职业发展道路上进阶，还需要理解这个复杂系统中的各种内在矛盾，把握好各种矛盾之间的关系。这个矛盾的综合效应有些是可以量化的，有些却是难以量化的，需要做好规划，协调局部与整体，兼顾短期与长期，有条不紊地规划与实施。

案例2-4

1+1<2?

❖ 可量化的冲突：跨渠道冲突的矛盾

在企业整体销售战略都在靠渠道驱动的时候，渠道之间的互噬现象非常严重。考虑各渠道负责人之间如何归因和设置合理的KPI算法远比每天自查挨个打板子重要多了。

经理人也要让管理层认同一个营销活动无法达到几个可能互相矛盾的目标，以及不要因为实时的或者几天难看的数据就否认策略并即刻调整。中层管理者的一个极为关键的作用就在于“合理”的信息筛选和过滤。

再举一个电子邮件营销（EDM）的例子，EDM区分了基于消费者行为（浏览、收藏、加购物车、支付）的触发类邮件、品牌新闻类邮件及促销邮件。如果每个邮件类型负责人都只考虑自己的邮件充分发送，就会导致用户的邮箱里堆满垃圾邮件。EDM渠道负责人就需要把控总体邮件发送规模，不允许恶性竞争的出现。

❖ 不可量化的冲突：精准与触达的矛盾

在做精准营销的时候ROI是最好看的，选择对品牌有偏好的活跃高价值人群，ROI做到1000%以上也不奇怪；但精准的结果会导致触达面有限，达不到量的要求。此外，营销的目标首先是触达，而不是看ROI；越过触达而去单纯以ROI为标准追求精准是不可持续的营销推广方法。宝洁公司大中华区品牌营销及媒介部、消费者洞察部副总裁何亚彬在2017年营销科学论坛上，概括了宝洁对于媒介价值反思的最新看法：“我们建议，应该要回到‘触达’去看价格，这是基本的科学考核的标准。品牌就是要占据心智空间和物理空间，而占据心智空间最好的方法就是触达。”他指出日化品牌在经历了转型实验后，逐渐明白能“触达”的投放，才是“精准”的投放。

❖ 不可量化的冲突：销售与用户体验的矛盾

销售达成销售目标是站在企业的视角，而用户体验则是站在用户的视角。发放大额的优惠券和频繁地推送营销广告的确会带来销售上的巨大收益，但往往是以骚扰用户、伤害用户体验为代价的。这样的例子在企业营销实践中每天都在发生。

1. 局部与整体的矛盾

在企业里面为什么要服从上级？站在下属的角度，明明有数据支持某种营销活动效果极好，但为什么老板视而不见，做出和你看到的数据结论相反的决定？答案可能是老板看到的角度更多、格局更大——你看的是1，而老板看到的是1+1<2（参见案例2–4）。

运营一家企业如同驾驶一架飞机，飞机上有许多仪表盘，可能几个仪表盘之间的数字还是此消彼长、相互矛盾的关系。因此，要全面了解企业的健康状况就需要一系列的数据，并控制好相互矛盾的目标，达到局部与整体范围内企业、消费者、上下游合作伙伴及公众利益之间能够合理分配资源与利得，使企业内部有良性的竞争与张弛的平衡，达到短期内可生存、长期内可发展，不断自我更新，成就百年基业。

2. 短期与长期的矛盾

在企业运营实践中，洞察比数据重要，有时候甚至经验常识也比数据重要。短期与长期的矛盾有时候是显而易见的，举个例子，如果我们用类似搜索的方法［用几个毫不相关的关键词组合（低价+爆款+热卖）］来做邮件标题，甚至用一个空白句或者乱码来做邮件标题，极有可能这一次EDM活动的打开率远远高于之前正常做法的打开率，那么我们就此可以得出最佳的EDM营销实践就应该这样去做了吗？这是个很荒谬的结论，是不是？如果我们通过历史数据分析出了10个打开率最高的邮件标题，那么就可以往复使用这10个标题吗？把观测期延长到三个月或半年，就能看到10个最佳标题的往复使用会带来什么灾难性的后果（这个时间成本和收益的机会成本是企业无法承担的）。不要用短期的数据结论指导中期的策略运营。从数据到运营结论的这一步，经常会出现谬误，这就需要业务知识（也是通过历史数据检验后的经验和一般性规则）和理性思考，而不仅仅是数据，更不能是执行层面一次性的观察数据。

重视会员营销还是重视会员管理制度也是典型的短期导向还是长期导向的运营策略。会员营销是一系列活动，效果立竿见影、可衡量；会员管理是制度建设，它的效果需要长期宣传，并需以年度为观测期，此外也无法留出控制组以精准量化收益。职业经理人因为任期的原因，也通常会更自然地偏向于短期指标，忽略见效慢的长期会员权益的投入和运营。

短期和长期的矛盾还体现在销售导向（短期）与用户体验（长期）、深挖老客潜力（短期优惠券营销带来高的转化）还是培育新客及唤醒沉睡流失用户（转化率低，但具有长期发展潜力），此外还有取长和补短的矛盾，即把更多的资源用来发展自己的优势还是弥补自己的弱项？以上这些都是在CRM进阶的阶段总监们必须合理安排和处理的矛盾，而这些矛盾又不都是可以量化的，或者至少是在短期内难以量化的，那么这就对个人的业务能力和规划能力有了更高的要求，能做到这一层在业务能力上已经可以算有了质的提升。同时，这些矛盾往往是非专业人士所不理解的，也是绩效与KPI压力下的企业主和跨部门总监所难以顾及的，这时候CRM总监的首要任务就是争取更多的支持和理解，这又对总监的软实力提出了要求——调动职责权力范围之外的跨部门资源及争取公司的资源来达成部门目标，实现部门之间的目标协同。例如，CRM总监在全公司进行用户视角的意识教育，如和企业文化部一起合作，拍摄用户反馈视频，激发全体员工的用户服务意识，并宣传用户管理部门的工作职责，谋求管理层及跨部门总监的支持。

四、精进：大相无形、大域无疆、大道至简

1. 大相无形——CRM的道与术

以上讲的都是CRM的“术”的知识，然而在具体的企业CRM管理实践中，仍然可能会面临各种环境和问题。职业经理人就职新公司的第一件任务往往就是带来行业最佳实践和在之前企业行之有效的“短平快”方法，但实际上这些方法却往往失灵，其原因可能是不同企业的发展阶段和企业基因不同，以及短期和长期目标的相互掣肘。

案例2-5

NPS之殇——为什么在有的企业NPS管理工具不管用?

弗雷德·赖克哈尔德(Fred Reichheld)所著《终极问题》(*The Ultimate Question*)一书提出NPS(net promotor score)来作为衡量用户忠诚度的终极指标。这个指标的计算方法如图2-9所示。NPS作为指标、作为管理系统、作为一种价值观，在各企业的应用程度不同。

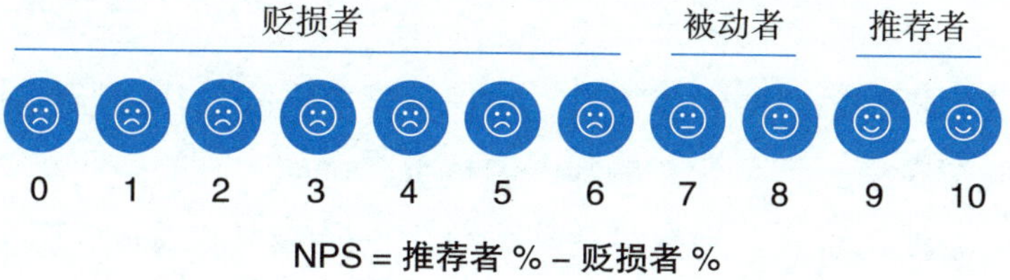

图 2-9　NPS 计算公式

2015年我在中华人民共和国工业和信息化部指导下的中国企业品牌研究中心开发了C-NPS指标，对各行业的NPS进行追踪。期间发现我国一些企业学习借鉴国外NPS的最佳实践，但实际结果却差强人意。原因有三点：其一，追求用户体验和很多短期的企业目标相矛盾，而企业不得不在资本回报的压力下追求短期收益。比如，销售最大化目标下的多渠道高频次海量的非精准用户沟通，的确能以牺牲部分用户体验的方法带来更多的销售(特别是当形成了行业垄断之后，更不用担心短期内用户因为体验差而投奔竞争者)。其二，在客诉还居高不下的时候，应该老老实实解决产品核心问题，减少顾客投诉，而不是顾客推荐。从客户视角的发展阶段来看，那么第一阶段应该关注的是顾客投诉，第二阶段再看满意度管理，第三个阶段才是做NPS系统管理。在恰当的时间需要做恰当的事情，但实际上各企业操之过急的情况比较多。其三，NPS不仅仅是一个分数，也是接触点流程管理系统，而大部分企业关注NPS却没有把它和绩效管理结合起来，只将NPS作为看板指标来监测参考却不用其做绩效考核，这样的管理力度是比较小的。

此外，企业的生存和发展一定是要协调各个利益相关者，并在一定时间内尽可能调配优化企业内外部资源以达成短期和长期目标。因此，企业的整体健康度衡量一定是多维度的，以确保企业在发展的路径上沿着航线稳步前行，而过分夸大某一个指标始终无法反映全部的问题。

最重要的是，企业这种制度本身以及企业的愿景都是人为设计的。在这个大数据时代，我从来不认为数据会主导战略层面的决策。企业家的愿力（对美好生活的追求）、对复杂环境的适应性、对未来的创造力和想象力会优先于任何数据所指引的人类的未来路径。

老板的背景、公司的人才积累、知识积累不一样，往往导致在一个企业玩得转的做法在另一个企业开展却困难重重。比如，有的企业有很强的运营实力，很会做促销玩法，则会员活动营销会占据CRM的大头；而有的企业则擅长做数据驱动的营销，CRM系统自动化运营占据优势。嫁接一个企业的成功经验到另一个企业，在资源和配套条件不成熟的情况下很难成功。此时就需要根据企业本身的基因来做CRM运营。此外，处于上升期的企业和处于收缩防守期的企业，其运营方式也完全不同。在资源充裕的上升期，大可以重复搭建班子进行内部“赛马”，实行柔性管理和愿景激励；而对于收缩期的企业，精兵简政、严格考勤往往是普遍的做法，两者没有可比性。理论套路有时候很有用，有时候不好用，其实质还是自己不会用。有时候两个理论可能说的是一件事，但采取的却是两种不同的处理方法——到底是“近水楼台先得月”，还是“兔子不吃窝边草”，理论是否适用于情境，还得自己用心去琢磨！

由上可知，在“术”的层面，CRM是变动的，如果只知道“术”的层面就会把自己套入各种条条框框，生搬硬套地去解决各种企业问题；看到各种理论时，也会莫衷一是，无法做出自己的判断。只有掌握了CRM之道，才能真正灵活应用CRM之术，在合适的时间、合适的情境下做出合适的决策。

2. 大域无疆——从CMO到CGO

2017年3月，可口可乐宣布将取消设立了24年的首席营销官（Chief Marketing Officer, CMO）一职，把全球市场营销（global chief marketing officer）、顾客及商务领导（customer and commercial leadership）、战略

（strategy）整合成一个职能，由新创立的职位——首席增长官（Chief Growth Officer, CGO）领导。科特勒咨询集团中国区合伙人王赛博士曾分享：在科特勒咨询集团的顾问生涯中，他接触了大量CMO。他把90%的CMO称为“首席广告花钱官”或“首席活动官”。为什么？因为他们做的事情没有起到一个营销战略的功能，更谈不上对公司战略的支撑，CEO无法指望靠CMO为公司持续获得利润和顾客，本应是公司增长核心的CMO却成了“首席成本官”。此次可口可乐撤销CMO并不是商业巨头们CMO没落灭亡的开始，反而有可能是CMO承担更大责任、走向更高舞台的开始。它可能预示着一个时代的到来：营销，并非只是负责面向市场的广告活动，对品牌传播和产品认知负责，它还需要承担起企业的终极目标——业绩增长，为此它将拥有更多的权限和资源。

长期以来CRM都是企业“效果营销”（performance marketing）的一个组成部分，归属于CMO（负责新客）或者COO（负责老客）来管理。随着企业对增长和绩效的日益追求，CRM将在未来的企业组织架构中承担更为重要的角色。结合企业特点和内在基因（商业市场导向的公司还是技术导向的公司），CRM会分别侧重会员活动营销或者自动化、数据化营销；结合企业的发展阶段，CRM会侧重从渠道营销、流量管理，到会员营销、黏性管理，再到品牌营销、追求品效合一的大致路径；更细致地说渠道营销，CRM会根据渠道和技术的发展，由邮件营销转到侧重短信营销、站内消息运营以及SCRM。在战略上及每一次活动运营中，CRM还要考虑清楚是要侧重提升用户体验还是促进销售绩效。

那么问题来了，CRM到底是做什么的？活动运营、渠道营销、数据运营、流量运营、用户体验还是品牌营销？我一直坚信：无论什么武功，但凡分了门派，就不再高级。做企业也是一样，为了管理的方便，企业这种制度设计划分了各种工作职能部门，但每个职能部门要做好这一块工作更应该不局限于这个部门名称的范围。大道相通，无论头衔是什么——CMO或CGO、COO，大域无疆，保持创新思维、全局思维、发展思维，在恰当的时间做恰当的事才是最重要的。“赢”的战略一定不是简单的商学院各学科理论的简单排列组合。

案例2-6

企业SCRM运营多个微信公众号与整合营销的经典理论矛盾吗?

我曾经参加过一个行业培训，主题是微信营销，其中主讲人提到了微信公众号/运营号运作的一个观点：站在用户视角，一个企业只应该有一个运营号，以免造成公众的认知混乱和影响企业的“整合营销传播”战略。这个观点听上去是不是很有道理呢？但实际情况是很多企业，特别是大型企业（企业集团就更不用提了，本来就包含好几个不同的业务）都有两三个微信公众号。这种理论与实践的矛盾到底孰是孰非呢？

站在业务的视角，很快可以发现，企业不同微信号的用途是不同的——营销与销售、公共关系（Public Relations，PR）、用户服务、企业文化、招聘等。大公司不同业务部门的业务诉求和唯一的运营号产生矛盾时，业务/内容运营方抢占渠道资源的情况就会不时发生。那么在渠道不足以满足业务内容的充分运营时，就应该可以开几个公众号了吗？

多账号运营面临的一个挑战是，不同业务需求仍然可以整合到一个公众号中进行运营（在同一个公众号下设置多个子项目，问题只是各个业务部门模块的链接太深），其面临的另一个重要挑战就是整合营销管理——多个账号归口不同的事业部（Business Unit，BU）或业务部门，在信息发布的管控规则上需要不同层级信息发布规则的制定执行以及额外的跨部门协调工作。这种思维仍然是企业的视角，而非用户视角。

从用户视角考虑微信公众号运营，我们还会发现一些企业除了核心业务的微信运营号，也会针对细分人群或布局潜力市场（如大学生）去做精细化运营，这也是多账号运营的一个重要动因。

除此之外，还应考虑到微信运营号搜索排名等相关规则。如果我们去搜索“武汉大学”这个微信号，应该可以看到上百个。如果公司只办一个微信号，是不是自然流量会导入不少其他非本公司持有的账户中呢？如果你是老板，也会把微信第一屏的公众号都做满，不是吗？

3. 大道至简——价值创造

没有好产品的营销等于零，好的产品本身才创造价值；而营销的价值长期以来好像都只是在敲锣打鼓或者涂脂抹粉——或者设计各种促销手段和广告宣传，或者进行品牌定位和产品包装，其价值是依附于产品的。

我一直反复思考：营销作为一个职能部门，其本身的“价值创造”真正体现在什么地方？目前我的答案是：消费者教育，传递真实的企业信息，营造公平公正的市场环境，鼓励、培育和宣传代表先进生产力的新兴技术，倡导绿色、健康、环保的生活方式，歌颂美好生活。

CRM是顾客导向的职能部门，而员工是企业的内部顾客。彼得·德鲁克认为最好的管理是激起人们的善意。我在国内外大中小型公司有十余年的工作经历，期间被很多老板领导，也领导过别人。不少领导（也包括很久很久之前的自己）有强烈的不安全感，对团队不信任；他们为了保护自己的地位，而特地摆布设置两位平行下属并乐于任其争斗，甚至有人大言不惭地将之作为管理经验来宣传，令人惊叹！我曾到过一家海外上市公司，宣扬海洋文化——我对海洋文化的理解是奔放的、冒险的、拼搏的，这在公司的企业文化建设文件里也有完美解读。但到该公司之后的真实感受却完全不同；直到一位资深高管解读了真正弥漫在整个企业的“海洋文化”——“各个部门的领导就是一个个身怀绝世武功的海盗，没有一个怂人，但他们有自己的私心；而CEO的任务就是把这些各怀鬼胎的海盗统领起来去商业的海洋冒险。”我心里一惊，这样的CEO得多累心啊，这样的企业高管对待下属得多狰狞啊！而事实真的是这样吗？事实是——你相信什么，现实就会变成你想要的样子。企业文化是老板或CEO精神世界的外化，所以在商业世界中有的老板能支撑起百亿级别的公司，有的老板能支持起千亿级别的公司，而有的老板却会让百亿资产化为乌有。

如果一个公司不能善待自己的员工，那么就更别提善待用户了。如果一个员工都无法热爱自己所在的公司，那么他是绝不会把这种热情传导到用户身上的。一个不尊重员工的老板，也绝不会真正发自内心地尊重用户。有人认为用户忠诚就是：①让用户离不开你——游戏化的沉迷、精神中毒（借鉴某些游戏行业的各种用户运营做法）；②绑住用户——提升用户的转换成本（金钱——成为付费用户，时间——如年卡或只在某时间办理退出，精力——设置退出的重重障碍和繁杂的手续）；③成为无可替代的选择——垄断性忠诚。当下一些企业通过用户绑定以提升用户行为忠诚的方法确实是很有效的，也未必都会带来恶的后果，但是你该怎么选择？价值观选择是极为重要的，它由你的行为而非言语来定义；人需在事上磨，在关键时刻的选择才是你自己真正信奉的价值观。所以，判断一个人，不要听人说什么，而要看他做了什么，以及他为什么要这么去做。任何商业制度设计，企业本身也好，国家制度也好，都应该为人服务，而不是本末倒置。

案例2-7

啤酒与尿布的商业启示是什么

故事从我参加德意志私人银行的最后一轮面试说起，面试我的是该公司的董事总经理。我们兴致勃勃地聊到商场的卖场设计、货架布局以及购物篮分析中啤酒与尿布的经典案例。我提出一个问题："这个发现的商业启示是什么？在不发达国家的某些市场，如果当地只有一家零售店（无网购），那么最可能盈利的方法是把啤酒和尿布放到不同的位置，这样顾客可能会在逛的过程中多购物，还是应该把啤酒和尿布放在一起从而促进尿布和啤酒的整体销售？这两种设计方式最后到底哪种带来的店铺整体销售额更高，我不能给出确定的答案，需要去做社会实验验证。"

"你真的无法决策吗？"那位白发苍苍的老人有点惊讶，"不，女士，你知道我会怎么选择吗？毫不犹豫的，把啤酒和尿布放在一起。"他解释说："知道为什么吗？不是因为商业的因素——任何商业以及任何设计都是为人服务的，这不是一个商业决策，这只是一件正确的事！"他问我："你想明白了吗？"

"没有明白"，我有点错愕，"如果不是一个商业决策，那么你为何要问我呢？——在银行工作在商言商不对吗？！……"

董事总经理跟我说："谢谢你的诚实，但很遗憾，你必须真正明白这件事才能到我们的银行工作。这是一个小问题，但也是一个大问题，你应该明白人生的意义和做所有事情的意义在哪里。"

从小小的啤酒与尿布的问题来解读我的三观，并审判我的人生目的和我对万事万物的看法是不是有点小题大做？我感到十分生气。后来经历了越来越多的职场事件，我越来越欣赏这位董事总经理并感谢这次面试的经历，这次教训让我在今后的生活和工作中时常进行深刻反思——一些价值观的根本问题会决定企业高层是否会在监狱中度过下半生。

人在职场如履薄冰，越在高层越需要不断地去深刻认识和解剖自己，艰难而坚定地走在正确的路上！这也是为什么企业高层对于价值观的考量一定是最为重要的，企业高层需要决定“做正确的事”而不是“正确地做事”；而决定什么是正确的事是一个价值观的选择问题。反思中国企业在发展中遇到的大的挑战，如滴滴快车的安全问题，乳制品行业的信任危机等，其本质并不是因为媒体曝光而导致的企业公关危机，而是企业在多重价值冲突的压力下而导致的优先级排序不同。特别是关系国计民生的大型企业，在很多情况下它不再仅仅是经济活动的主体，同时也因为其对大众的巨大影响力，而成为社会组织的重要组成部分。在这个阶段，企业在追求盈利之外还需要承担其相应的社会责任。

作为商业人士，关注盈利与用户增长是对的；但对一些“增长黑客”的做法需要保持审慎的欣赏。诸如朋友圈的各种伪关注，一键导入好友、通讯录等做法——只要做得不太过分和明显，还不至于招致舆论谴责；免费送500元优惠券都是有门槛的，“买二送一”的“一”是微不足道的小玩意——公众已经深谙这些营销套路了。创新的营销方法在今后仍然会层出不穷，利用和放大人性的贪婪、好色、虚荣等弱点，支撑这些技巧和窍门的背后是什么样的价值观？营销真正能创造的用户价值又在哪里呢？诺贝尔经济学奖获得者乔治·A.阿克洛夫（George A. Akerlof）和罗伯特·希勒（Robert Shiller）写的《钓愚》（*Phishing for Phools*）这本书详细介绍了企业、政府如何利用人性的各种弱点来愚弄大众，以达到自己的目的。一切把顾客当傻瓜的商家才是真的傻瓜。欺骗是不可持续的，一个人可以在同一时间欺骗所有人，或者在所有时间欺骗一部分人，但不可能在所有时间欺骗所有人。（当然，你也可以说：长期看，我们都会死，企业也一定会死，那么我只追求短期目标就好了。对此我只能说道不同不相为谋。）

在柠檬市场上，最后获胜的不一定是秉持最佳价值观的企业；但总有一部分人、一部分企业在坚持去做正确的事情。美团外卖在大众关注垃圾围城之后，设置了“一起为环保助力”的绿色按钮来选择少带餐具；腾讯号召用户用运动步数做公益捐赠；阿里巴巴致力于全民种树的阿拉善项目；京东大力推进介绍新技术、独创和原创设计师产品的众筹；唯品会为自闭症儿童设置义卖、资助乡村贫困儿童教育，提出正品保障、驱逐假货，建立更严格的供应商管理，营造公平的、信息对称的商业环境——越来越多的平台企业开始主张正面的消费者教育，让人们去追求品质生活、绿色消费、理性消费、公益慈善，建立非利益驱动的中立的品牌排名榜单，净化正当的竞争环境……

大道至简，行之至艰。价值创造才是企业的根本！

五、未来之路——新技术赋能会员运营：3R、AI与虚拟币

科技和商业模式双轮驱动的增长如今已遇到了一个明显的问题——商业模式创新的瓶颈，如共享单车为代表的共享经济模式在资本的盛宴之后留下一片狼藉——实体产业的透支、公共资源的浪费和巨额的维护成本。有经验的投资人已经不再看这种没有技术支撑的纯互联网商业模式创新的方案。《人类简史》一书的作者尤瓦尔·赫拉利（Yuval Harari）认为“在过去的几年里，我们看到银行和政府疯狂地印钞票……让金融体系里凭空出现一大笔便宜信贷，只盼望着科学家、技术人员和工程师能够在经济泡沫破灭之前，设法想出得以力挽狂澜的创世发明或发现。一切指望，就在于那些实验室里的人……而如果实验室的脚步不敌泡沫破灭的速度，可以想见经济前景就会令人十分担忧。”①

虚拟现实（VR）、增强现实（AR）、混合现实（MR）技术增强人的感觉器官，人工智能（AI）增强人的大脑，区块链重建人与人之间的信任关系并使

① 尤瓦尔·赫拉利．人类简史，林俊宏译．北京：中信出版社，2018.

得社会结构从集中到去中心化进行转变。VR、AR、MR（以下简称“3R”）是梦想照进现实的技术。过去我们接受信息是通过传统媒体——从纸媒（书籍、报纸、杂志）到收音机、电视机、户外媒体；互联网媒体也经历了从文字、图片到视频、音频的进化；而3R技术通过营造虚拟世界或者优化现实世界，让人获得身临其境的感受。《失控》（*Out of Control*）一书的作者凯文·凯利（Kevin Kelly）预言：混合现实比虚拟现实更为强大，将成为人类的终极媒体。感官营销一直是营销最重要的底层逻辑之一，这些新奇又好玩的技术无疑为营销带来了新的想象空间。3R技术的交互性、想象力和浸入性特点，使广告与消费者互动性更强、能塑造现实中无法体验的情境，并调动人的全部感官获得浸入式的营销体验。体验营销的时代即将到来，而虚拟体验营销必将成为其重要的组成部分甚至是基础设施。

AI技术增强人的大脑，应用于会员运营并非什么新鲜事，但使用的情境在不断扩展。从最早的精准邮件营销，到互联网实时推荐的“猜你喜欢”，个性化的会员营销推荐技术不断朝着更聪明、更实时、更综合的方向发展。除此之外，客服系统也越来越智能，网店上的淘宝小二从人工变成半机器、结构化的客服系统；电话客服也经历了从人工、结构化的机器语言，到基于自然语言的智能客服系统，如Google Assistant。业内人士认为，智能语音是人机交互的最佳入口，随着智能语音技术走向成熟，智能语音技术会与更多的场景相结合。国内外的科技企业也都在布局智能语音领域：脸书推出了聊天机器人，亚马逊推出了智能音箱Echo，谷歌也推出Google Home支持语音控制智能家居设备等。在国内，百度、科大讯飞、云知声、出门问问等公司也都在从软件和硬件层面将语音智能技术推向实际应用。AI技术的广泛运用和巨大潜力对会员运营人员的影响是双重的，一方面，它将赋能会员运营人员，让商家更了解自己的顾客；而另一方面，也让一些从事简单信息咨询类的会员服务岗位面临消失的危机。

AI算法也在变得越来越灵活和精准，例如LBS（Location Based Service）营销[①]过去基于位置，不仅缺少时间概念，而且还只是静态的、“守株待兔”式

① LBS 营销：LBS 即位置服务，LBS 营销即企业借助移动互联网的位置服务，了解用户所在的实时位置，并据此进行针对性的营销活动。

的营销模式。例如，当顾客停留在星巴克店铺门口时，并不代表他就是星巴克的顾客，他可能只是约好了和朋友在这里见面。所以，我们还需要更多的信息来优化推荐，基于空序的营销（spatial-trajectory-based marketing）提供了一个解决方案：如果我们知道一个人刚去了一家华为店，又去了一家小米店，之后路过一家三星店，绕了一圈最后到达一家苹果店，我们会更了解这个人的思维模式，更了解他究竟为什么站在苹果店门口，以及对什么样的品牌可能产生兴趣。空序的营销本质上是从空间轨迹的维度把顾客到达的地点延长成了一条线，从而加深对顾客的理解。此外，还有基于时序的营销（temporal-sequencc-based marketing）本质上是把顾客的时间安排连成一条线，理解顾客在不同的时段里需要的推荐是不同的。[①]这些新的算法的进步都促进了对顾客更加精准的理解。

曾经做过十几年会员运营的专业人员也并不认为区块链能和会员运营扯上什么关系；但如果提起积分，那就立刻清楚了。积分（也可视为一种虚拟币）的价值是由它的发行量、消耗量和流通量来确定的。大的会员运营平台一般都设有积分，具有局部的可兑换性。如电商平台的积分可兑换商品或优惠券，可转赠其他内部会员，可兑换各种会员福利；有的还可以（通过一个第三方平台）实现积分互通——不同公司会员积分的兑换——以此来扩大积分的流通及消耗范围；甚至可以通过一个系统的交易市场（类似股票买卖）来兑换。如何在不同积分平台之间实现可信任的兑换并确定合理的兑换率、如何约束不同积分的发行量和消耗量避免恶性通胀，这些新的课题也许并非单纯的区块链技术可以解决，却为问题的解决提供了一个新的思路。此外，将区块链技术运用到广告领域，可以建立起可信任的营销环境，减少刷单、刷粉的作弊空间，使得内容创造者、发布者和广告营销都能真正获得应得的收益。

新的技术和会员运营的结合给我们带来了很多新的兴奋点，此外，会员运营也是一个同时兼具实操性（CRM软件、小程序、用户画像与标签、优惠券系统）和理论构建（会员管理的大制度设计）的领域。不论愿意不愿意，全民

① 具体可参见上海交通大学安泰经济管理学院助理教授李春晓的“时空序列如何影响营销和反欺诈”的演讲，http://qianjia.com/html/2018-05/30_293784. html，访问时间 2019 年 10 月 8 日。

会员时代已经来临，未来我们都将成为这个系统中的一个小点，并通过网络彼此关联。我也期待在这一领域和大家多交流学习，拥抱新的变化——技术和创意，也能不忘初心，持续为顾客创造价值，实现自己的人生价值。

思维导图

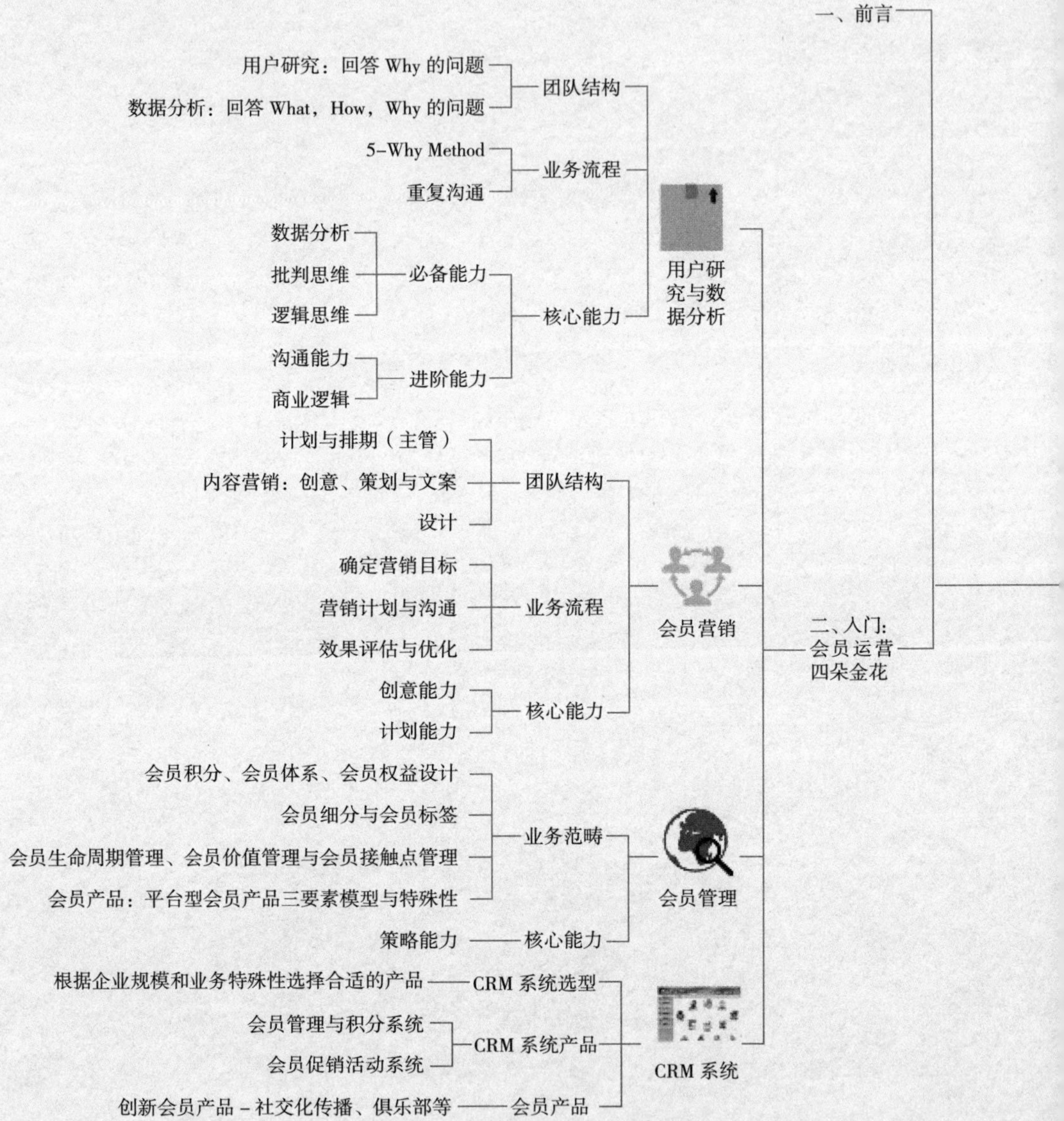
一、前言
二、入门:
会员运营
四朵金花
用户研究与数据分析
团队结构
用户研究：回答 Why 的问题
数据分析：回答 What，How，Why 的问题
业务流程
5-Why Method
重复沟通
核心能力
必备能力
数据分析
批判思维
逻辑思维
进阶能力
沟通能力
商业逻辑
会员营销
团队结构
计划与排期（主管）
内容营销：创意、策划与文案
设计
业务流程
确定营销目标
营销计划与沟通
效果评估与优化
核心能力
创意能力
计划能力
会员管理
业务范畴
会员积分、会员体系、会员权益设计
会员细分与会员标签
会员生命周期管理、会员价值管理与会员接触点管理
会员产品：平台型会员产品三要素模型与特殊性
核心能力
策略能力
CRM 系统
CRM 系统选型
根据企业规模和业务特殊性选择合适的产品
CRM 系统产品
会员管理与积分系统
会员促销活动系统
会员产品
创新会员产品 - 社交化传播、俱乐部等

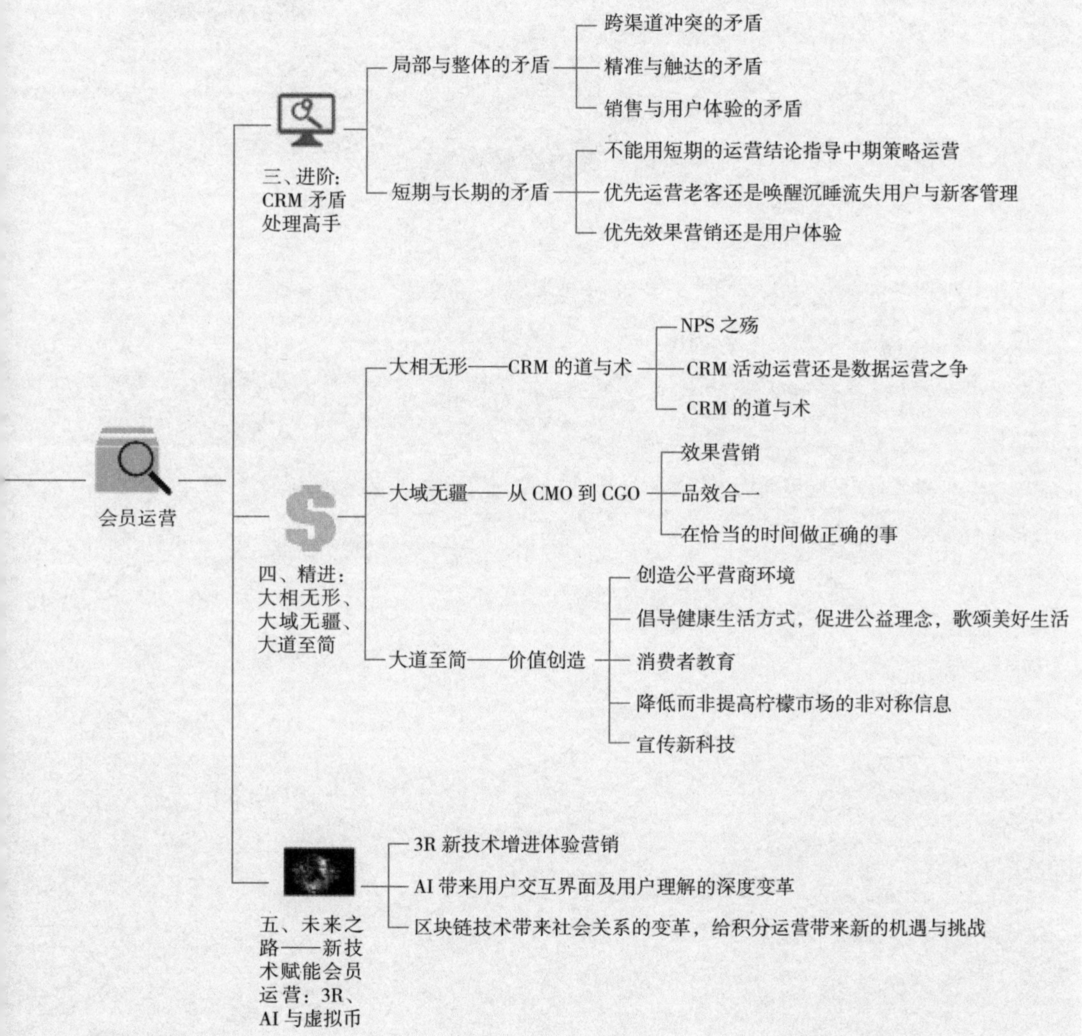
会员运营
三、进阶：CRM 矛盾处理高手
局部与整体的矛盾
跨渠道冲突的矛盾
精准与触达的矛盾
销售与用户体验的矛盾
短期与长期的矛盾
不能用短期的运营结论指导中期策略运营
优先运营老客还是唤醒沉睡流失用户与新客管理
优先效果营销还是用户体验
四、精进：大相无形、大域无疆、大道至简
大相无形——CRM 的道与术
NPS 之殇
CRM 活动运营还是数据运营之争
CRM 的道与术
大域无疆——从 CMO 到 CGO
效果营销
品效合一
在恰当的时间做正确的事
大道至简——价值创造
创造公平营商环境
倡导健康生活方式，促进公益理念，歌颂美好生活
消费者教育
降低而非提高柠檬市场的非对称信息
宣传新科技
五、未来之路——新技术赋能会员运营：3R、AI 与虚拟币
3R 新技术增进体验营销
AI 带来用户交互界面及用户理解的深度变革
区块链技术带来社会关系的变革，给积分运营带来新的机遇与挑战

大/咖/知/心/谈

陈露蓉

比利时鲁汶大学应用经济学、武汉大学企业管理双硕士。

小海龟智库创始人，曾任兰亭集势、唯品会会员管理负责人、中国企业品牌研究中心研究总监。

个人微信公众号：读角兽读书会。

箴　言

在恰当的时间做正确的事就是幸福！

书籍推荐

1. 奥默·阿顿，多米尼克·莱文. 大数据时代营销人的变革：预测营销，曹正凤等译. 北京：电子工业出版社，2016.
2. 史蒂芬·柯维. 高效能人士的七个习惯，高新勇等译. 北京：中国青年出版社，2010.
3. 中国社会科学院工业经济研究所未来产业研究组. 影响未来的新科技新产业. 北京：中信出版社，2017.

第三章
品牌运营的哲学、科学与艺术

作者：张　健

新经济是丰饶经济：产品过剩、传播过剩、信息过剩；移动互联网进一步将这种过剩放大。以心智规律寻求差异化优势机会，组织资源配置，最终创造竞争优势，夺取心智成为移动互联网时代品牌运营的不二法则。

一、拨开品牌的迷雾

1. 品牌是什么？

品牌是什么？听到这个问题，很多人一定会说："你是不是在开玩笑？"尽管很多人对这个问题嗤之以鼻，但现实的情况是，很有可能，我们说的不是同一个词。如果去当当图书品类中搜索"品牌"这一关键词，你会获得约27万个搜索结果，如果搜索"品牌理论"这一关键词，你也会获得3万多个搜索结果，如此多的搜索量，一方面显示"品牌"一词本身的热度，但同时也给你带来了极大的混乱，想在如此众多的"品牌"主题图书中选择一本可信赖的集大成之作，本身就是一件极其困难的事。另一方面，如果你继续阅读搜索清单的话，你会发现与品牌相关的有"品牌战略""品牌管理""品牌公关""品牌传播""品牌设计""品牌文化"等各种不同的子概念，而且很多概念看起来都很高大上（品牌这个行业本身就喜欢造词），要识别这些既相似又不同的概念已经很难，更谈不上理解了。

你有可能还会遇到下面这种情况，如果要做一个品牌的咨询项目，你请了三家公司：一家是广告公司，一家是咨询公司，一家是媒介公司。尽管它们都声称自己是品牌领域的专家，但结果却是你发现它们所说的完全不是同一件事，广告公司说品牌是创意，咨询公司说品牌是战略，媒介公司说品牌是传播，品牌到底是什么，估计你也被弄晕了。由于品牌本身涉及战略、管理、营销、传播、媒介、设计、公关和文化等领域，各细分领域都从自身利益的角度定义品牌，这就造成品牌定义的混乱，同一个词汇，往往拥有不同的含义。

现在我们再来回顾一下刚开始的问题，我相信你没有原来那么自信了。所以，如果在讨论之前，我们不能就品牌定义达成一致，不能取得认知对称，就会出现鸡同鸭讲的情形，不能同频，就不会有效果。

对于品牌的定义，有三种经典理论。第一种是艾·里斯（Al Ries）和杰克·特劳特（Jack Trout）对于品牌的定义：品牌是一种认知，即品牌是顾客或者潜在顾客大脑中的一种认知。无论这种认知是一个名称、一个符号、一种颜色、一个词汇，或者是一种感觉，它都发生在顾客或者潜在顾客的大脑中，它是一种客观存在的认知。第二种是美国市场营销协会对于品牌的定义：品牌是一个名称、名词、标记、象征、计划或其组合，用以辨认一个或一群出售者的商品或劳务，使其与别的竞争者相区别。这个定义表明：无论何种形态，品牌都表现出符号性。第三种是大卫·奥格威（David Ogilvy）对于品牌的定义，品牌是一种错综复杂的象征，它是品牌的属性、名称、包装、价格、历史、声誉、广告风格的无形组合。综合这三种经典品牌的定义，美国战略品牌管理专家凯文·莱恩·凯勒（Kevin Lane Keller）指出：品牌的力量存在于消费者心中，正是消费者心目中强烈、独特、美好的品牌知识（消费者对品牌认知的总和，包括产品知识、视觉形象、购买体验、品牌联想等），使消费者对品牌发起的营销动作产生积极响应，从而达成持续销售、兑现品牌溢价、实现品牌可持续发展等目标。

所以说，不论何种品牌的定义，有三点很明确：①品牌是顾客导向的；②品牌必须符号化；③品牌是一种认知。因此，如果用一句简单的话来定义品牌，那就是：品牌是一种符号化的顾客认知（见图3-1）。

图 3-1 品牌的定义

2. 品牌多面体

品牌作为一种符号化的顾客认知，除了符号化这个有形的外化形式，无形的认知也并非一成不变。品牌往往是一个多面体，就像支付宝，首先，它是一种支付工具，需要支付时首先会想到它；其次，它代表着独立自主的年轻人；最后，它就是负责任的朋友，保障安全，值得信赖。又比如微信，首先，它是即时社交软件的代表，需要联络朋友的时候就会想到它；其次，它就像另一个自己一样，既熟悉又陌生，形影不离；最后，它代表这个移动社交时代，是进入移动互联时代的身份证。

正如支付宝和微信所展现出来的多面性，品牌作为顾客认知也拥有三个层次：功能性、情感性与自我表达性。

功能性认知是指品牌指向的功能性类别，比如就电商而言，淘宝代表集市电商、天猫代表品牌电商、京东代表自营电商，这是三类不同的电商，拥有不同的功能。

情感性认知是指顾客在使用或购买过程中感受到的情绪，比如在当当网购书就像一个父亲带你去新华书店，而在亚马逊购书你会感觉拥有更多的自主权。

自我表达性认知是指品牌可以作为自我表达的载体或道具，体现出自身的品位或态度。比如对城市年轻人来说，相较于“快手”短视频，使用“抖音”短视频，会让你觉得自己更加时尚个性。

品牌三层多面体这一概念源自美国品牌大师大卫·艾克（David Aaker）。在《管理品牌资产》（*Managing Brand Equity*）一书中，艾克提出品牌能给顾客创造三种利益：功能性利益、情感性利益和自我表达性利益，正是这三种利益形成了“品牌–顾客关系”，最终在顾客大脑中确立清晰的认知。所以在设定品牌战略的时候，你必须清楚地了解功能性、情感性和自我表达性利益的多层次性，你定义得越清楚，越能展现独特的差异化，品牌才拥有更持久的生命力。

在品牌多面体中，品牌层次的展现次序和重要性并非等量齐观，而是与品牌品类竞争的阶段和强度有着紧密的关系。在品牌品类竞争的初期，功能性认知处于首要地位，所有认知资源需要聚焦于品类，只有成为品类首选后，才有资格和条件展开情感性和自我表达性的认知投资。比如早期的支付宝主打网络支付的品牌认知，直到2014年支付宝才推出“支付宝、知托付”的新定位和“10年，3亿人的账单算得清；美好的改变，算不清”的广告，从功能性认知转向情感性认知。而在这背后是支付宝已成为网络支付的首选很长时间，市场上已没有同一量级的对手。在这一广告推出后，微信支付才慢慢开始推出。时至今日，微信支付在尚未成为品类第一的条件下，依然还在品类功能性认知的建设上努力着。在无法完成品类第一这一前提条件下，贸然地用情感性认知或自我表达性认知展开品牌竞争是徒劳的，甚至无异于自杀。比如在功能性沙发领域，沙发巨头“顾家”试图通过“爱家”这一自我表达性认知杀入头等舱沙发市场，而在头等舱沙发依旧处于品类野蛮生长期的背景下，本应强化品类差异，激发需求，做大规模，却因品牌战略失误，贻误战机，最终失去充当品类杀手的机会。而头等舱沙发品类开创者芝华仕却依然在功能性品类属性上发力，角逐品类第一，不敢贸然在情感性认知上发力。

正确认识品牌多面发力的先后顺序并非只是机械地将品牌认知固化在品类功能性上，而是强调在正确研判竞争格局的前提下，建立优先秩序和资源重点。即使在品类发展初期，功能性品类处于绝对支配的地位时，情感性和自我表达性认知的设定对于产品、公关和用户的运营依旧有着重要的影响力。比如在“快手”短视频和“抖音”短视频的竞争中，尽管短视频品类第一之争贯穿始终，但是“抖音”在产品界面、内容运营、用户运营中展现出的差异化的情感性和自我表达性（品味），却为其开创了新品类的机会，创造了更聚焦的品类相关性优势。

3. 运营的唯一成果

品牌为何重要？为什么要打造品牌？相信已不需要赘述，但必须强调的一点是，品牌应被作为运营的唯一成果来对待，如果不能如此认知品牌的地位，品牌就很可能变成一个花瓶般的玩物词汇，被简化为策划包装、媒体渲染等锦上添花的非战略性工作，从而最终贻误战机并导致损失惨重。

品牌作为一种符号化的顾客认知，必然受人的大脑支配。在长期的进化过程中，人类形成了一种独有的高级决策机制：自动过滤和分类机制，大脑的海马状突起会自动选择和过滤与自我相关的信息，并依照分类的原则进行记忆和存储。这种高级决策机制保证了大脑这一人体最耗能器官能保持正常运转，不至于在信息爆炸中罢工停摆。据统计，一个中国人一天能看到1 400个广告，可以想象，如果大脑没有这种高级功能，我们的大脑估计会爆裂。

正是大脑这种独特的信息决策机制，使得顾客对于品牌信息的处理以一种简化分类的方式而存在，里斯和特劳特甚至将这种机制浓缩为“一词占领心智”，因此顾客对于品牌的处理、记忆和存储是一种“大致”记忆，一种条件反射记忆。顾客对于品牌不会选择很多信息进行处理，也就不会将其体验到的品牌的每个细节进行存储和认知，而只能大而化之地简化操作，将这种简化操作的认知作为其选择和决策的依据，而这种简化的品牌就成为品牌被选择的唯一存在，换言之就是运营的唯一成果。如果企业的经营不能围绕品牌认知和体验进行运营、管理和投资，将无法通过大脑高级决策机制引导顾客的决策行为，也就失去了存在的价值，因此从顾客行为决策角度而言，品牌是运营的唯一成果。

管理大师德鲁克说企业的目的是创造顾客，企业的本质就是营销和创新，这是对“品牌是运营的唯一成果”这一说法的进一步解释。营销的本质是传递信息，创新的本质在于建立新认知，二者都是围绕认知而存在的，通过营销和创新，建立顾客对于品牌的认知，从而驱动顾客的选择，最终实现创造顾客。因此对于唯品会来说，“精品特卖”才是运营的唯一成果；对“瓜子”二手车来说，“二手车直卖”才是其经营存在的价值；这也就是为什么大众点评与美团合并以后，美团不轻易以“美团”这一品牌名称替换“大众点评”的原因所在。

因此，我们要将这种外部顾客的品牌认知作为经营或者战略的终点，反过来由外而内引领企业运营的各个层面，在产品、价格、渠道、设计、研发和制造等各个层面都围绕品牌建设进行运营，这样所有的运营动作都聚焦于外部认知，就容易形成迈克尔·波特（Michael Porter）所讲的简单一致性、相互加强和投入最优化的竞争优势。因此，我们会看到京东围绕“自营电商”，在采购、物流、仓储和营销等各个运营环节相互耦合与配置；会看到链家围绕“真房源”在门店管理、绩效考核、组织文化和服务方式等运营环节的匹配和呼应。

品牌是企业内外部的一个连接点，当外部的认知和内部运营达成一致性时，竞争优势就会显现，品牌势能就越来越强大，市场份额也越来越大，品牌处于健康的状态，比如微信、“瓜子”二手车；如果外部的认知和内部运营无法达成一致性，产生割裂，顾客选择与认知产生冲突，企业行为无法印证顾客认知，最终顾客会抛弃品牌，品牌会因失去与顾客需求的相关性而弱化，比如百度外卖、当当网等。

内外一致、动态认知平衡，以认知引领运营，这就是品牌运营的本质所在。

二、品牌就是要差异化

1. Differentiate or Die

“Differentiate or Die”（要么差异化，要么死），这是定位之父特劳特留下的警世名言，也被称为营销常识或品牌常识。差异化既是品牌策划的起点，也是品牌管理的结果，可以说差异化是品牌运营的核心，它串联起品牌运营的各个环节和过程，最终转换成品牌资产。

对于差异化的理解必须放在品牌本质的框架下来思考，如前所述“品牌是一种符号化的顾客认知”，因此差异化的准确定义是“顾客认知中的差异化”。对这一点的理解是非常重要的，在日常的经营中，经常会出现“自我认知的差异化”与“顾客认知的差异化”之间的冲突，有很多品牌或许拥有某种差异化，但在顾客认知中却并不被认为拥有这种差异化。比如在早期的淘宝店铺中有很多品牌专营店，由于长期以来受淘宝本身“非正品”的认知的影响，导致很多顾客对于正品店的“正品”存疑，在部分顾客的认知中“正品”反而是“伪品”。面对这样的认知，淘宝才不得不推出“天猫”品牌，以消除这种悖论认知。还有一种情况是不同地域的顾客由于品牌传播先后顺序和强度的差异，造成“抢位”现象而产生的差异化失位。佳洁士是美国防蛀牙膏的领导品牌，在美国，“防蛀牙”是专属于佳洁士的差异化，但在中国，“防蛀牙”差异化认知却专属于佳洁士的竞争对手——高露洁，这是因为高露洁先于佳洁士在中国进行“防蛀牙”的强势品牌宣传，导致在消费者认知中，高露洁才是防蛀牙的专家，佳洁士从此失去“防蛀牙”这一差异化优势，多年来一直无法反超高露洁。这就是明显的差异化认知在不同地域因认知竞争秩序和强度不当而导致失位的案例。

在现实商战中，很多人容易无视“顾客认知中的差异化”这一事实，并以“自我认知中的差异化”替代“顾客认知中的差异化”，这就造成了很多“自话自说”现象的出现。我们经常会看到很多品牌自诩为“某某品牌领导者”的宣传，自认为自己在某领域中拥有某种优势，而实际上顾客很可能都没有听说过它，进而认为它是在吹牛皮，从而对其可信度存疑；或者是它的对手早已抢先占领了这一认知，从而该品牌只能被顾客认定为跟随者或者模仿者。

在品牌运营中还应该注意“独特的销售主张”与“差异化”之间的区别。“独特的销售主张”（Unique Selling Proposition，USP）是由罗瑟·瑞夫斯（Rosser Reeves）提出的一种广告创意策略，他认为每个广告都必须有“独特性”“不同卖点”和“销售力”才能有效。这一策略阐述了独特性的重要性，特别是对新产品而言，拥有非常好的实用价值。如果你拥有非常新颖的产品，利用USP策略是个不错的选择。但面对快速的模仿和激烈的竞争，忙于被竞争对手打乱节奏，频繁地以不同的USP冲击市场，试图实现快速占领市场的目标，这种卖点攻击不考虑攻占顾客心智的持久性和噪音干扰，不能通过单一持久的传播实现从卖点到品类的飞跃，造成USP只能以一种可模仿的卖点存在，而无法形成持续的竞争优势。比如“人人车”在传播过程中频繁地采用不同的USP策略（便宜低价、真实保障、直卖等），导致顾客认知混乱，相反“瓜子”二手车则始终坚持“没有中间商赚差价”，从而确立了稳固的市场位置。

综上所述，差异化作为品牌运营的核心必须放在顾客心智中进行识别和考虑，必须以尊重顾客认知和对手认知为前提，通过战略性的持续性投资和建设，以聚焦优势实现从卖点到品类的飞跃，最终获得品牌的差异化竞争优势。

2. 神奇的“锚”

差异化一定是相对于竞争对手的差异化（顾客心智中对竞争对手的认知），对竞争对手认知的研究、分析和跟踪是整个营销和品牌工作的核心内容之一。

在人类认知心理中，存在着一种“锚定心理”（anchoring），即人们倾向于把对将来的估计和已采用过的估计联系起来，同时易受他人建议的影响。受锚定心理影响，人们在对某人某事做出判断时，易受第一印象或第一信息支配，就像沉入海底的锚一样把人们的思想固定在某处，也称为“锚定效应”。

人类大脑处于高度的耗能状态，面对数以万计的信息，人脑在进化过程中形成“分类存储”的信息处理机制，通过归纳和演绎，以便快速处理信息。大脑这种分类存储机制会自动将相似品牌进行归类，差异化的关键就在于如何在顾客认定的同类中与众不同。

确立差异化就要利用“锚定效应”，品牌竞争中的“锚”就是指同品类中最大的竞争对手，顾客认知受品类最大竞争对手认知的影响，与最大竞争对手关联或者不同，最终决定品牌如何被顾客所理解和定义。

因此，与“锚”的关联或者不同就成为挖掘差异化的主要源泉，这种以主要竞争对手为认知的“锚”，针对主要竞争对手确立差异化的方式被称为“定位”，艾·里斯和杰克·特劳特在《定位：争夺用户心智的战争》（*Positioning: The Battle for Your Mind*）一书中提供了三类定位方法，生动地展现了与“锚”发生关联的三种有效的差异化方法。

第一种定位方法是抢先占位，即力争使自己的品牌第一个进入消费者心智，抢占市场第一的位置。抢先占位就是要让自己与旧的“品类第一”完全对立，从而唤起顾客认知的冲突，建立新的类别标准。比如当当网作为第一个网上书店，它通过在线选书、优惠折扣、邮政投递等完全不同的体验方式，与传统的线下书店——新华书店形成完全不同的认知。作为第一个网上书店，当当网获得媒体的大量关注，结合自身的商业推广声量，迅速进入顾客心智，抢先占据“网上书店”的品类第一。当前毛豆新车网和弹个车之间的商战，就是抢先占位的一个案例。

第二种定位方法是关联定位，即借力于某品类的第一品牌进行攀附，从而达到攀龙附凤的目的。这一方法的经典案例是美国租车公司安飞士（AVIS）关联市场领导者赫兹（Hertz）。1962年，安飞士推出“我们更努力”的广告战役，将其与赫兹联系起来，原本只占市场11%的份额且没有盈利的安飞士迅速发展，饱受关注。这一关联定位造成的直接结果是，1966年安飞士将市场份额扩大三倍之多，达到了35%，一跃成为市场第二。在国内，最新的关联定位是青花郎推出的“青花郎，中国两大酱香白酒之一”的定位广告，关联酱香型国酒茅台，在顾客心智中提供替代性选择，这一定位迅速提升了青花郎的业绩，使其一跃成为白酒知名品牌。

第三种定位方法是为竞争对手重新定位，发现对手认知中的战略性弱点，并寻找一个新的概念去填补由此造成的空白。这里的弱点不是一般性的弱点，而是其不可克服的伴生型弱点。例如，淘宝作为C2C（customer to customer，个人与个人之间的电子商务）的个人卖家电商平台，就很难转型为B2C（business to customer，商对客电子商务模式）的电商平台，京东就将淘宝定位为C2C电商平台，将自己定位为电商，通过自营代理、自营物流构建服务体系，这就是一种重新定位。在互联网领域利用重新定位方法发现市场空白的案例很多，在K12课外培训领域，精锐教育就针对学而思的班课模式，推出精锐1对1模式，以互动式教学打击单项式教学，从而将自己定位为更高级的培训品类。

3. 成为第一就是差异化

三种定位方法为寻找定位提供了一个框架，但需要更生动的差异化概念去深化定位。为此，里夫金和特劳特提出九大差异化方法①，以建立更具体的思考框架。

（1）成为第一。第一个去做某件事，在顾客心智中开创一个新品类或代表一个既有品类。

（2）塑造特性。特性的背后是顾客利益，而顾客利益背后则是顾客需求，特性是能够直接对接顾客需求的。一个品类里面有很多特性，在有能力的情况下应该尽量占据更受潜在顾客青睐的特性，潜在市场更大。

（3）领导地位。能消除消费者的不安全感，因为消费者虽然同情弱者，但更相信强者，而且领导品牌往往能代言品类。

① 〔美〕杰克·特劳特、史蒂夫·里夫金：《与众不同：极度竞争时代的生存之道》，火华强译，机械工业出版社，2011.

（4）经典。悠久的历史传统和专业的产地，能让消费者在选择时有安全感。

（5）市场专长。专注于产品某种特性或特定产品，能消除消费者购买时的不安全感，因为人们认定专家必定拥有更多的知识和经验。

（6）最受青睐。品牌被高势能人群选择，能让消费者产生安全感和信赖感。

（7）制造方法。物理上的差异化给顾客带来的利益，比如独创的生产工艺、制造与管理方法、独特的配方等，让顾客感觉与众不同。

（8）新一代。从人性上来讲，顾客对“新”是憧憬和向往的，它代表“不同的、升级的、高级的”意义联想。它能满足人们的好奇心，引起人们的注意力。

（9）热销。从社会心理学的角度来说，从众效应是人性的一个心理规律，也是一个营销定律。热销这个概念即是告诉大众“这么多人买，肯定是好产品”，从而激发人们的从众效应。

我们通过这九个方法，可以按图索骥地找到品牌差异化的概念或雏形。如果我们把这九大差异化方法再次分类，可以归为两大类别：成为第一和分化品类。成为第一、领导地位、经典、市场专长、最受青睐、热销，都可以归结于“成为第一”，都是围绕第一进行多方面的诉求。如果你是品类的第一，你就可以从以上方面去挖掘更多的差异化概念。第二种是分化品类，塑造特性、新一代、制造方法这三种方法就是分化品类的途径，都是与对手进行对立，重新定位对手，从而提高自己进入更高级品类的机会。

再仔细看，成为第一和分化品类，尽管路径方式不同，最后都是“成为第一”，都是要在顾客心智中抢占第一的位置，因此差异化就是成为第一，尽管很武断，但的确如此。

三、品牌需要资产化

1. 资产化是品牌建设的唯一成果

品牌最核心的价值就是要资产化，不能资产化的所有品牌行为都是无效的品牌运营、管理和传播。不能简单地将营销策划等同于品牌运营或品牌管理，现在有很多品牌，在传播、策划的过程中非常有创意，影响非常大，推广效果也不错，但对品牌没什么帮助，无法累积品牌资产。因此品牌资产化运营是品牌运营和管理的第一原则。

品牌资产也称品牌权益，是指只有品牌才能产生的市场效益，或者说，是产品在有品牌时与无品牌时的市场效益之差。品牌资产是20世纪80年代在营销研究和实践领域新出现的一个重要概念，其中以大卫·艾克品牌资产模型最为经典，艾克认为品牌资产由品牌知名度（brand awareness）、品牌感知质量（perceived brand quality）、品牌联想度（brand association）、品牌忠诚度（brand loyalty）和其他品牌专有资产五部分所组成。

如前所述，品牌是一种认知，是一种符号。当品牌符号化，并形成一种认知之后，就会被大众所“记忆”，因此品牌资产最后的落脚点一定在“记忆”上。也就是说，对于品牌，只有形成记忆或识别，才能拥有品牌资产。比如提到凉茶，就会想到王老吉和加多宝；提到家居，就会想到宜家；提到防蛀牙膏，就会想到高露洁。记忆的最终本质是容易被识别，凡是容易被识别的品牌，最终会拥有品牌资产，因此可以说，品牌识别就是最大的品牌资产。

人们的大脑是非常简单的，在日常生活中，能够无意间被记忆的东西非常少，而对于品牌资产来说，消费者能够记忆的也非常少。在消费者的心中，这种记忆或许是一种感觉，一种符号，一些词汇，一个形状。比如，当我们谈论可口可乐的时候，想到的是它的红色瓶子；当我们谈论淘宝的时候，想到的可能是淘宝的橙色。当品牌成为一种识别时，品牌的形象与概念就会进入顾客的大脑中，在下次购买时驱使其做出选择。

那么品牌如何才能够创建有效的识别呢？通常有五种方式有利于创建品牌资产或品牌识别。

（1）高知名度。高知名度的品牌能够快速被识别，通常知名度越高，识别性越强，但单纯的知名度并不足以驱动选择，只有在有品类相关性的时候，高知名度的威力才会发挥，否则会陷入“墓地窘境”①，比如现在的诺基亚和柯达。

（2）高符号化。肯德基老爷爷、天猫的黑猫、驴妈妈旅游的小驴，这都是大家非常熟悉的符号，符号化的品牌能够实现快速识别和快速记忆。由于人

① “基地窘境”由大卫·艾克提出，用来形容一个品牌知名度高却没人购买的现象。

类对于视觉的接收速度大大快于声音，因此在高知名度的配合下，高符号化能超越声音和文字，成为最核心的资产。

（3）色彩化。这个很容易理解，颜色是从符号里面抽离出来的一个更简单的维度。比如肯德基的红色、淘宝的橙色、小红书的红色。如果你拥有一个能识别的色彩，品牌资产的价值会极大地得到放大。

（4）谚语化。谚语化是形成口口相传的品牌资产最重要的方式，“上天猫，就购了”“唯品会，一家专门做特卖的网站”“怕上火，喝王老吉”等，这些口语化的言语，将品牌和差异化在头脑中形成条件反射，最终驱动顾客的选择。

（5）声音化。声音也是一个非常奇妙的资产工具，当你听到“当，当当当”的声音时，就知道那是英特尔；听到“滴滴”的声音，自然就知道有人在使用QQ，这种声音资产与其他资产相结合，会释放更大的资产价值。

综上所述，要想品牌资产被人们识别与记忆，必须从品牌名称、品牌符号、品牌颜色、品牌广告语、广告歌、专属提示音等方面着手，打造属于自己的品牌识别系统。

2. 威力无穷的品牌名

在所有品牌资产中，品牌名是最重要的。在市场经济中，企业之间竞争的起点都是从名称开始的。起名的目的是让品牌直接服务于营销，并以此进入消费者的心智中，成为一种品牌形象。

品牌名的功用就像人的名字一样，是由一个字或者一组文字构成，有的品牌名晦涩难懂，比如在品牌中用“鑫、偏、淼”等难写难读的字；有的品牌名通俗易记，比如三九集团、饿了么、拼多多等。也就是说，品牌名本身是没有意义的，除非用在一段有指示性并可加以解释的文句当中。

那么，如何起一个好的品牌名呢？

通俗好记

好的品牌名一定具备通俗、简短、朗朗上口的特征，并且能够让人过目不忘、耳熟能详。例如“白加黑”感冒药，“白天吃白片不瞌睡，晚上吃黑片睡得香”，“白加黑”不仅是品牌名，也是药品颜色的表述，读起来朗朗上口。再比如“孔府家酒”，孔府是地理位置，是孔府所包含的政治历史、人文观念。当看到“孔府家酒”四个字时，立刻让人联想到“私房酒”三个字，给人传达的信息是："孔府"独家酿制，仅此一家，绝无二家。

越是大众都熟悉的符号形象或者字符，越容易被记忆，就越能降低品牌传播成本。比如"瓜子"二手车，瓜子是大家都知道的一种食品，并且为大多数人奉为休闲的美味食品，用"瓜子"作为品牌的名称，能够立刻启动大脑记忆和联想：买卖二手车像嗑瓜子一样简单。

有联想

在给他人起绰号的时候，我们往往会根据他人的特征来思考。比如瘦瘦高高的人，我们叫"电线杆"；肥胖的人，我们叫"大冬瓜"；强壮的人，我们叫"威猛先生"；等等。当我们听到"电线杆""大冬瓜""威猛先生"时，就会联想到某人的特征。

在给品牌取名时，越是能够使人产生品牌联想的名称越能够被人记忆，并且迅速传播，而消费者所联想到的必定是产品的特性或者产品功能所达到的效果。

我们把使人产生联想的品牌名称分为三类：第一类是品类的联想，第二类是特性的联想，第三类是寓意的联想。

品类联想的目的是建立消费者心理导向，以刺激欲望产生需求，以品类来思考，用品牌促进购买。"滴滴"，用汽车鸣笛的象声词作为品牌名，让人立刻想到与汽车相关；"洋码头"这个名称，会让人想到与"洋货"有关；听到"饿了么"就想到与吃有关，让人不由自主地想到外卖餐饮行业；网易，顾名思义"上网容易"，让人立刻想到与互联网有关。还有韩都衣舍、美菜网、孩子王等品牌，通过品牌名，就可以知道这些品牌与哪一类产品有关，从而确定该品牌所在的行业。

特性联想的目的是利用产品的某一特性来强化品牌形象，使消费者在听到品牌的特性时，立刻想到该产品的价值。飘柔，听起来就和头发柔顺有关，让人立刻想到洗发露；舒肤佳，听到这个名称，让人立刻想到与皮肤有关；学而思，听到这个名称，让人就想到是与学习有关的；抖音，听到这个名称，让人就可以想到与抖动的图像和声音有关。

寓意联想是品牌名之中带有某种希望或寓意着美好，并通过产品传达这种寓意和美好。比如，可口可乐，品牌名中传达的是快乐的理念；王老吉，品牌名中的"吉"传达的是吉祥如意的寓意；加多宝，品牌名中的"宝"有招财进宝的寓意；携程，有携手同程的美好寓意。

里斯和特劳特强调：在市场营销中，你所做的最重要的决策，就是给产品起好名字。特劳特甚至说：品牌名称和它的定位一样重要，也许比定位还重要。[①]一个好的品牌名能够使人迅速地记忆，并且迅速地传播开来，有效地降低传达成本、传播成本、使用成本和营销成本，从而快速地建立品牌影响力。

3. 穿透人心的符号

品牌符号拥有诸多的作用，它可以统一企业的形象，给企业另一种识别身份证。很难想象，如果麦当劳没有金色拱门，肯德基没有山德士上校，人们还能记起它们吗？

品牌符号的传播速度比声音快，比如，我们在很远的地方就可以看到肯德基或者麦当劳的视觉符号，而声音却未必能够传达这么远的距离。品牌符号是区别产品或服务的基本手段，包括标志、基本色、口号、象征物、代言人、包装等。这些识别元素形成一个有机的结构，对消费者施加影响。品牌符号拥有穿透人心的力量，通过符号化，顾客能简化对品牌的理解，这对于品牌而言是最节省沟通成本和最简单直接的传播方式。

好的品牌符号一定遵循三个特征：简单、竞争性、多场景的应用（见图3–2）。

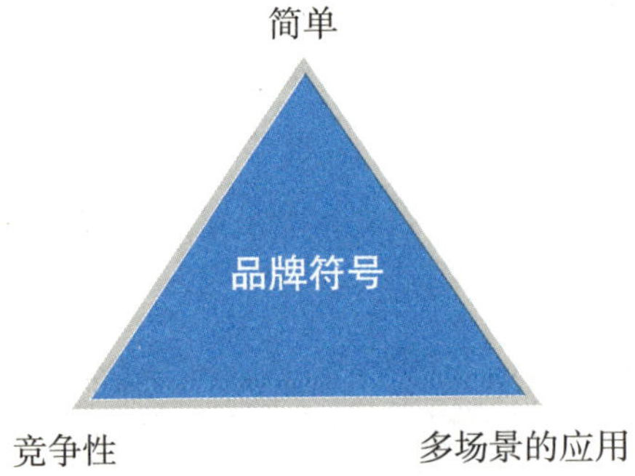

图 3–2　品牌符号的特征

（1）简单：在消费者看到品牌符号的时候，能够很快体会到品牌符号所表达的内容，在大脑中主动形成画面感，并且使人一眼就看明白符号载体的

① 〔美〕艾·里斯、杰克·特劳特：《定位》，邓德隆、火华强译，机械工业出版社，2017.

含义，明确品牌符号传递的消费需求。麦当劳的品牌符号只是一个“M”，而肯德基的品牌符号是“KFC”，麦当劳和肯德基的品牌符号演变是一个从复杂到简单的过程。三九集团的品牌符号是“999”，天猫的品牌符号是一只“黑猫”。这些品牌的符号都有一个共性，即追求简单。

（2）竞争性：品牌符号的竞争性主要表现在符号的设计和定位与竞争对手的不一样，而这种差异性即是品牌符号的竞争性。品牌符号的竞争性便于消费者加深对品牌的印象，并且能够使消费者快速了解产品的特性。比如可口可乐的“红”和百事可乐的“蓝”，OFO的“黄”和摩拜的“橙”。

（3）多场景的应用：品牌符号的应用必须适用于多场景，如此才能接触更多的受众，使之更具传播性。比如，品牌符号可以用在公司的信件纸张上，可以用在公司的名片上，可以用在公司的宣传海报上，等等，多场景的运用可以强化受众的认知度。

每种品牌都有固定的色彩，颜色与产品使用者的体验有着非常密切的关系，每一种颜色都能唤醒人们潜在的感受和情绪。比如，可口可乐是红色的，百事可乐是蓝色的。

除了标志和色彩，品牌象征和包装也是重要的品牌符号。

品牌的象征物一般包含两类：虚构的形象和现实人物原型。虚构的品牌象征物有：米老鼠（迪士尼）、米其林先生（米其林轮胎）、美杜莎（范思哲）等；而现实的品牌象征物有：肯德基的山德士上校等。

品牌代言人一般是具有一定的公信力、影响力与传播力的公众性人物，他们往往是某个行业或者领域的名人、权威人士，比如演艺界的歌星、学术界的学者等。

产品的包装是针对产品所做的由内至外的包装形式，包括包装纸、盒、箱等形式，比如肯德基和麦当劳的独特包装，以及江小白的小瓶设计等。

4. 直通大脑的广告语

对于品牌来说，广告语至关重要，它是品牌的眼睛，对于人们理解品牌的内涵，建立品牌忠诚都有极其重要的意义。

广告语是市场营销中必不可少的使商家获取利润的手段，是极其重要的品牌资产。广告语一般比较简短、精炼、有内涵，并有一定的广度和深度，容易与目标受众产生共鸣。比如，王老吉的“爱上火就喝王老吉”，中国移动的

"沟通从心开始"，海尔的"真诚到永远"，等等。

成功的广告语通常具有以下几个特征：

口语化

美国广告大师马克斯·萨克姆（Max Sakum）说："广告要简洁，要尽可能使你的句子缩短"①。一条好的广告语的基本要求是口语化，通俗易懂，朗朗上口，并且取之于生活，是日常的生活语言，只有这样才能具有长久的生命力。所以，创作广告语，要放弃技巧，追求简单明白；要放弃文采，追求精炼。比如"饿了就上饿了么"等家喻户晓的广告语都具有这种特性。

突出品类价值

突出品类价值，即突出产品的特性，使受众通过广告语就可以知道产品的用途及价值，使产品的价值和特性在广告语的传播中，成为受众都知道的产品的核心竞争力。比如，红牛的"汽车要加油，我要喝红牛"，海飞丝的"头屑去无踪，秀发更出众"，农夫山泉的"农夫山泉有点甜"。

新颖独特

广告语要在"新"上下工夫，别出心裁，可适当地使用警句或者双关语、歇后语等，给人耳目一新的感觉，同时，能够迎合受众的好奇心和模仿性，最好能够形成风靡一时的流行语。比如李宁的"一切皆有可能"，飞亚达的"一旦拥有，别无所求"。

主题突出

一条广告语可以选择不同的诉求，即强调不同的特性，但总要突出一个方面。麦斯威尔咖啡的广告语"滴滴香浓，意欲未尽"。看到"香浓"二字，我们立马就能够想象到麦斯威尔咖啡的味道，从而被吸引。德芙的广告语"纵享丝滑"，突出了巧克力的口感细腻。

广告的目的是推销产品，要想达到这一目的，广告语一定要给消费者留下深刻的印象。要让自己的广告语在众多品牌之中脱颖而出，最终让受众熟悉品牌广告语，进而熟悉企业与品牌。

① 引自张冰："平面广告，该透透气了！"，《北方经济》，2001（1），第28页。

四、品牌传播是门哲学

1. 简单的力量

大道至简，万事万物的发展规律都遵循“简单”的原则。《论语》只有一万多字，却有“半部《论语》治天下”的强大作用。毛泽东“打土豪，分田地”的语言，非常简单，却能够团结中国一切可以团结的力量；邓小平的“发展才是硬道理”，习近平的“中国梦”等都非常简单，却极大地推动了社会的发展。

在品牌营销中，营销人员应该冲破复杂的营销模式，给消费者一个清晰简单的购买理由，这个理由必须浓缩在一个简单的词或者词组中，迅速占据消费者的心智，刺激消费者的购买欲望。这就要求品牌营销要遵循“简单”的原则。

简单原则，表现在向消费者传达的信息量不能过多，过量的信息只会降低传播的效率，必须通过品牌策略的思考，对最主要的信息进行识别和提炼，再传递给消费者。品牌传播中的简单原则，就是要尽可能用受众容易理解和接受的方式进行思考，使用容易理解的文字、图像等符号，传播简洁、精炼、形象的主题，而且传播中的画面、声音、文字应该为传播主题服务，不能偏离主题。最好的品牌创意就是最简单的创意，在信息泛滥，甚至爆炸的时代，受众被淹没在信息的海洋中，只有简洁明快的传播才能吸引受众。1995年，风靡全球的红牛来到中国，一句极其简单的广告语“困了、累了，喝红牛”迅速席卷整个市场，从此中国的市场上多了一款功能饮料。饿了么在启动市场之初，以蓝色为基础色，以极其简单的品牌符号，以通俗得不能再通俗的广告语“饿了别叫妈，叫饿了么！”，迅速在受众心中树立品牌认知。

简单就是核心，简单就是力量，简单就是高效，简单意味着难以模仿。因此，在品牌营销中，必须重视简单的力量。

2. 重复，重复，再重复

日常生活中，我们经常听到成语“水滴石穿”，其实，水能够穿透石头，不是因为水的力量有多大，而是因为水的重复力量强大。重复是广告宣传最重要的策略。1885年，赫尔曼·艾宾浩斯（Hermann Ebbinghaus）研究证明：重复率越高，产品的传播度就越高。

如果一则广告在播出两天后就销声匿迹，那么，不管它多么有创意，都将是一则失败的广告。而许多广告之所以失败，是因为做广告缺乏持之以恒的精神，若广告没有进行多次重复性的播出，那么，广告宣传是注定要失败的。脑白金的广告“今年过节不收礼，收礼只收脑白金”“今年过节不收礼，收礼还收脑白金”，相同的时间段，同样的两个动画人物主角，一遍遍地把脑白金适合“送礼”的诉求传递给受众。脑白金被许多人称为最恶俗的十大广告之一，无数人骂它恶俗。骂得越欢，史玉柱越开心。这是典型的广告重复的成功案例。与脑白金相比，有过之而无不及的是“恒源祥，羊羊羊”，通过每轮连续三次在中央电视台播出之后，在全国家喻户晓。仔细分析，你会发现它的迅猛传播归功于重复的作用。

重复的传播是适应人性的传播方法，更是累积品牌资产、强化品牌竞争力的强大策略武器，其力量在于：

重复增加了品牌被人关注的可能性：品牌广告的重复频率越高，受众关注这一品牌的可能性就越高。

重复提升了品牌的形象：随着时间的推移，消费者接触一个品牌的频率越高，越会慢慢关注该品牌，并对该品牌产生好感。

重复增加了受众对品牌的记忆：在不断的重复中，品牌的内容会植入消费者的心智中，该品牌就会被受众记住。如果品牌传播中途停止，那么，将会损失一大批顾客。

重复可以带来销售量的增加：在不断的重复中，品牌的形象、功能、特性等被大众熟知，促使品牌被受众购买，从而，增加了品牌的销量。

在营销现实中，有以下情况时应该特别重视和强化重复传播的原则：

内容复杂、信息量大的品牌，应该加大重复量；

知名度低、受众了解较少的产品，应该加大重复量；

消费者信赖度低的产品，应该加大重复量；

品牌有强有力的背书，可以加大重复量；

受众喜欢的品牌，应该加大重复量；

存在大量的竞争广告时，应该加大重复量。

品牌传播和运营就是要大胆地重复，重复是品牌传播中最简单、最基本、最有效的技巧，但因为过于简单和基本，违反品牌人喜欢创意的天性，所以容易被大部分品牌人所忽视。

3. 聚焦法则

在信息爆炸的时代，人们每天都要接触上千条信息，而能够记忆的信息却微乎其微、少之又少，这意味着大部分信息将会被忽略。一方面，品牌广告的创意不足，无法激发消费者的兴趣，形成记忆；另一方面，竞争的加剧和媒介的碎片化，单一简单的传播已经无法高效率地抵达顾客大脑。特别是在新媒体时代，传统的广告方式日益成为品牌传播的最大浪费，要想使品牌传播收获理想的效益，则必须进行聚焦法则，围绕品牌定位进行整合传播；如果不进行品牌传播聚焦，则很容易导致传播成本高、效果小，如此，不但不能提高品牌的知名度，品牌的竞争力也无法得到提高。

为什么要进行聚焦呢？我们知道光的聚焦和散射原理，把放大镜放在太阳下，光线聚焦能够把火柴点燃；而光线分散却达不到这样的效果。这就说明，聚焦能够产生巨大的能量。

品牌的竞争说到底就是对消费者注意力的竞争，品牌想要吸引消费者的眼球，就要集中发力，传递同一个信息，这就要求广告要聚焦、聚焦、再聚焦。

例如，舒肤佳在进入中国市场的时候，反复聚焦传递“除菌”的信息，才使舒肤佳成为香皂市场的领头羊；海飞丝一直聚焦传递“去屑”的品牌功能；飘柔一直聚焦传递“柔顺”的品牌功能；六神花露水不断地聚焦传递“清凉”的品牌功能。

当然，也有一些品牌在建设中忽略了聚焦，比如，国酒茅台，近年来打出的广告语“国酒茅台，喝出健康来”，聚焦在健康方面，随后，又打出“人文”牌（茅台的历史底蕴和历史故事）、“科技”牌（如酿酒技术或勾兑技术）等；李宁从前期的“把精彩留给自己”“我运动我存在”“出色，源自本色”，到现在的“一切皆有可能”，其品牌广告始终没有聚焦在一点。

既然品牌广告聚焦如此重要，那么，如何做到聚焦呢？

定位的聚焦

建立品牌、增强竞争力最为有效的方法就是品牌定位的聚焦，品牌的每一次营销都将会围绕品牌定位聚焦展开。品牌定位聚焦是品牌经营成功的前提，对企业抢占市场、拓展市场起着导航的作用。比如，奔驰定位“尊贵”，沃尔沃定位“安全”，法拉利定位“速度”，王老吉定位“预防上火的饮料”。

区域的聚焦

特别是中小型企业在发展初期，一定要特别注意经营地域的聚焦，根据自身的发展状况，进行合理的规划，把营销资源集中在一个区域经营，便有可能成为该区域的领军品牌。

传播的聚焦

美国著名营销专家托马斯·L. 柯林斯（Thomas L. Collins）认为：媒体选择效果的最大化，意味着企业要对每一个特殊机遇保持警惕，特别要关注最有优势的媒介对营销最大化的作用。现在媒体碎片化严重，传统媒体日益衰落，户外媒体和数字广告开始崛起，微博、微信、短视频、信息流等新媒体方式不断涌现分化。有限的传播预算已不能实现全面覆盖，唯有进行聚焦，根据品牌自身的发展情况，选择适合自己的媒体进行聚焦的投放，再形成传播势能，才能实现传播效果。

4. 广告与公关平衡

一个成功且高效的品牌营销活动，必然离不开营销的整合手段，在品牌的打造中，我们经常听到有关“广告与公关”的不同的看法。

有的企业认为，品牌的建设只需要广告就可以了，不需要公关；而有的企业却认为“公关第一，广告第二”，公关在营销传播活动中永远是第一位。

无论是广告还是公关，都担负着打造品牌、营销产品的作用，不同的是，广告是企业对消费者的单项沟通，公关侧重于企业与消费者的双向沟通。

公关通过第三方客观性与公正性的传播，提高了品牌的知名度，树立了品牌的美誉度。而广告通过概念灌输、明星效应、强势传播等，驱使消费者购买。

最有名的公关案例，当属海底捞。海底捞是一家大型跨省餐饮品牌火锅店，生意一直非常火爆。2017年8月25日，一则关于海底捞两家门店后厨脏乱情况的报道闹得沸沸扬扬，报道中涉及两家门店：海底捞劲松店和太阳宫店。事件爆发3小时后，海底捞发表了致歉信。2个多小时后，海底捞又对这一危机发布了7条处理通报。上午，海底捞沦陷；下午，海底捞逆袭。有人将海底捞的反应归纳为三个词：这锅我背、这错我改、员工我养。

今天，在这个以新媒体为主导的传播时代，公关的价值在于维护品牌的美誉度，而广告更多的是直接获取利润。广告的特点是快而显著，难以与消费者达成全面沟通的目的，并且传播费用相当昂贵。公关的作用没有广告的作用强势，不像广告那样能立刻起到立竿见影的作用，但是，公关更倾向于攻心，需要高超的新闻策划技巧，才能够全面塑造品牌形象。

广告起着维系品牌知名度的作用，公关则是为了建立信任度，鉴于广告和公关的不同特征，把广告和公关相结合，品牌建设与营销才能获得成功！

在互联网品牌中，就是追求广告和公关的平衡。比如阿里巴巴集团的马云、小米公司的雷军、锤子手机的罗永浩都是非常善于公关的人物，已经成为独特的公关IP。小米每一次新品的发布，率先启动的都是发布式的公关，随后全国性的广告马上开启，利用公关建立口碑和信任度，利用广告建立知名度，你中有我，我中有你，公关和广告相互融合，成为品牌运营的超级两翼。

五、品牌管理是一门科学

1. 从单品牌到多品牌组合

随着企业的发展，可能会涉及不同的产品和产品类别，这时候就需要进行品牌管理。公司的品牌管理就像种植一棵大树，需要根基强大和定期修剪。

品牌管理的第一原则是：只有根基强大，才能屹立不倒。也就是说，从单品牌到多品牌，首先必须确认主业品牌的强大。一棵树可见的是树干，不可见的是根系，这就如品牌，可见的是品牌，不可见的是围绕品牌差异化优势形成的竞争优势，也就是迈克尔·波特所说的运营配置（operational fit），即组织运营中能够围绕差异化优势拥有协同一致性的各个组织功能模块，而这才是决定商战最终胜利的内在动力。组织的运营配置就是品牌的根系，根系越深，根系越大，吸收的营养越多，树干就越粗。当企业内部拥有基于定位而形成的强大的产品研发设计能力、运营能力时，就会拥有强大的市场占有率；市场占有率越高，品牌影响力就会越大，最终表现为品牌的树干越粗。

品牌管理的第二原则是：只有树干够粗，才有机会推出成功的子品牌或新品牌。只有品牌成为品类第一后（至少占据市场份额的40%）才能推出新品牌。回顾阿里巴巴的品牌发展之路，可以清晰地看到这个路径，在阿里巴巴打败“中国制造”“环球资源”等品牌成为海外贸易推广市场的第一品牌后，开始推出淘宝、支付宝等新品牌，然后在淘宝的基础上针对京东的攻击孵化出天猫品牌。这样阿里巴巴就形成了一个以阿里巴巴为主干，支付宝、淘宝、天猫等品牌大树交相呼应和协同发展的阿里品牌生态圈。

随着品牌的增多，需要引入品牌管理的第三原则：定期修剪。这时候需要有一个工具，叫品牌组合。所谓品牌组合，就是企业的品牌之间形成母子品牌、相互背书、彼此驱动等关系的品牌策略。通常有三种品牌组合，第一种品牌组合称为单一品牌组合，即类似三星、联想和京东等品牌，所有品类使用一个品牌。实施单品牌模式通常有以下优点：①所有产品只有一个品牌，可以大大节省传播费用，对品牌的打造可以惠及所有产品。②便于繁衍出新的产品，如果有新产品推出，无须过多的宣传，新产品会在原有品牌知名度下获得信任。③能够最大限度地实现品牌协调。比如，在某个产品增加曝光率之后，能够加强所有品牌的形象。采用单品牌应该注意其隐藏的危险，比如，品牌下的某一产品在出现不良效果之后，极容易产生连锁反应，从而影响整个品牌。同样，在同一品牌下，产品的差异性过大时，极易造成品牌稀释，从而削弱品牌的影响力。

第二种品牌组合称为多品牌组合，最知名的就是宝洁和阿里巴巴。旗下各个品类都拥有独立品牌，相互独立，互不干扰，与对手直接对抗。比如宝洁（见图3-3），其旗下有300多个品牌，在洗发护发领域，有海飞丝、潘婷、沙宣、飘柔等品牌；在清洁剂领域，有汰渍、碧浪等品牌。不同的品牌还形成差异化竞争，比如飘柔主打“柔顺”特性，海飞丝主打“去屑”特性，而且沙宣、潘婷、海飞丝分属于不同的经理管辖，它们之间是竞争的关系。

实施多品牌组合有以下优势：①便于企业针对不同的品牌功能，给予不同的品牌定位，能够最大限度地占领市场，对消费者实施交叉覆盖。比如潘婷的研发功能、沙宣的美发功能，可以独立地对准目标市场和目标人群。②能够避免认知不协调的品牌联想（尤其是品类联想）。最典型的例子就是“霸王”，霸王以中药的去屑理念打入市场，并取得了好的成绩，之后，同样以中药的理念延伸到饮料行业，推出了“霸王凉茶”，并投入了大量的广告，效果却不理想。在市场走访中，许多消费者反映，霸王之前做洗发露，现在做凉茶，喝霸王凉茶总感觉跟喝了洗发露一样。③能够降低企业的经营风险。多品牌组合的企业，在一个品牌倒闭之后，其他的品牌依然不会受其影响。④通过产品的关键优势而命名，来获取新的产品的层次联想。例如，丰田在推出雷克萨斯之后就获得了豪华车的名声。

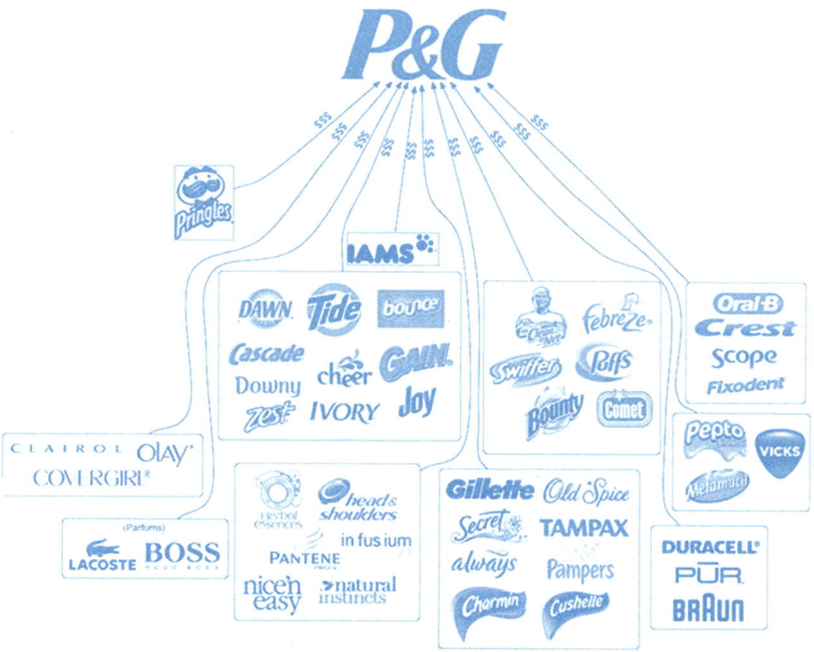

图 3–3　宝洁的品牌架构

资料来源：澎湃新闻网，“宝洁纠错多元化：收购吉列伤了元气”，https://www.thepaper.cn/newsDetail_forward_1260197，访问时间2019年6月18日。

第三种品牌组合称为混合品牌组合，介于第一和第二种之间，根据竞争的情况决定是沿用母品牌还是选择独立新品牌。互联网企业中腾讯就是采用这种组合策略的。腾讯拥有Q系列和微系列两大子品牌系统，通过投资还建立了关联的独立品牌，最终形成与腾讯品牌之间的认知和流量关系。

混合品牌组合有效地集合了两种模式的优点，也规避了相应的缺点，但如何选择组合的方式，取决于品类边界和竞争强度。

2. 品类边界与竞争强度

品类边界是指顾客认知中关于品类的范围感知，比如都是纺织品，袜子和毛巾是在顾客认知中完全不同的品类，不能以纺织物来替代它们，它们之间不可能重叠，不具备品类共性；但男袜和女袜在顾客心智中的边界并非那么清晰，完全可以以袜子来统称，所以男袜和女袜之间的品类边界有重叠，拥有品类共性。

竞争强度是指品类中竞争对手在顾客心智中相对于品牌自身所具备的优

势。比如在电商品类里，淘宝占据C2C集市的认知，京东在定位时就必须考量淘宝在顾客心智中的竞争强度，京东选择推出B2C电商品类，强化“自营”这一品类概念。

品类边界和竞争强度的结合就为品牌组合提供了命名的维度，或者品牌延伸的可能性程度。品类边界是第一考量维度。比如小米以高性价比智能手机著称，在顾客认知中，手机和电视拥有品类重叠，在认知中拥有特性延伸，因此小米在推出智能电视时仍以小米为品牌名称，顾客没有认知的违和感，小米智能电视也取得了成功；后期小米顺势推出小米插线板、扫地机器人等小家电产品，尽管这些品类属于低频品类，延伸小米品牌短期内不会稀释小米的品牌价值，但考虑智能数字产品与智能小家电产品在品类边界上的不同，而且在各个细分领域有来自更专业的品牌的竞争（比如在扫地机器人领域就有科沃斯居于专家地位），因此小米后期推出了“米家”品牌，统领相关小家电品类（见图3–4）。

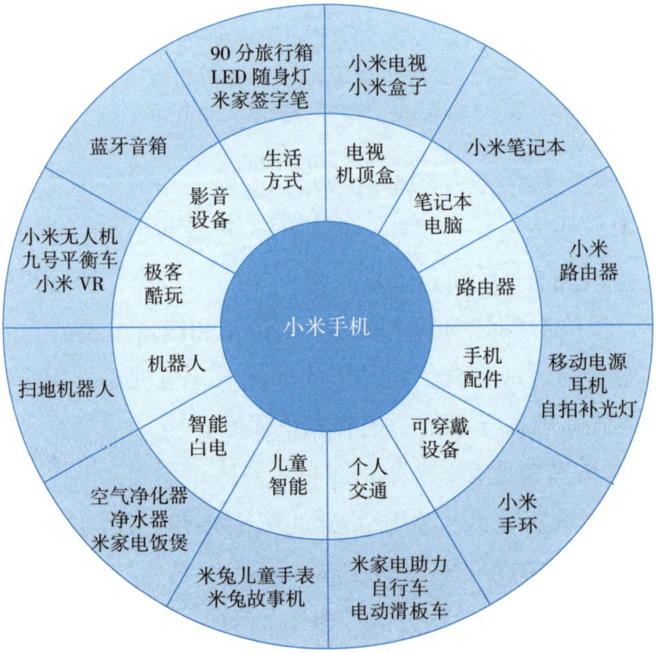

图3–4　小米的品牌组合

资粮来源：小马宋（公众号），《从小米推出牙刷说起，一篇文章说清楚小米经营逻辑》，https://zhuanlan/zhihu.com/p/24492728，访问时间2019年6月18日。

在品类边界基础上，拥有重叠品类特性的相邻品类，在没有足够竞争强度的情况下，可以考虑用高频品类品牌延伸到低频品类品牌。除小米智能电视外，小米空气净化器也采取小米命名就是在品类边界允许的情况下，用高频去打低频，从而延伸成功的案例。在现实中有很多低频的小品类无法支撑起足够大的市场，因此用相关的高频品类去延伸也是可行的品牌组合方式。

另外要注意的一点是，一个品牌的竞争强度已经相当大了，而且密度（同类品牌）也很大，在重新推动一个新品牌去攻击相关品类有很大难度的情况下，利用原有品牌进行延伸也是可行的。比如说京东支付，在支付宝和微信支付已经形成二元格局的情况下，用一个新的支付品牌试图去占领细分品类已无机会，用京东品牌去延伸，就成为一个非常好的策略。

总而言之，充分考量品类边界和竞争强度，灵活地设置品牌组合策略，从而形成协同性品牌组织是品牌运营的关键内容。

3. 认知调整艺术

在品牌组合过程中，随着文化、技术和竞争的升级，商业常识也在不断地更新，品牌面临着品类被替代，甚至沦为墓地品牌的危险。例如，随着数码相机的出现，传统的胶卷失去了品类的吸引力，柯达作为全球品牌，尽管拥有无与伦比的全球知名度，但依然失去品牌的光辉，进入无人选择的墓地窘境。因此这些品牌就面临着重新定位或者重新调整认知的重要使命。

这些品牌的重新定位和认知调整必须利用人性认知的规律进行巧妙的处理。

通常而言，顾客对品牌的认知很难改变，人类的定势思维在商业领域就表现为品牌认知很难摆脱常识的困扰。但很难改变并不代表不能改变，而是可以通过调整认知，从而赋予一个新的认知，进而实现重新定位和认知调整。人往往习惯于自己熟悉的、经常使用的产品，对陌生的产品，只能通过慢慢的调整，改变心智固有的模式。在调整认知的过程中，可以通过熟悉的产品牵引陌生的产品，慢慢地使陌生的产品被大众所熟悉。比如，在蒸汽机发明之前，人们计算功率的工具通常是马匹数，在蒸汽机生产出来之后，为了更加直观地描述蒸汽的功率，人们习惯用之前的“马”来形容功率的大小，所以就出现了“马力”一词。“马力”一词起到牵引的作用，在熟悉的“马”与陌生的“蒸汽动力”之间建立了连接（见图3-5）。

图 3-5　马力的计算来源

资料来源：BMWsky宝马会，“功率和扭矩对于一台车来说哪个更重要？”，https://chejiahao.autohome.com.cn/info/2594067/，访问时间2019年6月15日。

加多宝和王老吉的商战就是认知调整中的经典案例。在凉茶市场上，最初只有王老吉，没有加多宝，由于王老吉收回商标，加多宝面临破产威胁。在商标交接之前，加多宝便打出“全国销量领先的红罐凉茶改名为加多宝”的广告。消费者听到这句广告语后会想：原来加多宝是王老吉改名而来的。紧接着调整为差异化罐型，通过广告调整认知为“全国畅销的金罐凉茶”，最终实现了与王老吉的分庭抗礼。再比如，在快递行业中，顺丰快递是高端的代表词，德邦为进入快递市场，重新定位顺丰为小包裹，“大件快递用德邦”，通过认知调整，从而为其留出大包裹的市场。利用竞争对手认知中不可反抗的弱势，重新定位竞争对手，是一门非常巧妙的技术。

六、品牌运营就是认知运营

写到这里，本篇基本上已经进入尾声，有必要重新梳理一下品牌运营的大致路径。品牌是一种符号化的认知，因此品牌运营就是对品牌的认知进行运营和管理。第一步，你要分析自身品牌所处的品类情况及发展趋势。如果品牌本身所处的品类是没有前途的，你就必须升级你的品类或者开创新的品类。第二步，你要考察你的竞争对手，不仅要考察它的优势和资源，更要考察它在顾客心智中的位置和定位，你必须与你的竞争对手不同，并建立你的差异化优势，只有这样才有可能突围，通常有九种方式建立你的差异化（见本章前文所述）。第三步，围绕你希望设定的认知去建立和定位相关的运营配置，形成品牌的竞争优势源，这更多是企业战略的考量，而在品牌运营层面，你必须考虑的是围绕定位思考品牌的名称，建立品牌的差异化识别，包括视觉的识别和文字的识别，简单来说就是你得拥有一个战斗口号/广告口号和视觉锤[①]，这些都是你非常珍贵的资产，一旦投入品牌运营，只有这些最终会形成品牌资产。第四步，在品牌设定好了以后，很重要的就是传播，你必须考虑简单一致的、重复的、聚焦的传播，必须运用好广告和公关两个武器，只有这样才能应对碎片化的传播环境，形成超越你竞争对手的认知优势。第五步，当你的品牌在某一品类确立领导地位以后，随着业务的拓展，你将进入新的品类，因此你必须分析品类边界和竞争强度，选择与公司战略匹配的品牌组合。在管理你的品牌组合时，要懂得用认知调整的方式对你自己或者你的对手进行重新定位，以应对品类升级或者品类创新的调整。整个过程离不开一个核心的词汇：认知。品牌运营就是认知运营，祝愿你们每一位都能开创和运营一个伟大的品牌。

① 视觉锤用来形容深入人心的品牌视觉符号。详见劳拉·里斯，视觉锤，王刚译．北京：机械工业出版社，2016.

思维导图

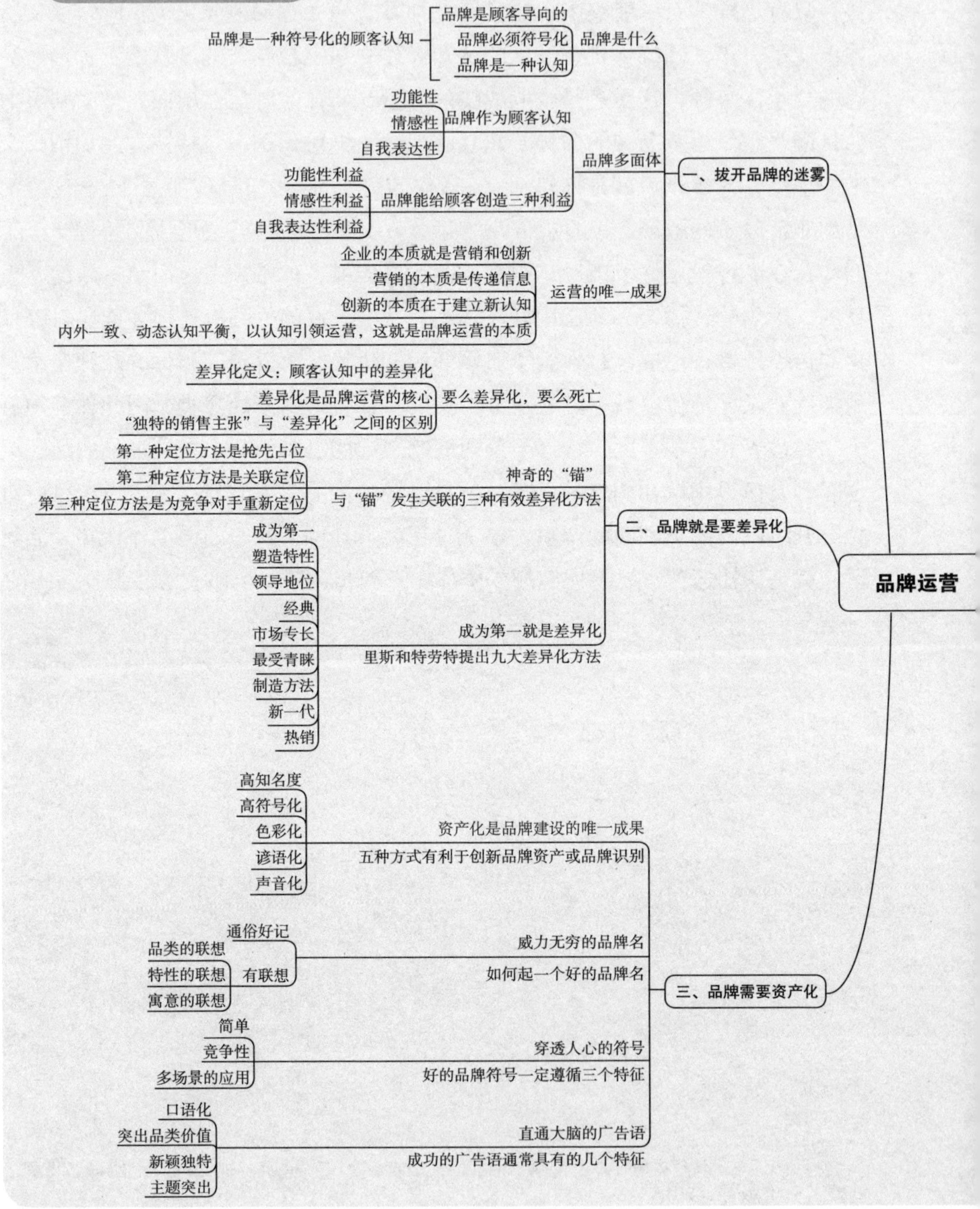
品牌运营
一、拔开品牌的迷雾
品牌是什么
品牌是顾客导向的
品牌必须符号化
品牌是一种认知
品牌是一种符号化的顾客认知
品牌多面体
品牌作为顾客认知
功能性
情感性
自我表达性
品牌能给顾客创造三种利益
功能性利益
情感性利益
自我表达性利益
运营的唯一成果
企业的本质就是营销和创新
营销的本质是传递信息
创新的本质在于建立新认知
内外一致、动态认知平衡，以认知引领运营，这就是品牌运营的本质
二、品牌就是要差异化
要么差异化，要么死亡
差异化定义：顾客认知中的差异化
差异化是品牌运营的核心
“独特的销售主张”与“差异化”之间的区别
神奇的“锚”
与“锚”发生关联的三种有效差异化方法
第一种定位方法是抢先占位
第二种定位方法是关联定位
第三种定位方法是为竞争对手重新定位
成为第一就是差异化
里斯和特劳特提出九大差异化方法
成为第一
塑造特性
领导地位
经典
市场专长
最受青睐
制造方法
新一代
热销
三、品牌需要资产化
资产化是品牌建设的唯一成果
五种方式有利于创新品牌资产或品牌识别
高知名度
高符号化
色彩化
谚语化
声音化
威力无穷的品牌名
如何起一个好的品牌名
通俗好记
有联想
品类的联想
特性的联想
寓意的联想
穿透人心的符号
好的品牌符号一定遵循三个特征
简单
竞争性
多场景的应用
直通大脑的广告语
成功的广告语通常具有的几个特征
口语化
突出品类价值
新颖独特
主题突出

- 四、品牌传播是门哲学
  - 简单的力量
    - 向消费者传达的信息量不能过多
    - 尽可能用受众容易理解和接受的方式进行思考
    - 要求传播简洁、精练、形象地表达主题，诉求单一
  - 重复、重复、再重复
    - 重复的力量表现在
      - 重复增加品牌被关注的可能性
      - 重复提升了品牌的形象
      - 重复增加了受众对品牌的记忆
      - 重复可以带来销售量的增加
    - 以下情况应该特别重视和强化重复传播的原则
      - 内容复杂，信息量大的品牌，应该加大重复量
      - 知名度低，受众了解较少的产品，应加大重复量
      - 消费者信赖度低的产品，应加大重复量
      - 品牌有强有力的背书，可以加大重复量
      - 受众喜欢的品牌应该加大重复量
      - 存在大量的竞争广告时，应该加大重复量
  - 聚焦法则
    - 如何做到品牌传播聚焦
      - 定位的聚焦
      - 区域的聚焦
      - 传播的聚焦
  - 广告与公关平衡
    - 广告起着维系品牌知名度的作用
    - 公关是为了建立信任度

- 五、品牌管理是一门科学
  - 从单品到多品牌组合
    - 品牌管理的三大原则
      - 品牌管理的第一原则是：从单品牌到多品牌，首先必须确认主业品牌的强大
      - 品牌管理的第二原则是：品牌强大，才有机会推出成功的子品牌或新品牌
      - 品牌管理的第三原则是：随着品牌的增多需要进行品牌组合
    - 单品牌组合优势
      - 大大节省传播费用，惠及所有产品
      - 便于繁衍出新产品，新产品会在原有品牌知名度下获得信任
      - 能够最大限度实现品牌协调
    - 多品牌组合优势
      - 便于企业针对不同的品牌功能，给予不同的品牌定位
      - 能够避免认知不协调的品牌联想（尤其是品类联想）
      - 能够降低企业的经营风险
    - 混合品牌组合
      - 通过产品的关键优势而命名，来获取新的产品的层次联想
  - 品类边界与竞争强度
    - 品牌边界是指顾客认知中关于品类的范围感知
    - 竞争强度是指品类中竞争对手在顾客心智中相对于品牌自身所具备的优势
  - 认知调整艺术
    - 利用人性认知的规律进行巧妙的处理调整认知，赋予一个新的认知。用熟悉的产品牵引陌生的产品

- 六、品牌运营就是认知运营
  - 品牌运营就是对品牌的认知进行运营和管理
    - 第一步，分析自身品牌所处的品类情况及发展趋势
    - 第二步，考察与分析你的竞争对手
    - 第三步，围绕你希望设定的认知去建立与定位相关的运营配置
    - 第四步，传播，你必须考虑简单一致的、重复的、聚焦的传播
    - 第五步，进入新的品类

大/咖/知/心/谈

张健

巨蟹座品牌教练，15年专注于品牌营销，历任房地产及互联网企业品牌总监，著名品牌咨询公司高级合伙人，上海产业转型发展研究院、北京人才协会、上海人才协会特聘专家。擅长品牌定位、战略品牌管理和商业创新等领域。

个人微信公众号：神箭手。

箴　言

人生就像一次旅行，在乎的不是目的地，而是沿途的风景，以及看风景的心情！

对下属说：“认知驱动行动，要想改变，先升级认知，让自己更开放、更专业，你就能快速成长。”

对自己说：“世界是多样的，打破自己，拥抱变化，享受体验，你将获得不一样的人生！”

对老板说：“感谢你的舞台，因为有你才更精彩。”

书籍推荐

1. 艾·里斯，杰克·特劳特. 定位：争夺用户心智的战争，邓德隆，火华强译. 北京：机械工业出版社，2017.
2. 罗伯特·B.西奥迪尼. 影响力，闾佳译. 北京：北京联合出版公司，2016.
3. 凯文·莱恩·凯勒. 战略品牌管理，吴水龙，何云译. 北京：中国人民大学出版社，2014.

第四章
体验运营——终极之路

作者：陈露蓉

新经济呈现迈向体验经济的端倪。为顾客创造独一无二、难以忘怀、不可复制的美好生活瞬间将是企业的终极使命。

一、体验经济的演进及其商业实践

1. 体验经济的演进

1970年，阿尔文·托夫勒（Alvin Toffler）在其名著《未来的冲击》（*Future Shock*）中，预言人类社会的经济基础将经历从农业经济、工业经济到服务经济，再到体验经济的有序发展（见图4-1）。虽然这一提法在当时并未引起人们的注意，但是到了1998年，美国俄亥俄州的Strategic Horizons LLP顾问公司的共同创办人B. 约瑟夫·派恩（B. Joseph Pine II）与詹姆斯·H. 吉尔摩（James H. Gilmore）在美国《哈佛商业评论》（*Harvard Business Review*）上发表的“体验式经济时代来临”（Welcome to the Experience Economy）一文中指出：体验经济时代已经来临，并区分经济价值演进的四个阶段为货物（commodities）、商品（goods）、服务（services）与体验（experiences）。1999年，B. 约瑟夫·派恩与詹姆斯·H. 吉尔摩合著《体验经济》（*The Experience Economy*）一书，使体验经济成为一个时尚名词。所谓体验经济，是指企业以服务为重心，以商品为素材，为顾客创造出值得回忆的感受体验及思维认同，以此抓住顾客的注意力，改变消费行为，并为产品找到新的生存价值与空间。顾客愿意为体验付费，因为它美好、难得、非我莫属、不可复制、不可转让、转瞬即逝，它的每一瞬间都是一个“唯一”。体验经济的最大特征就是消费和生产的“个性化”，这使得人们将为满足这种个性化体验支付更高的价格，“体验”成为一种有价值的经济提供物。体验经济的出现给社会带来了全新的观念和变化，体验经济中的经济提供物——体验——将成为全新的产品。总之，体验是以服务为舞台，以商品为道具，围绕顾客创造出值得他们回忆的活动。

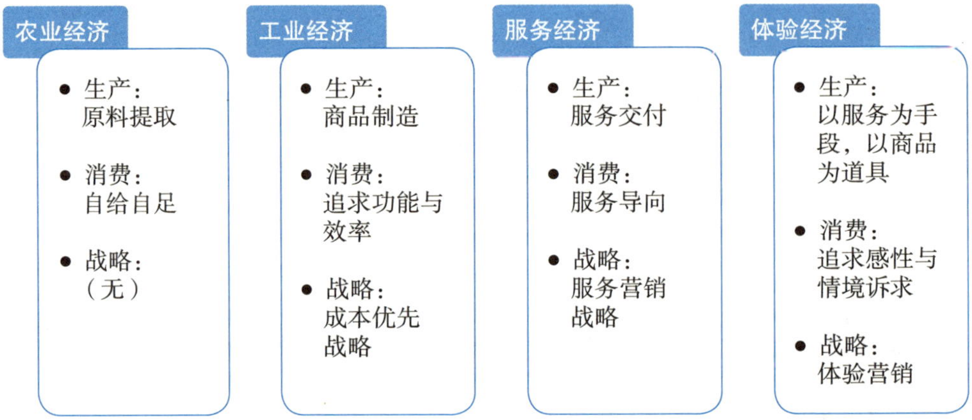

图 4–1　经济形态的演进

资料来源：作者整理自B. 约瑟夫·派恩，詹姆斯·H. 吉尔摩的《体验经济》，2016年版，机械工业出版社，第7—16页。

2. 传统企业中体验经济的商业标杆

在传统经济中，体验经济早有萌芽，如旅游、演艺、电影就是以体验为主要消费内容的行业。此外，一些地方民族文化特色的品牌（如“印象·丽江”）也是在售卖独一无二的体验。在传统公司的体验运营商业实践中，迪士尼和星巴克树立了行业标杆。

案例4–1

迪士尼与星巴克的体验运营

❖ **迪士尼**

华特·迪士尼（Walt Disney）在20世纪20年代创造了迪士尼人物，在50年代创建了迪士尼乐园。如今，迪士尼从动画世界走到现实世界，贩卖各类衍生品、服饰、酒店、教育、出版物等。迪士尼学院将公司的成功经验总结为“优质服务指南针”：由“宾客学”、标准和原则、服务系统以及整合这四个步骤共同构成，达成“超越顾客预期”的服务这一终极目标。

“宾客学”：提供顶级服务的第一步是研究用户。迪士尼非常重视用户体验，以至于专门发明了一个词汇叫“宾客学”，把用户需求作为一门学问来研究。迪士尼了解用户的方法是观察、询问和亲身体验。这和用户研究的方法非常类似，但很少有企业真正做到了。

确定标准和原则：在用户需求搜集充分之后，需要设立共同标准和原则。设定标准和原则的好处就是在发生冲突时，让所有人能迅速达成一致的解决方案。迪士尼确认的原则是：安全第一，礼仪第二，表演第三，效率第四。

把标准和原则落实到行动的服务系统。迪士尼通过人员、场景和流程来实现用户体验的落地：①绝大多数的用户体验和服务都需要具体的人和人之间发生互动和连接，你希望用户获得什么样的体验，就让员工也获得什么样的体验。在感动了员工的前提下才能感动用户。②场景不仅提供信息，它也引导体验，场景需要关注细节。关于用户体验的场景效果的重要性，可以总结为四个字“事无巨细”——所有事物都在说话。③流程可以保证任何员工都能够用正确的方式在正确的时间提供正确的信息。最关键的不是制定流程标准这一步，而是不断改进流程。

整合：将价值观、标准和原则，以及服务系统在内的一切整合起来，为用户提供超越预期的服务体验。

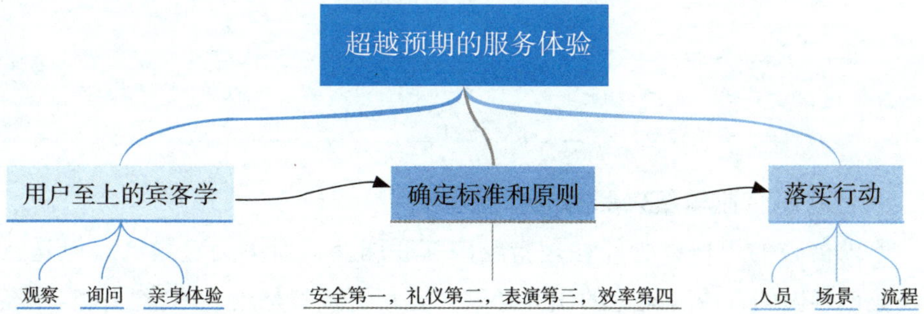

❖ 星巴克

去星巴克的都不是为了喝咖啡，而是去体验有品质的生活。星巴克的体验营销策略包含了以下四个方面：①品质一流的咖啡体验。对于咖啡的质量，星巴克的要求十分严格，从购买原料到炒制过程再到销售途径，层层都有严格的把关措施。②感性色彩的环境体验。星巴克在美国总部有专业的设计大师，专门负责设计世界各地的星巴克店铺，他们会把各地商圈特色和建筑物风格融入各家星巴克店铺中，所以不同的店铺在品牌统一的基础上，拥有自己的特色风格。在店内，所有的设计装饰摆放也都是经过设计师们的精心打造而成的。③贴心周到的服务体验。星巴克为了保证服务质量，其员工都必须经过专业培训后才能获得上岗资格。店员不仅讲话温文尔雅，提供优质的服务，还会耐心地向消费者详细地介绍与咖啡相关的知识与配制方法，在帮助消费者找到最适合自己的咖啡的同时，还能让消费者体味到星巴克所宣扬的咖啡文化的美妙。④咖啡之外的延伸体验。为了丰富消费者的体验方式，星巴克设置了许多活动让消费者在享受咖啡的馨香之外获得更多的体验。例如，星巴克创建了星巴克俱乐部，把星巴克的忠实消费者聚集在一起，通过这个平台，他们可以互相交流，也可以向星巴克反馈或者提出建议，还能享受到星巴克提供的优惠券、礼品等更多意外惊喜。星巴克还为会员们量身定做了星巴克期刊，里面囊括各种新的产品信息，还有一些给会员们提供的店外活动：咖啡品尝大会、体育比赛、公益活动、文化展览等。

迪士尼和星巴克这些传统企业在用户体验运营实践中的成功，让我们看到了追求极致体验虽然可以实现单点的爆发突破，但只有进行系统化运营才可能持续成功。

资料来源：美国迪士尼学院，西奥多·齐尼. 迪士尼体验：米奇王国的魔法服务之道，黄昌勇，周晓健译，北京：北京大学出版社，2016.

3. 互联网企业与新兴品牌的体验运营

追求极致的用户体验往往是新经济互联网公司所大力宣导的，但是互联网企业最难做的，或者说它的先天缺陷、运营短板就是用户体验。在实体经济中，人们去买菜、去体检、去吃饭、去上课，企业都能和顾客发生直接的、现实的交互，消费体验是真切实在的；而在互联网公司提供的产品和服务中，人们大部分时间都是在人机交互界面去体验——App、短信、微信公众号，而深度的接触，如客服、送货上门，是短暂而浅层次的。有趣的是，线上运营这种缺乏亲身体验的天然的疏离感，却触发了商家对用户体验的极致追求。体验运营竟然成了线上企业的运营优势，也凸显出传统公司最为欠缺的体验运营短板。

随着丰裕经济时代的到来，人们的物质选择越来越多，却未必能拥有更多的快乐。在物质极大丰富的新市场环境下，人们对美好、温暖、时尚、有趣、小资等情感体验的 “形而上”的需求开始凸显出来。此外，“90后” “00后”大多数在并不缺乏物质的环境下长大，没有所谓“贫乏”的概念，所以他们对钱的看法和上几代人是完全不同的，这是整个社会都在面临的新变化。一些互联网企业和新兴消费品牌正是满足了人们的这种需求的升级。所以，我们说的消费升级不仅是以金钱衡量的市场和经济层面的，更多是关乎人的内心需求的变化，是包含了更高需求层次的消费升级。

在互联网购物平台上，人们不仅关注商品体验的质优价廉，也关注购物体验：App的界面美不美、短信和微信公众号能否让我感到被关怀，快递开箱体验爽不爽，客服是否在解决问题的同时让我感到被尊重，会员服务是否让我有尊贵感，等等。在线下购物中，消费者遇到的排队问题、支付问题、商品退换等购物痛点，在线上购物中得到了更好的解决，因此消费者更青睐线上购物也就不奇怪了。如今，在如火如荼的“新零售”的旗帜下，我们看到的大量的行业并购与零售新物种的出现，大多是线上零售阵营对线下零售进行的整合与改造；互联网零售集团利用它们在基于大数据的用户理解、追求极致的服务体验上的优势，试图打造线上线下一体化的服务体验。

新的线下消费品牌，如喜茶、江小白，之所以成功也并非在于产品的独到，更多的是体验运营的成功：它们代表消费者进行自我表达，并通过产品这一社交媒介，让消费者进行自我标榜和身份认同。喜茶专注于将自己打造成社交货币——一杯喜茶代表着年轻、与众不同、小资和高品质。跟星巴克不同，星巴克塑造的是一个中年男子，绅士、细腻、成熟稳重、不会犯错的形象；而喜茶塑造的是一个年轻有活力、充满朝气、会犯错但是会改的形象。喜茶标准门店风格以黑白灰的简约现代风格为主，在门店数量增加的同时，也相继推出LAB店、黑金店、粉色主题店、白日梦DP店等。不难看出，喜茶在讲一个属于年轻人的茶文化故事，它代表着年轻人对高品质、高享受的小资生活的追求。

未来体验将会成为消费者付费的对象和企业的核心产出，所有的运营都将是以用户体验为中心进行的运营。

案例4-2

电商行业的体验运营：亚马逊与中国电商

❖ 亚马逊

亚马逊的用户体验是企业文化驱动，并落实到业务操作规范中的。亚马逊的一线客服人员拥有极大的权力，例如他们如果接到同一产品的两次不同用户的抱怨，就有权直接把产品下架，随后启动反馈流程，从内部审视产品是否存在问题。只有在确认没有问题后，商品才可以重新上架。在一个传统公司，一线的客服人员拥有这样大的权力是难以想象的；在亚马逊，是用户赋予了客服人员这样的权力，来倒逼管理和业务部门快速应对和内部改进。

亚马逊的用户体验是一套流程。杰夫·贝佐斯（Jeff Bezos）说："当你觉得你需要客户服务的时候，已经为时已晚。其实，最好的客户服务是消费者不用给你打电话，他不需要和你沟通就能完成整个交易流程。"当用户收到的商品已损坏时，亚马逊并不仅仅是寄出另一件商品，然后就听任问题的存在，而是试图找到流程出错的根源。

但是，亚马逊在中国的本土化做得并不好。我们看到很多文章盛赞亚马逊的交互设计；但如果秉持盲目崇拜的态度，可能很难客观。亚马逊网站设计开创了电商网站的先例和经典范本，但并非是完美无缺的，至少不符合大部分中国人的审美观。此外，亚马逊在订单完成页才开始分别计算自营和第三方的邮费，用户常常发现要多出好几份邮费，很容易在这一步放弃支付；这种选购支付环节的设计，称不上用户体验的最佳实践。实际上，从用户体验的角度来看，亚马逊等国外电商已经算不上行业标杆了，国内一些电商企业早就走在了前面。

❖ 中国电商企业

中国的电商企业在线上体验设计方面做了很多创新，使用户可以更加顺畅地完成商品选购与支付。最有意思的是，像阿里巴巴、京东、唯品会这些电商公司，在视觉设计上完全能营造出欢快的购物气氛，模拟线下商场带给人们的疯狂促销体验，创造出了“双11”电商节，而且这个消费狂欢节的影响力甚至超越了国界——一些跨境电商平台也发现了各国线上市场“双11”期间流量及销售逐年走高的趋势。

中国的电商企业并未满足于打造最佳的线上零售体验，从雷军、马云提出的“新零售”，到“智慧零售”“第三次零售革命”，中国的电商领袖们在不断地探索新的方式和方法，为消费者创造更好的购物体验。这种更好的体验集中体现在互联网电商巨头企业通过运用大数据、人工智能等先进技术手段实现对消费者更深度的了解，对商品的生产、流通与销售过程进行升级改造。新零售没有改变零售业的本质——售卖、娱乐和社交，零售的要素——客流、商店流、信息流、资金流和物流也没有变化，变化的是多渠道组合及各种创新的业态模式。

（1）众多新零售的创新实践，包括盒马鲜生、超级物种等，都改变了传统的商品模式，转向品质生活解决方案。例如盒马鲜生追求的是“不是为顾客提供简单商品，而是提供一种品质化的生活方式”的经营理念，它期望的是将更多以往由家庭完成的事情放到店里完成，为顾客提供的是可以直接食用的成品、半成品。此外，快闪店、主题店，以及利用新技术（智能穿衣镜、智能试妆镜、VR技术）的购物体验店也成为新零售必不可少的体验元素。

（2）从连锁店、便利店到社区新零售。在新零售风口之下，基于社区场景的新零售成为业界关注的焦点，包括阿里巴巴、京东、永辉、物美等在内的电商、连锁商超、物业公司、创业公司纷纷布局社区新零售市场。阿里巴巴开设天猫小店、京东计划5年内开100万家便利店，两大巨头对社区市场的野心不言自明。

（3）从无人货架到智能货柜。在“共享经济”的浪潮下，2017年年初，自提柜、无人货架、无人便利店成为继共享单车后备受关注的新风口。据不完全统计，在2017年就有超过50个玩家入场，总融资金额超过30亿元，而缺乏技术壁垒、高货损率、低使用率则成为阻碍无人货架发展的“绊脚石”，无人货架向智能货柜转型升级迫在眉睫。根据中国连锁经营协会的资料显示，国内的无人售货机数量需达到270万台才能真正满足消费者的需求，但目前，国内无人售货机仅不到20万台。由此可见，智能货柜在中国市场的潜力巨大。据了解，京东、每日优鲜便利购、便利蜂等办公室无人货架玩家均已推出智能货柜，布局离消费者生活场景（如办公室、社区等）最近的零售空间。

我们也发现新零售的成功模式仍然在不断地演化和新陈代谢，但围绕用户体验而进化的根本是不变的。体验运营没有权威，好的用户体验是可以持续创造的，并值得企业进行无止境的追求。

二、用户体验战略与策略

1. 用户体验战略工具：体验矩阵

体验营销作为一种营销模式，其终极价值在于指导企业的实践。哥伦比亚商学院教授伯德·H. 施密特（Bernd H. Schmitt）认为管理者不应该只关注某种特定的个人体验，而是需要关注更为重要的战略性问题，如要提供什么类型的体验，以及怎样提供这些体验，并使它们具有持久而又新鲜的吸引力。而解决战略性问题，需要采用一些战略规划工具——体验矩阵（experiential grid）。

施密特认为战略体验模块（Strategic Experiential Modules，SEMs）应分为两类：一类是消费者在其心理和生理上独自的体验，即个人体验，例如感官（sense）、情感（feel）、思考（think）；另一类是必须有相关群体的互动才会产生的体验，即共享体验，例如行动（act）、关联（relate）。在实际情况下很少有单一体验的营销活动，一般是几种体验的结合使用，施密特将其称为体验杂型（experiential hybrids）。进一步来说，如果企业为顾客提供的体验涉及所有的五种体验，就会被称为全面体验（holistic experiences）。体验杂型和全面体验并不是两种或两种以上的战略体验模块的简单叠加，而是它们之间互相作用、互相影响，进而产生一种全新的体验。

体验媒介（experience provider）是体验营销的执行工具，也就是实现战略体验模块的媒介，包括沟通、视觉与语言识别、产品、联合品牌塑造、空间环境、电子媒体与网站、人员。其中沟通包括广告、宣传册、年报、公共关系活动等；视觉与语言识别包括名称、徽标等；产品包括设计、包装、品牌个性与展示等；联合品牌塑造包括活动营销、赞助、产品展露等；空间环境包括建筑、办公场所、工厂、零售地点、公共场所等。战略体验模块要考虑和体验媒介的搭配使用，这就是体验矩阵。

2. 用户体验策略工具：峰终定律、游戏化运营、社交体验

体验的峰终定律（peak-end rule）是由诺贝尔经济学奖得主、心理学家丹尼尔·卡尼曼（Daniel Kahneman）提出的。峰终定律是基于潜意识总结体验的特点：人们在对一项事物进行体验之后，所能记住的就只是在“峰”（情绪体验的高峰）与“终”（结束）时刻的体验，而在过程中好与不好体验的比重、好与不好体验的时间长短，对记忆几乎没有影响。这里的“峰”与“终”其实就是所谓的“关键时刻”（Moment of Truth，MOT）。

MOT是服务界最具震撼力与影响力的管理概念与行为模式之一。《关键时刻》（*The Power of Moments*）一书中介绍了制造“关键时刻”的三个方法——强化仪式感、强调、制造惊喜。第一个方法是强化仪式感，如婚礼仪式、奠基仪式、开幕/闭幕仪式、结业仪式，往往能让参与者印象深刻。目前线上知识付费的生产商会组建班级，任命班主任，督促学习者上课打卡，进行作业点评并颁发证书，这些都是在强化仪式感。

第二个方法是强调。重要的东西，总是会让人印象深刻。如果你特别看重一个体验，那么用户自然能够感受得到。例如，对于加入某一创业孵化器俱乐部的成员，孵化器俱乐部要求创业会员加入线上的创业者社群、参加线下的俱乐部会议，在朋友圈公开展示其签约仪式的照片、签订的正式合同，并填写企业家信息登记表。这一系列重复的动作意在强调企业成为创业孵化器成员的身份。

第三个方法是制造惊喜。顾客惊喜=顾客感受值-顾客期望值。企业不仅要考虑“我们该如何做”以及“顾客想要什么”，更应该追问“让顾客回忆起什么”。例如难忘的飞行体验一般都与顾客对航空公司的服务期望无关，而在于期望之外发生的那些事情，比如看到一部非常喜欢的电影，遇到明星或者和邻座交谈的愉快经历。还比如餐厅的免单体验，特色主题餐厅的布置，现场进行的拉面或调酒表演，等等，这些情节设计和现场表演的体验价值远远超过了一顿饭本身的价值。例如电商企业用明星快递员、卡通快递员、无人机等来送达货品，也是在给用户创造独一无二的体验。

游戏化（gamification），游戏是人类的天性。哲学家伯纳德·苏茨（Bernard Suits）把游戏定义为自愿尝试克服种种不必要的障碍。游戏化的系统包括目标、规则、反馈系统和自愿参与，而游戏化机制的元素则通常包括积分、等级、挑战、实体奖品、领先榜单、赠礼等，这些元素对应人类欲求中的基本元素，即奖赏、地位、成就、个人表现、竞争、利他。进行游戏化设计的时候，虽然立足的是人性本身，但使用的却是游戏的策划技能。游戏化运营的负责人，需要考虑剧情策划、有意思的任务/关卡策划和等级系统策划，从而让用户主动参与，甚至沉浸在游戏化的快乐体验中。

游戏化设计不仅仅应用在游戏产品中，而且还广泛地运用于提升用户黏性的运营实践中。例如，游戏化在忠诚度项目（loyalty program）里的应用越来越多，很多酒店、航空公司、信用卡的积分计划都在与人类欲求相结合，用于商业目的，比如完成任务赚积分等。

游戏化运营最有意义的一个应用莫过于激励用户从事有益但反人性的行为的产品，比如健身App、英语学习App等在线教育类产品。英语学习者通过打卡、冲关并获得虚拟的海洋鱼类奖品、完成解救海洋生物的任务等。可见，社群产品的本质其实也可以是游戏化的，社群中的每个人都可以是这个游戏的设计师。

在工具类产品的活动运营中也常常用到游戏化的方法。例如百度地图以吃豆人游戏为基础，将游戏内容与真实地图数据相结合，在“十一”出行期间让用户使用百度地图，在驾驶中体验游戏的快乐。

社交关系与游戏有较高的契合度，游戏化与社交的融合早在个人电脑网络社交时代就已出现，“偷菜”“抢车位”等社交小游戏的风靡为开心网带来了大量用户，QQ推出的用户等级体系、QQ装扮等增强了平台用户黏性。在移动社交时代，微信通过社交打造的生态圈更是涵盖了衣食住行的方方面面。微信的开机画面是在一个巨大的蓝色地球下的孤独的人影。孤独也是一种体验，个体的孤独无药可解，但社交可以是孤独的一味安慰剂。因为人也是社会性动物，社交解决人的归属感问题，同时自我价值往往是在社会反馈中形成的。

零售业的本质是售卖、娱乐和社交。在电商零售中，从传统的规模经济到单客经济的变化，从大规模的复制开店到现在更追求单个个体的价值，企业更注重的是把“顾客”变成自己的“用户”，甚至“粉丝”，与他们建立联结，建立互动，和他们交朋友一起玩耍。如天猫商家的“粉丝趴”、唯品会的“小模特大赛”、淘宝的“造物节”。诸如此类的活动，都是在深挖零售的社交属性，带领消费者一起玩耍。

三、体验设计方法论——避开老套的大坑

1. 目标：避开用户和竞争对手导向及趋势风口的大坑

在传统商学院的经典教材中，我们不断强调既要以顾客为中心，也要分析竞争者（五力模型）及宏观环境（PEST模型）。尽管这些战略分析工具非常重要且有用，它们为我们的思考提供框架和罗盘，让我们不会犯大错，但却不能指导我们取得具体的成功。相反，我们发现：企业运营不能被消费者牵住鼻子，不能被竞争者的策略唬得眼花缭乱，找到自己的路才是最为重要的。最新的商业实践中，我们又经常被各种“风口”理论洗脑，如知识付费、区块链，仿佛搭上这些快车就立刻可以财富自由了，但现实却是大多数人被“割韭菜”①。

硅谷重量级创业教父、天使投资人史蒂文·S. 霍夫曼（Steven S. Hoffman）在《让大象飞》（*Making Elephant Fly*）一书中指出，要保持自我定义的能力——充分利用并立足于你的核心竞争力，那么成功的机会要远大于你在一个没有专业知识或者优势的领域中进行创新。查理·芒格在《穷查理宝典》（*Poor Charlie's Almanack*）中提出要在自己的能力圈内工作。西蒙·斯涅克（Simon Sinek）在《从“为什么”开始》（*Start with Why*）中提到黄金圈法则——由内而外地思考问题是关键，即我们应该遵循“why-how-what”的路径，先考虑为什么做，再考虑如何去做，最后才是做什么，而不是相反。其实，所有这些创业及投资大师奉行的第一原则都是一点：找到自己的使命，而不是追随别人的声音。兵法讲“知己知彼，百战不殆”，而在用户设计方面，比较是失败的根源。从分析和模仿竞争对手的产品开始，就注定了你的败局，

① 割韭菜，网络用语，常用来指一茬又一茬前赴后继地在各种造富神化中被洗脑和收割的现象。

没有什么比找到你自己的产品更重要。

在确定战略方向之后，为什么我们也不能在设计实施上指望用户的意见呢？因为用户往往不能察觉自己的潜在需求，或者意识到问题却无法正确表述，或者明白问题但不能正确分析原因，又或者即使明白问题和原因，但不具备专业知识从而无法找到最妥善的解决方案。日本的用户体验大师樽本徹也在《用户体验与可用性测试》一书中提到以用户为中心的设计（User Centered Design, UCD）的四项原则之一就是不要盲从用户的意见。以用户为中心的体验并不必然意味着要追随用户的意见，而是要经过企业的消化和处理。

2. 系统：用户体验设计是一个系统

我们在咨询项目中经常发现传统企业的管理层不了解线上用户体验设计是一个系统工程。例如，他们要做一个在线商城或者微信公众号，但是只会看图，即用户能够看到的线上的界面，而完全无法理解用户看不到的后台系统、中间层等复杂系统。杰西·詹姆斯·加勒特（Jesse James Garrett）在《用户体验要素》（*The Elements of User Experience*）中总结了用户体验设计（User Experience Design, UED）的五个要素：①策略层（strategy），就是用户和经营者分别想从这个产品中获得什么，需要我们去做用户细分、产品定位，并确定商业模式；②内容层（scope），就是这个产品有哪些功能；③结构层（structure），就是创建产品功能和内容之间的关系——用户的工作流，网站或者App的操作逻辑，分为交互设计和信息架构两大部分；④框架层（skeleton），更进一步地提炼并落实结构层中形成的需求，确定详细的界面外观、导航和信息设计，比如决定某个板块或按钮等交互元素应该放在页面的什么地方；⑤表现层（surface）：就是用户所能看见的一切，字体、颜色、整体调性。在这一层，内容、功能和美学汇集到一起产生一个最终设计，从而满足其他层面的所有目标。

3. 情境：避开U&A研究的大坑

在做使用和态度（Usage & Attitude, U&A）研究时，首先需要了解产品到底是处于即将开发，还是在开发进行中，抑或是已经结束的阶段。在设计产品的雏形阶段，我们用的是原型测试方法——汽车新产品上市之前的模型设计，以及App原型设计都是如此；在产品的开发阶段，我们用的是形成性评价，如发声思考法——一边让用户使用产品和体验，一边让他们把想要的内容说出来；

回顾法——让用户做完操作之后回答问题。而在产品开发结束的阶段，往往用的是产品的总结性评价，如性能测试，采取的方法是目标达成率、所需时间及满意度。如果只是在产品做出来之后进行总结性评价，那肯定是完全无效的投资。在大型市场调查公司常用的U&A研究方法，正是在最后一个阶段进行的满意度调查、产品使用情况调查，而公司在产品开发之前的调查很少，产品开发之中的调查更少，而实际上，产品开发之前和之中的调查往往是最重要的。

4. 方法：避开老套的用户调查大坑

一提到理解用户，大家都会想到需要做个问卷调查，但这个出发点就是不对的。传统的市场研究理论总结了定性研究和定量研究的各种方法，如用户意见调查、焦点小组访谈、一对一访谈等。这些方法都有其各自适用的特定条件，这里不再赘述。

除去访谈法，观察法和实验法也是在传统市场研究中被大量低估的方法。观察法包括田野调查法（亲身观察和体验，如神秘顾客①）、直接观察法（非干涉性的观察）和仪器观察法（如通过人脸识别仪器来计算客流，通过眼动仪、脑电图来监测用户的心理）。实验法是能确认因果关系的方法，在口味测试、汽车设计、新产品的促销推广中广泛应用。

此外，我想要特别指出的是，一些定性的用户体验设计方法也在不断升级，传统的方法已经不再好用。例如，标准的6人2小时的焦点小组访谈往往无法深入沟通，容易受到群体意见的影响，实践中根本达不到“聚焦”的效果。一对一访谈时用户可以聚焦，但他们又往往无法详述自己的体验，不会描述细节、场景，而是以标准流程取代个体的特殊情况。为此，樽本徹也在《用户体验与可用性测试》中提出“师徒式访谈+情景剧本”的定性工作法。拜用户为师，向用户请教应该如何去使用一款产品，刨根问底地追问使用的一般体验和特殊情况，并重复用户的表述进行核实。在师徒式访谈结束之后，还需要将访谈录音整理成公司内部可以分享的情景剧本并进行分析——先找到用户的真实需求，再来研究解决方案；而不是盲目转述用户提出的解决方案，如“你们的App上要加一个搜索”，这不是一个可用的解决方案，而是未明确表述、需要深挖的用户需求——你需要用5 Why 分析法来刨根问底地了解用户为什么提出这个要求。

---

① 神秘顾客（mystery customer），指由调查员扮演顾客，对事先设计的一系列问题进行评估的调查方法。

5. 数据：避开大规模数据调查的大坑

市场营销的经典理论及传统大型企业实践中一提到市场调研——设计问卷，筛选样本，实施调查与统计，得出可靠的结论——就需要成百上千份样本数据来降低误差。然而，这种方法的周期长，有些“笨重”，在很多时候，我们并不需要去做大规模的样本数据就可以得出“可用”的结果。杰科柏·尼尔森（Jakob Nielsen）博士认为，有5人参加的用户测试，即可发现大多数（约85%）的产品可用性问题，从而让产品可用性测试成为一个性价比很高、可大范围普及的测试。小公司的产品开发，以及大公司的小产品开发，都不需要去考虑成本高昂的大规模数据调查，做5人的用户测试，加上快速产品迭代才是这种情况下的最佳适用方法。体验设计方法论与传统方法论的比较如表4–1所示。

表4–1　体验设计方法论与传统方法论的比较

差异点	经典大坑	被低估的方法
目标	用户、竞争者、风口导向	自我定义的能力
系统	做用户交互设计	从策略层、内容层、结构层、框架层到表现层的完整体系
情境	U&A研究下的满意度调查	更重视形成性评价法：发声思考法
方法	问卷调查和定性访谈	“师徒式访谈+情景剧本”访谈法、观察法、实验法
数据	定量调查采集大规模数据	5人精益测试+快速迭代

四、用户体验的未来

丹尼尔·H. 平克（Daniel H. Pink）在《全新思维》（*A Whole New Mind*）中预言：未来将属于那些具有独特思维、与众不同的人，即有设计感、故事力、共情力、娱乐感、意义感的人。这些人包括艺术家、发明家、设计师、小说家、护理员、咨询师和具有全局意识的人，他们将会获得最大的社会回报，并享受到极大的快乐。

对于设计行业，随着传感技术和大数据的深入应用，通过共情关注用户的感性体验会被更多创新者融入产品服务的开发流程。正如美国的创意设计公司Frog Design的埃里克·贝克祖克（Eric Baczuk）所讲：传统的设计研究依赖于对理性思维的自我报告，如用户调研问卷、民意测验和访谈，但人们不能意识到也不能表述出他们真实的、下意识的情感冲动。我们能否有机会将情绪化的、感性预设的思维应用到商业设计中？我们能否运用神经科学来帮助我们建立起反射性体验，帮助企业更好地应对用户的情绪状态？低成本的可穿戴传感器的崛起和对庞大数据的筛选分析能力的不断提升，正在快速改变着这些话题，使它不再是空谈。①

美团点评2018年开发了可以做横幅广告的智能设计系统，不光可以做横幅广告，还可以自动生成活动主页和简单 HTML5 页面，而且是多品类覆盖，包括餐饮、休闲娱乐、丽人等，负责垂直业务的运营设计师已经参与到智能体系建设中，建设素材库、设定配色、排版规则和标准，帮助训练AI等，这样一来运营设计师的人数就会减少，甚至不用再新增了。

线上线下一体化及AI智能、物联网技术也在不断地为亚马逊提供新鲜的技术流元素，语音交互及全息投影的手势交互都会慢慢被引入进来，那时候我们可以不只在电影里才能体会到如何酷酷地买东西了。

体验是我们唯一真正拥有的东西。尤瓦尔·赫拉利在《未来简史》（*Homo Deus: A Brief History of Tomorrow*）里说现在宗教不能给人提供意义了，也许人生的意义就变成了经历各种体验。人生如戏，戏如人生。如果把生意放到更大的人生旅途中去观察，我们会发现到一定阶段，生意的本质就是在为人们创造值得记忆的人生体验。当然，在相当长的一段时间内，我们还会继续看到对低价、质量或品牌的追求占据消费市场的主导地位，但是由用户体验驱动的运营已经不再遥不可及了。

① Eric Baczuk, “Design and the (Ir) Rational Mind: The Rise of Affective Sensing”, https://designmind.frogdesign.com/2014/05/design-irrational-mind-rise-affective-sensing-2/, 访问时间2019 年 6 月 18 日。

思维导图

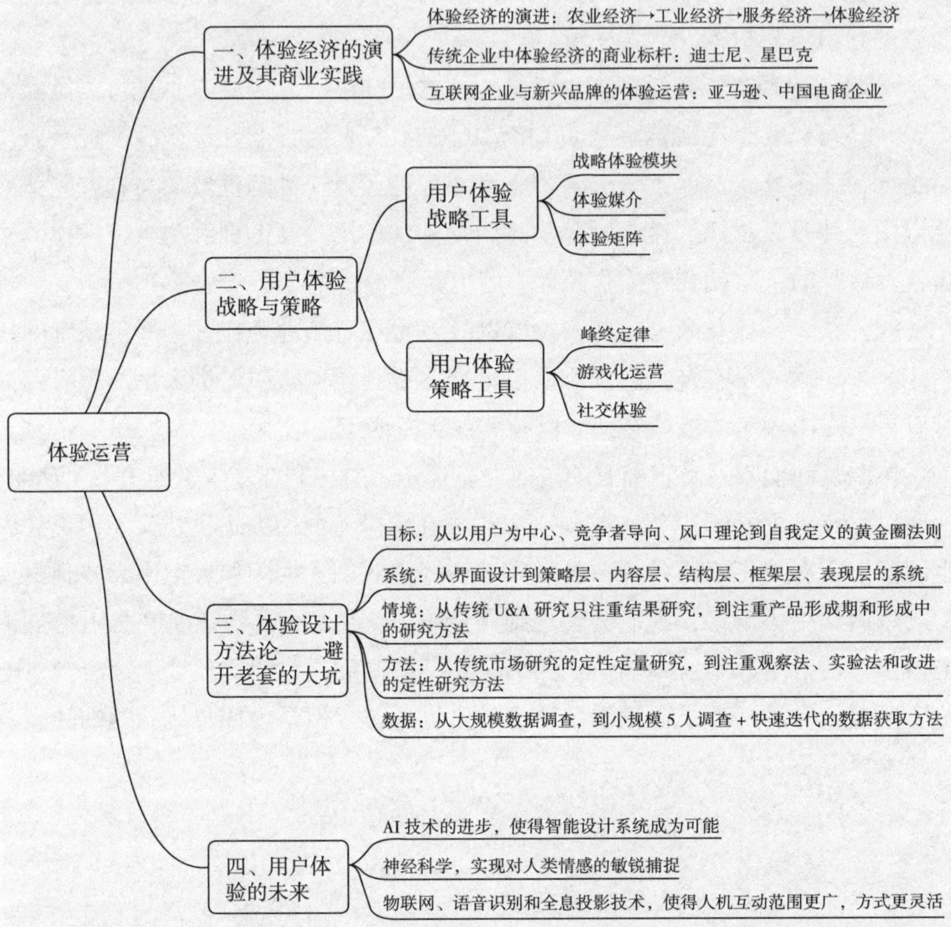
体验运营
一、体验经济的演进及其商业实践
体验经济的演进：农业经济→工业经济→服务经济→体验经济
传统企业中体验经济的商业标杆：迪士尼、星巴克
互联网企业与新兴品牌的体验运营：亚马逊、中国电商企业
二、用户体验战略与策略
用户体验战略工具
战略体验模块
体验媒介
体验矩阵
用户体验策略工具
峰终定律
游戏化运营
社交体验
三、体验设计方法论——避开老套的大坑
目标：从以用户为中心、竞争者导向、风口理论到自我定义的黄金圈法则
系统：从界面设计到策略层、内容层、结构层、框架层、表现层的系统
情境：从传统 U&A 研究只注重结果研究，到注重产品形成期和形成中的研究方法
方法：从传统市场研究的定性定量研究，到注重观察法、实验法和改进的定性研究方法
数据：从大规模数据调查，到小规模 5 人调查 + 快速迭代的数据获取方法
四、用户体验的未来
AI 技术的进步，使得智能设计系统成为可能
神经科学，实现对人类情感的敏锐捕捉
物联网、语音识别和全息投影技术，使得人机互动范围更广，方式更灵活

大/咖/知/心/谈

陈露蓉

比利时鲁汶大学应用经济学、武汉大学企业管理双硕士。

小海龟智库创始人，曾任兰亭集势、唯品会会员管理负责人、中国企业品牌研究中心研究总监。

个人微信公众号：读角兽读书会。

箴　言

在恰当的时间做正确的事就是幸福！

书籍推荐

1. B.约瑟夫·派恩，詹姆斯·H.吉尔摩. 体验经济，毕崇毅译. 北京：机械工业出版社，2016.
2. 伯尔尼·H.斯密特. 体验营销. 北京：清华大学出版社，2004.
3. 杰西·詹姆斯·加勒特. 用户体验要素：以用户为中心的产品设计，范晓燕译. 北京：机械工业出版社，2019.

第五章 数据运营

作者：阎文怡

新经济是大数据与人工智能并驾齐驱的经济。数据运营如同人类的理性左脑，是运营制胜的关键思维之一。

一、数据运营简介

1. 定义

现在一谈到数据运营，大家都会和互联网联系起来，原因是中国最早一批开始大规模使用数据运营技术的公司主要是以线上电商为主的。在百度搜索“数据运营”，80%以上出现的概念都是互联网运营、新媒体运营。

但其实从数据运营的历史来看，早在20世纪60年代，美国就开始大规模的数据运营了，只是那时候的运营完全是线下的数据运营。而中国兴起数据运营的时候，正赶上了互联网发展的热潮，所以现在大家只要一谈起数据运营，都会围绕线上展开。其实数据运营远远不止线上，那些和数据有关的营销和分析都属于数据运营，无论是线上还是线下。

最早的数据运营是什么样的呢？

在20世纪中期，美国非常流行使用传统邮件方式（direct mail）将印制精美的产品介绍投递到每家每户。在最初的时候，由于高昂的印刷成本和大范围没有目标的发放，造成了亏损。于是商家想到，如果能够知道那些收到产品目录并且购买的人的群体特点，然后找到相似的人群投递产品目录，不就会有更好的效果了吗？出于这种需求，美国的商家开始收集顾客数据，并且研究他们的群体画像，从而找到潜在的顾客进行产品投递。这就是最早期的数据运营。

那时候，由于很多商家通过这种方法尝到了甜头，于是他们对顾客属性的数据需求就越来越强。他们不仅想要知道这些人的性别、年龄，还想知道他们的婚姻状况、子女状态、资产状况、住房状况，以及所在地区的经济状况等。商家认为丰富的数据能够帮助他们选择潜在顾客。

因为这种对个人数据大规模需求的产生，当时有些公司闻到了巨大的商业机会， 于是开始大规模并持续地收集个人数据，不仅包括年龄、性别，而且还包括婚丧嫁娶、升职加薪、生育、搬家这些信息。

随着这些个人数据收集公司的兴起，越来越多的商家开始和这些数据公司合作，帮助自己寻找潜在的顾客投递产品目录，于是美国就这样慢慢开始了自己的数据运营之路。

2. 对象

讲到运营，我们马上会想到找潜在顾客（potential customer）或者说找顾客线索（leads）。在英语单词里，“顾客”是“customer”，“消费者”是“consumer”。很多人都觉得这两个名词没什么区别，常常混用。但是，多年的运营和咨询经验告诉我，在做运营前必须弄清楚这两者的研究对象是谁，这样才能真正地做好运营。

那我们先说一下顾客和消费者的区别。顾客指的是买你产品或服务的人。他花钱获得你的产品，但是并不一定使用这个产品。消费者指的是使用产品或服务的人，他可以不花钱就使用产品。所以顾客可能是消费者，而消费者不一定就是顾客（见图5-1）。比如白领女性买了双名牌高跟鞋慰劳自己，她既是顾客也是消费者。丈夫为妻子选购了一辆轿车，这里丈夫是顾客，而妻子是消费者；妈妈给宝宝买尿布，妈妈是顾客，宝宝是消费者。

有一个电商的著名案例，该电商发现有一批人会季节性地跨省异地购买。通过分析发现，这群人都是离开家乡在外打工的都市白领。经过进一步分析，发现这群人原来是给家里的长辈购买逢年过节的礼品，而且这批人的每单成交金额较大，消费能力强。于是该电商决定在节日到来前，向这类人群推送不同的促销优惠券，比如生活用品类的优惠券、保健品的优惠券、滋补佳品的优惠券，最终完成了一次高质量的促销。

顾客
（购买产品）

消费者
（使用产品）

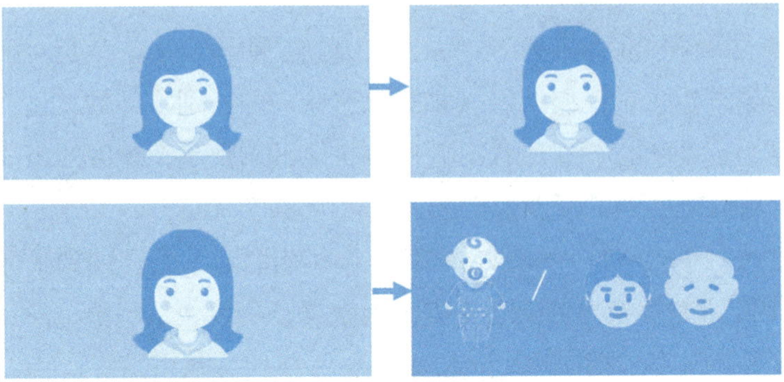

顾客 ≠ 消费者

图 5-1 顾客和消费者的关系

在这个案例中，都市白领就是顾客，消费者就是他们的家长。在设计优惠券和选择投放人群时充分考虑到了顾客和消费者两者的特点。所以如果我们只去了解顾客，而忽略了对消费者的研究，那这种促销方式的效果一定会大打折扣。

那么会有人问，数据运营在这个案例里面有什么作用？

通过数据描述，发现了某段时间内有12%的人跨省购买（体量大）；通过数据差异分析，发现这批人的成交额比全站平均水平高了3倍（消费高）；通过人群画像发现，这批人多数是“75后”“80后”（年龄层），是到一、二线城市打工的新都市群体（所在地域）；通过异地消费记录分布发现，这些成交都是在某些节日的前后（时间窗口）。

经过这一系列的数据分析后，该电商发现了这些消费的发生特征，即在外打工的都市白领为生活在异地的长辈赠送节日礼物。

这个现象是在分析会员特征时发现的。用我之前提到的运营对象来概括的话，就是他们在分析顾客的时候，发现了原来使用产品的消费者并不是这些顾客，而是顾客的父母。

所以我们在做任何运营的时候都应该记住，不仅要了解你的顾客，而且要了解你的消费者，因为消费者才是真正驱动产品购买的原因。

二、数据运营方法论

1. 数据运营流程

业务理解（business understanding）

在做数据咨询的时候，我常常遇到有人问这种问题："能不能指导我们，如何用大数据思维改进我们的数据运营？"或者"现在流行的增长黑客到底怎么用？"当我告诉他们一些数据运营方法论时（比如不仅要研究顾客，更要研究消费者；不仅要看内部数据，还要看外部数据；不是只有顾客的数据就够了，我们更应该研究消费者的数据），他们往往会说："能不能不讲这些，能不能直接教我们怎么做？我们想要应用场景，我们想要美国的先进案例。"我想说，所谓的数据运营，关键不是指怎么看数据，而是要找到为什么这么看，在这些数据里面我要看哪些数据。美国的优秀案例拿到中国可能会水土不服，只有掌握了真正的数据运营思维，才能以不变应万变。

举个例子，病人去看病，一个好的医生会通过望闻问切，初步判定可能患的疾病；为了进一步帮助自己判断病情，寻找根源，医生会有目的地让病人做一些检查。而一个没有经验的医生，会直接让病人先去验个血，然后病人拿着密密麻麻列有几十个指标的化验单来找医生。

现在的数据运营很多都是后面那种情况。比如先从公司内部的数据仪表盘看，看不出任何情况。然后去数据库看，数据库里有20个维度，从单个维度看，看不出什么名堂，于是多维度地看，又看不出问题，然后用模型看。再假设有1000个维度，先单个看，然后再多维度地组合看。如果运气好，说不定确实在1000个维度里发生了一些异常数据现象，然后再层层剖析，直到找出最后能解释这些异常现象的原因。接着回顾整个过程，美其名曰：数据运营，用数据驱动增长。

试想一下，这样前后要花费多久的时间？

真正的数据运营精髓在于，先从业务的角度出发，找出可能的理由，然后用数据去证明或者反驳这个理由。

回到我之前举过的电商案例，如果一开始就同时研究顾客和消费者，我们会马上想到这个假设：会不会存在顾客和消费者不是同一个人的情况。然后再做进一步假设，层层挖掘数据。当我们在做数据运营的时候，最忌讳的是，在没有目的的情况下，把所有的数据都看一遍，这在以计算机背景或者理工科背景的数据运营人员之中最为常见。

数据运营人员应该具有很强的假设和商业思考能力，然后利用自己的分析能力来分析这些假设，并细化问题，锁定最后的可能。我们常说对初级数据运营师的要求是，会做判断题，比如1+1是不是等于2；中级数据运营师会做加法题，比如1+1等于几；高级数据运营师会做应用题，比如在什么情况下1+1等于2，在什么情况下1+1会大于3。

所以在做数据运营的时候，千万不要马上从数据切入，我们需要从产品的内外部环境条件、运营对象（顾客）、产品对象（消费者）出发，然后再以数据作为工具，帮助优化运营。

在数据运营中，如果你抱着分析产品是产品运营的事情，和数据运营没有任何关系的想法，那你永远也搞不懂顾客和消费者的行为差异。

指标设定（metrics setting）

在指标设定中，我们会用到北极星指标[①]（north star metrics），该指标最早从脸书兴起，旨在帮助公司设定一个有效的目标。根据市场的不同，北极星指标也有所不同。另外要提的是哪怕是同一个公司不同阶段的北极星指标也有所不同，比如脸书就在2017年将原来2016年Instagram的月活指标改成了日活指标。

因此，根据业务需求，设定恰当的衡量指标是在做常规化的日常数据运营之前必须慎重选择和考虑的一件事情。

数据理解（data understanding）

理解完业务之后，作为数据运营的日常工作，就是要理解数据。这其中最关键的是对定义的理解。由于每个公司的内部都有自己的数据指标术语（terminology），所以首先搞明白每个指标的定义非常重要，而且是必要的。

阿里巴巴2017年下半年推出的产品——品牌数据银行，在描述消费者行为链路时有四个术语，分别是认知、兴趣、购买、忠诚（如图5-2所示）。

① 北极星指标又称为“OMTM”（One Metric That Matters，唯一重要的指标），就像北极星一样，指引全公司向同一个方向迈进。与之相对应的有一个虚荣指标（vanity metrics），如注册用户数，这一指标总是累积增长的，但其中可能涵盖了许多年前注册但不再活跃的僵尸用户。

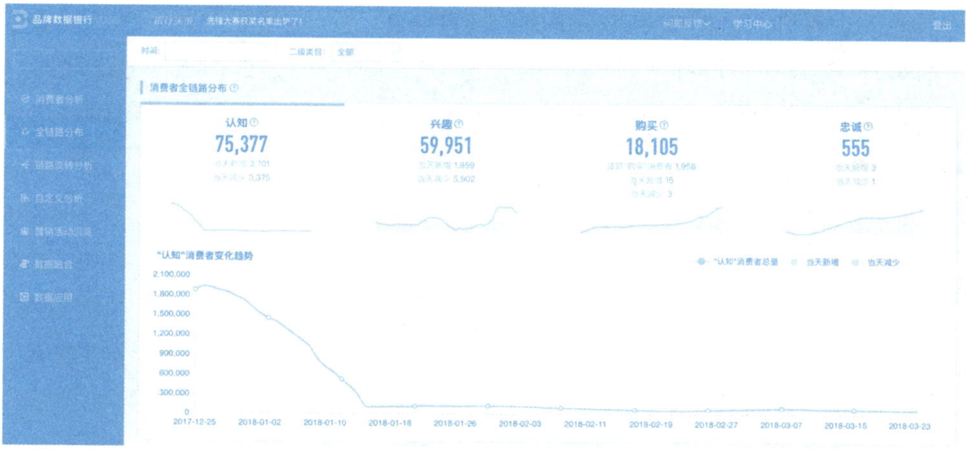

图 5-2　阿里巴巴数据银行产品演示图

资料来源：阿里巴巴旗下产品御膳房数据分析平台示例，http://www.yushanfang.com，访问时间2019年6月18日。

这时，就需要对每个指标的定义非常清楚，并且理解精准。大家通常会认为“忠诚”的定义，就是在某段时间内发生的复购行为超过预设的数量，比如：三个月购买两次是忠诚，一年内购买三次是忠诚。不同的公司定义不同。

在这个例子里，阿里巴巴对忠诚的定义是，365天内有两天对某品牌有过购买行为。这时你可能会问，为什么不是两次，而是两天呢？因为阿里巴巴认为在“双11”“双12”这种大促销情况下，人们在当天发生的购买行为不能算是忠诚行为。

所以对数据的理解，有时候凭借自己过去的行业经验并不一定行得通。哪怕是数据运营的专家，在换了环境之后，对业务数据的术语认识，也要抱着从零学起的态度。

数据来源（data source）

接下来再谈一下数据来源的问题。这里举一个笔者工作中的例子，为了达到精准营销的目的，我们曾经用外部第三方数据（如用户的年龄、性别、消费能力这些信息）来加强内部数据，当看到第三方数据提供的消费能力（高、中、低）时，按照过去的经验，猜想可能是根据该用户的信用卡消费额度来定义的。但是经过确认数据来源之后才知道，原来这里的消费能力是根据用户线下的地理位置推测的。比如某用户去了某五星级酒店边上的7-ELEVEN买了瓶水，由于7-ELEVEN在五星级酒店周围半径100米内，那么该用户算为高消费用户。可以想象这种数据推测得有多大的漏洞啊！

另外，当我们看到性别、年龄时，也不能理所当然地认为数据是准确的。因为有些数据可能是从官方得来的准确数据，但是有些数据可能是用户自己填写的，而有些可能是通过机器学习推测出来的。

数据理解和数据来源与业务理解一样，要多思考、多提问 。

数据分析（data analysis）

数据分析通常分为四种类型，它们是描述性分析、诊断性分析、预测性分析、决策性分析。我根据中国数据运营的情况，对这四种分析方法进行了细化和应用补充，见图5-3。

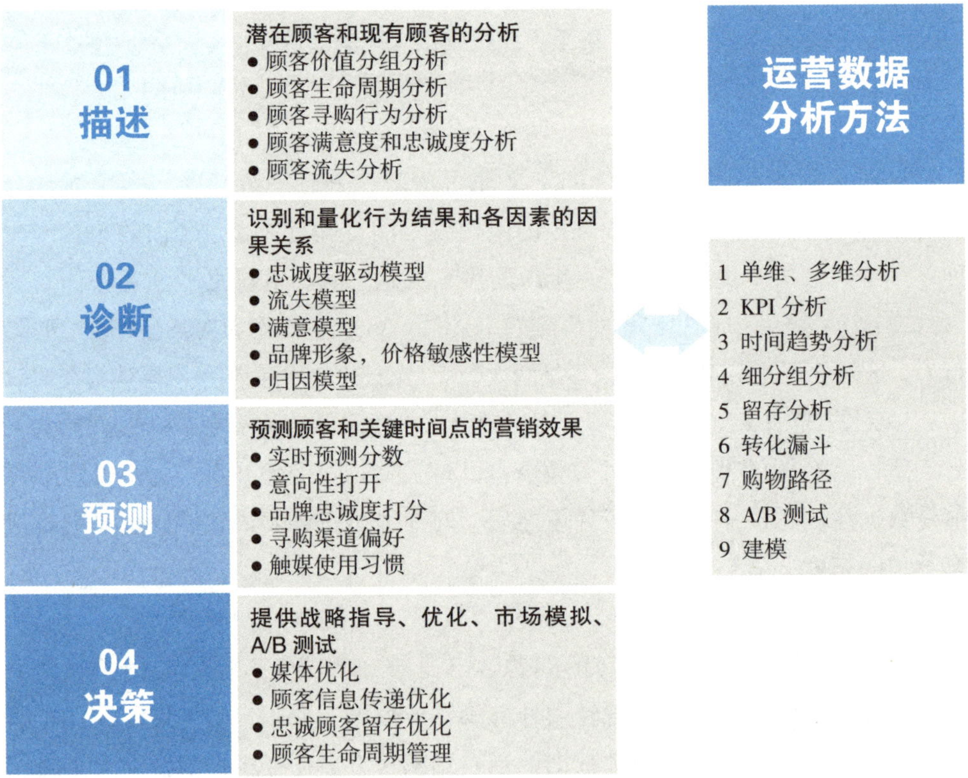

图 5-3　四种大数据分析方法

数据描述（descriptive）

数据描述通常是指用统计的方法把数据描述出来。在数据描述中，分两种情况：一种是在数据描述的过程中发现问题或者趋势；另一种是找出某种假设，然后用数据证明这种假设的对错。其中用到的方法有：单变量分析（univariate）、双变量分析（bivariate）、多变量分析（multivariate）、假设验证（hypothesis）。

做过数据分析的朋友应该都知道，最花时间的其实就是搜索性数据分析（Exploratory Data Analysis，EDA）。这一步最大的误区是，容易在数据层面做过多的分析，并且逐步拆分每个维度重复做分析，这样做很容易导致最后停留在浅层的理解，而忽略了研究的目的和意图。

数据诊断（diagnostic）

数据诊断通常用到的工具有Excel，或者建模。这里我要强调一下模型的使用 。现在大家都有一个误区，认为越复杂、听起来越先进的模型，建模效果越好。曾经有一位分析师同事用深度学习的神经网络做了一个金融风控模型，在向客户讲解模型的时候，客户不知所云。了解业务的都知道，金融风控最重要的是要知道哪些指标起着关键作用，而跳过这一步直接谈风控的话，很难得到高层或者客户的认同。

当建模的时候，我们需要考虑数据分析的本质是什么，如果仅仅是预测的话，使用深度学习这类的模型也未尝不可。但是，如果我们分析的目的是诊断，建议使用机器学习这类的算法进行建模。因为前者是暗箱操作，我们不知道其中哪个因素导致了现在的结果，而后者却可以告诉我们每个因素的重要性。如同看病一样，如果医生仅仅告诉你患病了，但是不告诉你是哪些原因导致的，你一定会觉得这个医生不可信。

预测（predictive）和决策（prescriptive）

预测，即用目前的数据预测将来会发生什么。在实际运营中，最难的并不是预测，而是利用预测的结果和目前的情况做出决策。比如广告运营，我能预测到该渠道在未来一周内的用户转化率会增高，但是我该花费多少钱在获取这批用户上？汽车厂商预测明年SUV将大卖，那么接下来，是需要新建工厂、新增生产线，还是仍旧维持目前的生产线？决策往往需要和现阶段的目标或者实际情况相结合，且最大限度地利用预测带来的重要信息。

2. 数据分析工具箱

数据运营的分析挖掘

数据运营可以分成两块，一块是监控现在的运营状况，用数据来发现异常并且找出原因；另一块是以业务为核心，从数据运营角度来设计一套解决方案。

这两块主要用到九种数据运营的分析方法：

- KPI分析；
- 时间趋势分析；
- 单维、多维分析；
- 细分组分析；
- 留存分析；
- 转化漏斗；
- 购物路径；
- A/B测试①；
- 建模。

对于每一个分析模块的单独运用，其实大家都很熟练，比如KPI（Key Performance Indicators，关键绩效指标）应该如何定，时间趋势要看季节性、事件性，转化漏斗要关注每一层的转化率，A/B测试的两个组要彻底分离。这些理论单独讲不难，难就难在把它们都串联起来，融会贯通。

先来举一个例子，我们曾经有一个闪购网客户，因为人口红利已经过去，外部竞争也非常激烈，这几年运营得总是不温不火，商务智能部门优惠券也发过，A/B测试也做过，就是没有效果。这时候，我们就结合闪购网的用户性质切入，分析用户的历史交易信息。我们发现有65%的人只买过一单，在这65%的用户中，最近的30天内还有24%的人有回访。对方很吃惊地说："我们7日留存率、30日留存率都看过，就是没有想到分一单、几单这样拆分来看。而且对于转化漏斗我们内部也有仪表盘会持续观测，也没有发现什么切入点。"

结合运营理论，CRM里常说的RFM模型②，在这个案例中不就是用户消费的RF和寻购的RF吗？可以看出，数据运营并不是靠单纯掌握几个分析方法就能解决问题的。从哪里切入问题，如何拆分维度是很重要的。这些理论在这九

① A/B 测试：为网站或 App 界面或流程制作两个（A/B）版本，分别让组成成分相同（相似）的访客群组（目标人群）随机访问这些版本，收集相关数据，最后分析、评估出最好的版本并采用。

② RFM 模型是衡量顾客价值的重要工具。R（Recency）即最近一次的购物行为发生的时间，F（Frequency）即购物频次，M（Monetary value）即顾客花了多少钱。通过这三个维度的划分来进行顾客分组和有针对性的运营活动。

个方法中是不会告诉你的。

再来谈一下我过去所在的旅游数据公司如何细化用户分组，并且找到新的增长点的成功案例。在旅游行业，我们会定义游客为商务客（business）或者休闲客（leisure），根据用户分组标签的不同，我们的推荐引擎会推送不同的旅游产品。过去对于商务客，我们着重旅行前的机票和酒店的推荐，对于旅行中的行为，我们从没有关注过，因为我们一直认为这些人只是单纯的商务出差。

但是近几年我们渐渐发现，有83%的商务客除了完成商业目的，还会去参观一些当地景点，于是我们又设计出了新的标签，把这部分人细分为商务休闲客（bleisure）。由于这部分人是对价格最不敏感的人，所以我们的推荐引擎对这部分人的投资回报率特别高。

可见，细分组分析并不是简单地贴标签，所贴的标签一定要符合应用场景。虽然现在市面上有很多现成的平台工具可以帮助用户分组，但是这些分组标签都集中在用户的属性维度。从业务切入的话，这些工具往往很难满足，尤其是在精细运营的时候。

对于大家在数据运营时，如何有逻辑性地找到问题的解决方法，我推荐掌握问题树（issue tree）[①]，这个方法是Airbnb 产品经理主推的方法，也是很多大公司使用的分析方法。我们用一个例子来说明一下具体的操作过程（见图5-4）。

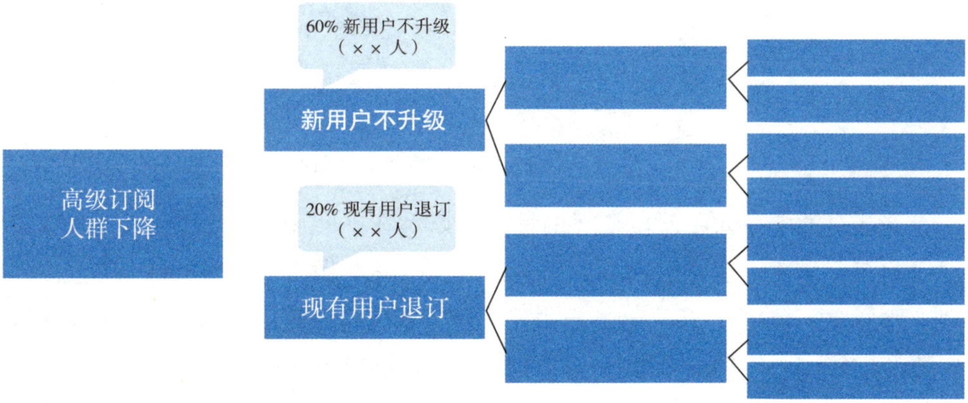

图 5-4　问题树——定位问题原因

资料来源：https：//en.wikipedia.org/wiki/Issue_tree，访问时间2018年7月。

① 问题树：又称逻辑树、演绎树，把一个已知问题当成“树干”，然后开始考虑与之相关的子任务或子问题，形成多个“树枝”，依此类推，最终形成一棵树状结构的问题树。

比如，某平台的高级付费订阅人群下降，为了找出原因，我们就细化可能的原因，其中可能是新用户不升级订阅，或者是现有用户退订，然后一步一步分解问题。在使用问题树的时候我们必须注意，每个分支的可能性不能有重合，并且我们必须要给每种可能性写上KPI数字，且KPI能够横向比较。有了这张细化图，我们就能慢慢定位出问题的原因。

消费者数据的三态

数据运营的时候，我们习惯给每个人贴标签。这些针对消费者的标签随时间和场景的变化而变化，我个人习惯把它们分成三种态：常态、时态、变态（变化的状态）。如果我们对这三种消费者的数据形态有深入的研究，并且积极地对内或者对外采集这些数据，那么绝对会给现在的数据运营添砖加瓦。

先介绍一下这三个标签（见图5–5）：

（1）常态标签是指性别、出生年月等，在消费者一生都不会变化的标签；

（2）时态标签是指家庭角色、行为角色、职业、收入水平这些随着不同人生阶段、不同消费场景会有变化的标签；

（3）变态标签指的是变化的状态标签，比如正在怀孕即将当妈妈了，正在筹备婚礼即将成家了，临近毕业快要成为职场新人了，下月搬家要去新的地方了。

图 5–5　消费者人生标签的变化

这些对消费者人生阶段描述的标签，以及在不同场景下标签的变化都对数据运营起着作用。现在国内的数据运营报告很喜欢做人群画像，在百度上搜索“人群画像”有300万条记录。点击一个某产品人群画像的报告，展示的是用户年龄段分布、性别分布、城市分布。请问这在数据运营中究竟有多大的用处?

其实很多产品的消费和具体年龄并没有很大的关系，在现在的数据运营中，我们更需要时态的标签和变化状态的标签。每个人在不同人生阶段的需求是不同的，尤其在人生的过渡阶段，会产生与以往不同的消费习惯，消费能力也会发生变化。比如一位怀孕的女性，过去都是买自己的东西，如化妆品、衣服鞋帽等，但一旦她怀孕了，她的消费习惯就完全发生了改变。还有结婚事件的发生，从单身到组成家庭的人生变化也会对消费发生影响，这时候，如果数据运营抓住了这个消费习惯的变化点，那么肯定会提高数据运营的效率。

所以大部分的消费习惯和人生阶段有着密切的关系，而和年龄段的关系并不如我们想象中的那么大。比如，一个25岁有娃的女性和一个35岁有娃的女性，她们的消费行为并不会因为年龄层相差10岁而有很大的区别。可见充实人生阶段的数据才是数据运营效果更上一个层级的关键。

我想再举一个“行为性别”识别的例子。我曾经做过一个运营数据加强项目，一个25岁的女性，信用卡公司根据她的历史消费行为，赋予她的行为性别标签是：55岁以上的女性。因为信用卡公司认为，虽然她是一个25岁的年轻女性，但是她的消费习惯和55岁以上女性的消费行为并没有显著区别。于是电商客户根据信用卡公司的标签识别，认为这位女性不是一个理想的潜在用户，因为她消费能力太低。

在这个案例里，双方都没有考虑对消费者数据三态的全面洞察。电商因为时态的关系，把行为标签“55岁女性”的消费者永远排除在外，而信用卡公司，没有更进一步结合消费者常态数据和时态数据进行数据加强。

我认为目前中国在消费者人生阶段的数据获取方面还很薄弱，将来的上升空间还很大。如果哪个数据公司能够拥有详细人生阶段的数据，那么无论线下数据运营还是线上数据运营的营销格局一定会发生变化。

数据运营的AARRR

说起数据运营，不得不说起AARRR模型（见图5-6），这个模型是在互联网时代面向消费者必不可少的产品分析模型。AARRR分别代表：拉新（Acquisition）、激活（Activation）、留存（Retention）、推荐（Referral）、变现（Revenue）。

知道AARRR模型的人不在少数，但是几乎没有几个人知道是谁最早提出这个模型的。2007年，在微软Ignite西雅图大会上，天使投资人戴夫·麦克卢尔（Dave McClure）就提出了AARRR的增长分析框架，那时候这个框架也被称作海盗漏斗（pirate funnel）。在提出这个模型前，戴夫先后在PayPal和求职网站Simply Hires任市场总监一职，这些经历为他的AARRR模型的建立提供了经验基础。

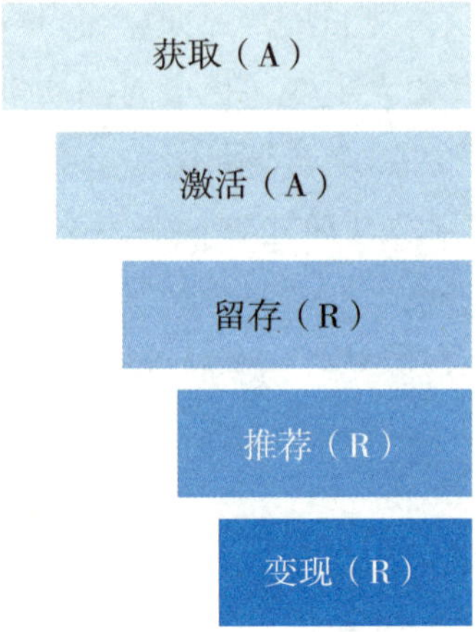

图 5-6　标准 AARRR 模型

现在互联网上关于这个模型的理论介绍非常多，而且还能找到不少关于这个模型的案例讲解。许多培训机构也拿着这个模型来培训那些想找数据分析工作的求职者。根据笔者这几年的经验，随着产品的周期不同，外部市场的不同，资本的不同，其实并没有一个标准的AARRR模型可以套用，我们一定要根据内外部的情况，有针对性地调整这些步骤。

下面笔者想举几个AARRR的衍生模型（见图5-7）。

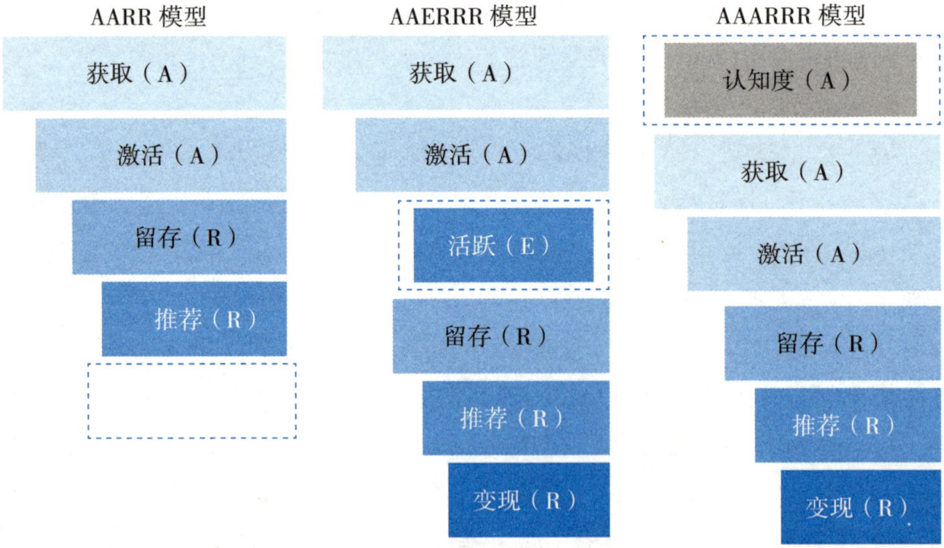

图 5-7　AARRR 衍生模型

首先我们说一下AARR模型，当一个产品处于外部引流期或新用户招募期，并且这时候外部的竞争非常激烈，整个市场都是靠资本在推动时，我们就不应该把变现放入模型。其实原因很简单，试想一下，当你追求一个女孩时，你条件一般，和你竞争的人又很多，而且还有不少高富帅，你觉得现阶段是想办法如何讨好女孩比较现实，还是想象将来结婚以后的场景更现实？

再说一下AAERRR模型，我们在标准模型中，加入了活跃（engagement）模块，这个活跃模块主要和魔法数字（magic number）①有关。我相信做过互联网运营的人都听说过魔法数字这个概念。比如大家经常举的例子：推特发现如果新用户在30天内关注了30个好友，就很容易继续在平台上活跃，否则流失的风险就大大增加。这里其实就是用到了活跃模块。“30好友／30天”就是活跃模块定义的KPI。首先通过观察运营数据，得到最优化好友数和天数，随后根据这个KPI采取不同的方法维持和提高活跃度，比如通过电邮通知，或者通过好友的好友推荐，等等。

最后谈一下AAARRR模型，当你的产品处于引流初期，市场上只有很少人知道这个产品的存在时，应该在获取用户模块前，添加一个认知度（awareness）模块来增加产品的大众认知度。因为一个消费者从听说产品到接受产品有一个认知的过程。就像我们在线上做营销广告活动一样，对于一个新产品，广告公司一般先建议做品牌广告，扩大用户的认知度，然后再想着怎么获取用户，而不是直接做以转化和点击为目标的效果广告。

我在面试数据运营师时，除了问技术问题，还会习惯性地问一些案例分析的问题。我发现，只要我的案例分析问题中带有月活跃用户数（Monthly Active Users，MAU）、留存率（retention rate）这些概念时，很多面试者往往上来就画一个标准AARRR模型，然后再把这个概念解释一遍。其实面试数据运营职位时，最重要的是，如何通过和面试官互动，找到目前产品的定位和现阶段的问题症结，然后再选择最优的方法和指标 。

总而言之，对于AARRR模型有很多变种，数据运营的时候必须灵活使用，我们不要以为列在模型里的模块都必须用到。千万不要照本宣科，而是要根据周围的大环境、小环境、产品生命周期，灵活组合、添加模块，找到属于

① “魔法数字”这个名词最先是在Unix程序设计中被提及，是指那些用于算法的常量数字或标识，后来在各个领域都被演绎出大量的含义，泛指经验性总结的量化结果。

自己产品的AARRR模型。

数据运营的A/B测试和建模

为什么要单独拿出这两个模块讲？主要是根据我的观察，中美在数据运营方面最大的区别就在A/B测试和建模上。如果问一个中国数据运营师是否做过A/B测试，10个里面有8个都会说做过，但是能完整并且专业地讲出A/B测试设计的注意点的却寥寥无几。

造成这种现象的原因，主要是中国互联网公司还没有开始重视A/B测试。现在大家所认知的A/B测试，无非就是不同颜色按钮的测试，不同图片的测试，其实A/B测试是很有学问的。首先它的测试不完全只局限于网站样式，它还可以测模型的好坏、测广告有没有效果等。设计一套逻辑缜密的A/B测试实验，难度是非常高的。

美国互联网公司（如亚马逊公司）会在内部搭建一套A/B测试系统，专门成立一只A/B测试团队，每天运行上万组A/B测试，鼓励运营、产品人员向A/B测试人员讨论测试的结果和下一步计划。

中美互联网大公司在数据分析、挖掘、建模能力等方面，其实差距已经逐渐缩小，但是在数据运营决策的严谨程度上，我认为中国的互联网公司还有很大的提升空间。既然讲到A/B测试，这里再举一个Airbnb的A/B测试案例。

2012年Airbnb推出了一项免费为屋主拍摄房屋照片的服务，为了论证这项服务是否会带来额外的价值，Airbnb做了一系列的A/B测试（见图5-8）。在我介绍Airbnb的做法之前，我希望你能够想一想，如果让你来负责这个项目，你会如何做？

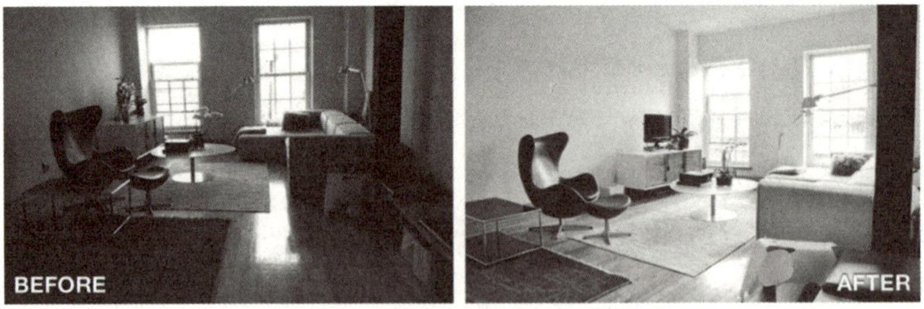

图 5-8　Airbnb 的 A/B 测试

资料来源：Airbnb官方博客。

在我打算写这个案例之前，我向周围很多朋友问了这个问题，其中大部分都是来自中国知名互联网公司的专家，但是他们给出的答案没有一个说到重点。

讲到A/B测试的衡量指标（metric），几乎所有人都会提到，需要看有专业照片组和没有专业照片组的转化率（conversion）的区别。那好，这里的转化率是什么？当你细化这个指标时，你会发现有两个转化率需要关注，一个是入住用户的转化率，另一个是屋主是否愿意接受该项服务的转化率 。

如果是测试入住用户的转化率变化，你会如何设计呢？

首先你要选定人群，人群的选定在A/B测试里面是重要的因素之一。我们通常说，测试组和控制组需要同质化人群，请问这里的同质的定义是什么？在这个测试中，Airbnb对同质的定义是，在站内搜索栏搜索同一区域的人。注意，这里不是点击了同一区域，而是主动搜索同一区域。主动和被动的行为区分是很大的。人群选择并没有你想象的那么简单。

其次，在实验的设计上，当用户搜索某区域时，控制组展示的是全部由手机拍摄的页面，而测试组是全部由专业摄影师拍摄的页面。这里的关键是，两组人群看到的房屋排列顺序和每页的房屋数量是一模一样的，也就是说，合格入选的房屋必须既有普通照片，也有专业照片。

通过这个例子，你是不是发现，设计一个A/B测试并不是一件容易的事。美国在做A/B测试时的严谨态度值得中国互联网公司学习，尤其是现在的人口红利已经不再，精细化运营是迟早的事。

接下来，我们谈一谈三个模型概念：机器学习、深度学习、人工智能。现在很多公司都在鼓吹自己正利用先进的技术，赋能数据运营。总体来说，现阶段的数据运营对深度学习、人工智能的技术需求并不高。想要通过模型做好数据运营，很关键的一点，是对数据质量的要求要高。

我们都知道在互联网公司中，一些公司会将性别定义为“行为性别女”“行为性别男”，其实这些行为都是根据某个时间段，或者某个消费品类的消费者行为来定义的，比如女性在购买扳手时可能很快就能下单购买，但是当购买唇膏选色时，却举棋不定、犹豫不决。在这种情况下推测出的“行为性别”并不能认为是有效的性别参考，当营销品类发生变化时，这些数据需要被重新定义。

精确的数据也影响程序化广告的投放效果。如果你问一个在中美都生活过的朋友，只要一谈起中美互联网的区别，多半会赞叹中国移动互联网发展的迅速，但是也会抱怨一下国内精准广告的质量。比如在上网时，会收到和自己年龄、性别完全无关的程序化广告，或者在电商网站看到完全不相关的推荐，猜想原因的话，无非是牺牲用户体验的粗暴运营，或者是由错误的数据导致错误的结果。

虽然很多第三方数据提供商宣传它们拥有几亿的用户数据，能够为数据运营赋能，但是我建议大家在挑选时必须谨慎，问清数据搜集的源头才是重中之重。

三、美国公司的数据运营现状与未来

1. 美国公司的数据运营

在美国著名的互联网公司，比如脸书、Airbnb，它们平台内的每个功能，或者产品线运营的背后，都可以看作是一个小初创公司（startup），基本上每个产品团队都由产品经理、数据分析师、工程师和产品设计师组成（见图5-9）。脸书推出一个新功能，不到十几个人组成了一个完整的团队，并且在几个月的时间内推出了新产品。产品上线后，数据分析师负责分析数据和决策设计（在脸书通常是数据科学家负责数据分析运营的职责）。这种全链路的产品运营使得协作更加高效。

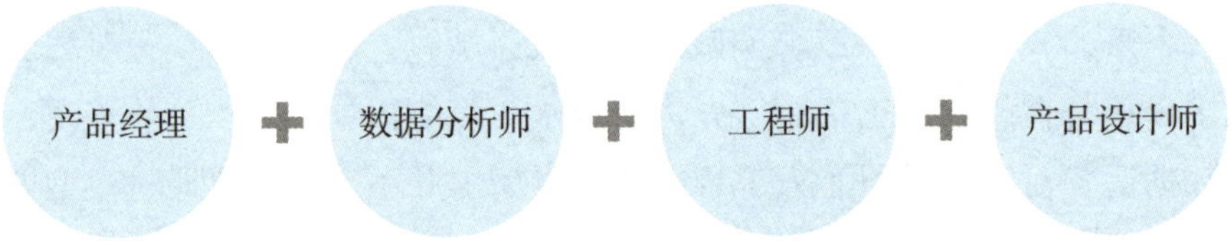

图 5-9　美国扁平化的运营组织架构

所以美国FLAG公司（Facebook，Linkedln，Amazon，Apple，Google这几家公司的统称）强调的是每个小团队支撑的产品的快速迭代，这样既保证了资源不会被其他跨部门团队争夺，也确保了团队中每个人都参与到项目初期KPI的各项指标的设定。由于有着强烈的参与感，所以一旦运营中的一些KPI发生偏差，他们的反应会非常快速，并且能够及时调整，这些都离不开从产品团队、设计团队到建模团队的紧密协作。

笔者在过去两年和国内的一些互联网2C（to customer，个人业务）企业有过咨询业务接触。给笔者的感觉就是，这些企业的部门分工太细，一旦涉及跨部门的数据运营项目，往往都难以推进或落地。拿我们为某电商CRM部门做的增长分析项目来说，我们想多放几个埋点①做更精细的漏斗分析，就必须找到IT部门，而IT部门又不知道特定的应用场景，这样又会返回到CRM部门。

另外，当我们在讨论A/B测试中两组人员必须彻底隔离的时候，也会在实施中遇到困难。比如我们想通过A/B测试找到最优的优惠券额度大小，但是设计好的实验往往会因为其他部门也在向实验群体投放优惠券而遇到干扰。

总体来说，围绕项目或产品的组织架构比职能部门的传统组织架构更适合互联网公司的数据运营。

另外，笔者想说的是数据运营自动化思维。在中国互联网公司里面，很多IT工程师或者数据工程师都已经具备了让程序达到自动化运转的理念，但是多数管理层往往还不具备这种思维。

在美国的互联网公司，自动化思维是深入每个运营人或者管理者的骨髓的。在广告公司做过运营的人都知道，我们需要活动运营专员根据活动效果来调整投放策略。在过去的几年中，很多公司利用自动化技术削减了这部分的人力成本，转向全闭环的自动化数据运营。通过计算机模型对数据的分析实现全闭环，只要运营专员在内部系统平台为这个活动按一个自动化“ON”的按钮，所有数据运营都交给系统后台处理。这不仅减少了人工成本，也降低了人为造成的错误。统一交给机器控制，避免了运营专员能力区别造成的效果差异。

这种整体自动化方案通常是自上而下推行的，当首席执行官或者管理层有这种思维时，开展这些数据化运营工作就会方便很多。但是现在多数管理层并没有这些意识，或者是现阶段的产品生命周期不适合将整体自动化放入优先权较高的项目中。但马云多年前就推行了聚划算自动化运营理念，而且最终他实现了这个想法。

让数据技术成为主体，使所有的运营流程自动化是未来十年互联网数据运营的发展方向。

2.“养活”消费者数据

养活数据换句话说就是沉淀数据。大概在十多年前，储存运营数据的成本

① 埋点：采集数据的节点配置统计代码。

是非常高昂的，并且那时候绝大多数公司还没有形成主动收集数据的意识，但是随着存储技术的提高，以及应多种存储需求的解决方案的提出，数据存储已经不是技术难题了。

谷歌公司高级副总裁肯特·沃克（Kent Walker）在2014年曾经指出："截止到2000年，人类仅存储大约12 EB的数据，但如今，我们每天产生2EB的数据。过去两年的时间里产生了世界上90%以上的数据。" 可见，数据的增长呈指数形式，而像Spark、Hadoop这些大数据处理技术也在进步，但是对于数据应用的能力，与数据产生和数据处理能力相比还远远不够。

目前来看，现在很多互联网公司确实都养了大量的运营数据，但是它们究竟养活了数据没有？数据再多，放在那里不用也是没有用的数据。

美国最大的消费者解决方案供应商安客诚（Acxiom），从1969年就开始搜集数据，它们累积的数据庞大得惊人，拥有多达上万个标签，囊括了人们在线上线下、室内室外的360度全景信息。这家公司的数据不仅包括了详细准确的个人属性数据，比如收入、地址、行为属性等数据，还能贯穿人生的各个阶段，甚至是父辈的数据。通过精准的数据加上多种匹配方式，该公司为全球很多企业提供精准的数据运营服务。美国互联网FLAG公司也通过购买它们的数据来加强自己数据的精准度进而提高数据运营的效率。

现在中国互联网公司在养活消费者数据方面，主要有以下这些问题：数据碎片化、共性化不够和个性化欠缺。

所谓数据碎片化，指的是缺乏描述消费者各阶段的连续数据。虽然现阶段中国有大量的第三方数据提供公司，比如WIFI探针获取的位置数据，信号基站获取的消费者区域信息，运营商提供的移动上网行为信息，以及SDK（Software Development Kit，软件开发工具包）获取到的各种App信息等，但这些数据点都是以设备号或者某个独立账号存在的。由于这些数据源匹配不通，无法描绘出整个行为链路，因此所有的信息都是碎片化的。

美国在这方面累积了几十年的经验，比如美国最早成立的消费者解决方案公司，它们收集的数据来自300多家消费者数据源公司，并且这些数据以每个月的频率在更新。这些数据源有医院数据源、法庭数据源、邮政公司数据源及个人资产数据源。原本这些数据源都是单独存在于各自的数据库内，发挥着1=1的价值，但是由于数据整合的出现，将原来各自养的数据进行串联、并联，达到1+1 > 2的价值。比如，医院提供了生儿育女、生老病死的数据，邮政公司提供了搬家情况、每户人口数据等，这些数据还原了一个消费者真实的画像。有了这些数据就能够做个性化的数据运营服务了，比如可以预知搬家信息，随后营销家具、家电等；或者预知二胎即将诞生，目前的小型SUV已经不能满足要求，可以考虑宣传中型SUV。

共性化不够指的是现在的数据都是基于个人的，缺少以家庭为单位的信息。这就导致我们在做数据运营时，只能在个人层面上做文章。虽然政府拥有家庭人群结构的数据，但是中国现在以家庭为单位的消费数据还是很少，可以说几乎为零。比如，在使用AARRR模型获取用户时，如果我们有家庭的数据，会让我们对整个市场的情况有所预估，并找到数据运营的方向，这对于一些以家庭为单位消费的商品尤为显著，比如家电、汽车、保险等。

个性化欠缺在家庭有线电视服务方面尤为突出。美国著名的流媒体公司Netflix能够根据各个家庭成员喜欢的电影和电视节目打造个性化的体验，在一个账户中可以建立五个单独的个人资料，以方便做个性化推荐。但是目前在中国，所有的展示或推荐内容都是一样的，缺乏个性化。虽然我们在淘宝、京东等电子商务平台上已经可以看到个性化的推荐，但是针对家庭层面的个性化，还有很长的路要走。

3. 人工智能与数据运营

从2017年起，人工智能的概念在中国突然流行起来。似乎每个创业公司，只需要带着“人工智能”这个关键词，就能吸引大批风险投资的关注。图5-11展示了人工智能、机器学习和深度学习的关系。其实“人工智能”这个概念早在20世纪50年代就产生了，只是当时技术没有那么成熟，没有大范围的应用场景，所以关注和了解的人不多。

从图5-10中我们可以看出，这三者之间是包含关系。人工智能包含机器学习，而机器学习包含深度学习。经典书籍《高性能MySQL》（*High Performance MySQL*）的作者之一巴伦·施瓦茨（Baron Schwartz）曾在自己个人推特账户上这样描述人工智能：

当你要融资时，那是人工智能；

当你要招聘时，那是机器学习；

当你要应用时，那是线性回归；

当你要调试时，那是printf（）。

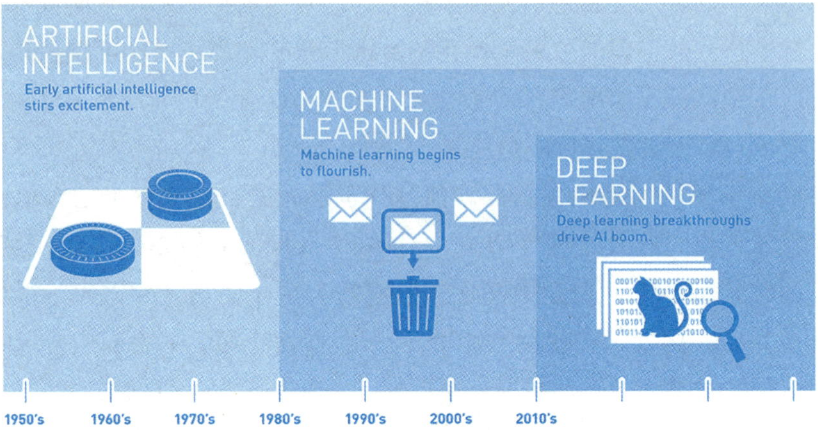

图 5-10　人工智能、机器学习和深度学习的关系

资料来源：英伟达主页，www.nvidia.com。

该条消息发出去仅一天，就获得了10 000多个赞和5 000多条赞同留言。简简单单的四句话，不仅介绍了这几个名词的概念，还揭露了目前市场对于人工智能的过度包装。

目前关于人工智能，大家普遍熟悉的主要应用场景集中在自动驾驶和对话机器人。从数据运营来看，中国在未来五年内，在机器学习方面还会有很大的发展。虽然中国互联网公司已经实现弯道超车，在互联网发展进程上缩短了与美国的距离，但是美国走过和正在走的机器学习之路，中国是无法绕行的。目前中国除了一些大型互联网公司采用机器学习做分类、预测、推荐、决策，仍有大部分公司停留在人工层面。哪怕是已经采用机器学习的公司和行业，目前在应用场景的深度和广度上还远远不够。

一说起人工智能和数据运营，往往会联想起阿里巴巴或者腾讯这些消费类和社交类的公司，似乎人工智能和传统的商业企业很难搭边。正是因为阿里巴巴和腾讯等公司拥有海量的数据，所以它们才能迅速地采用人工智能。而传统商业企业，往往在数据采集、数据集中、数据处理方面做得不如互联网公司那么完善，再加上它们的数据往往是封闭的，所以导致在需要使用人工智能时，会面临数据量不够、需要重新整合内部数据等问题。

未来五年，如果人工智能可以深入这些企业，参与公司的运营，比如营销人员效率提升、银行风控能力提升等，就能为整个公司的运行效率带来很大的改变。关注场景应用，弱化研发算法，是中国公司在运用人工智能提升业务时需要注意的地方。因为像谷歌、脸书等，它们已经在人工智能算法上积累了很多经验，并且拥有大量的资金和人才，而且这些算法都会被开源。如果中国企业将来坚持搞算法科研，那么在数据驱动业务这条路上将会得不偿失。

人工智能的核心其实是数据，而不是算法。未来五年内只要公司有大量的、高质量的数据，并且找到好的应用场景，我认为在人工智能工具化这个领域，中国能够再次实现弯道超车。

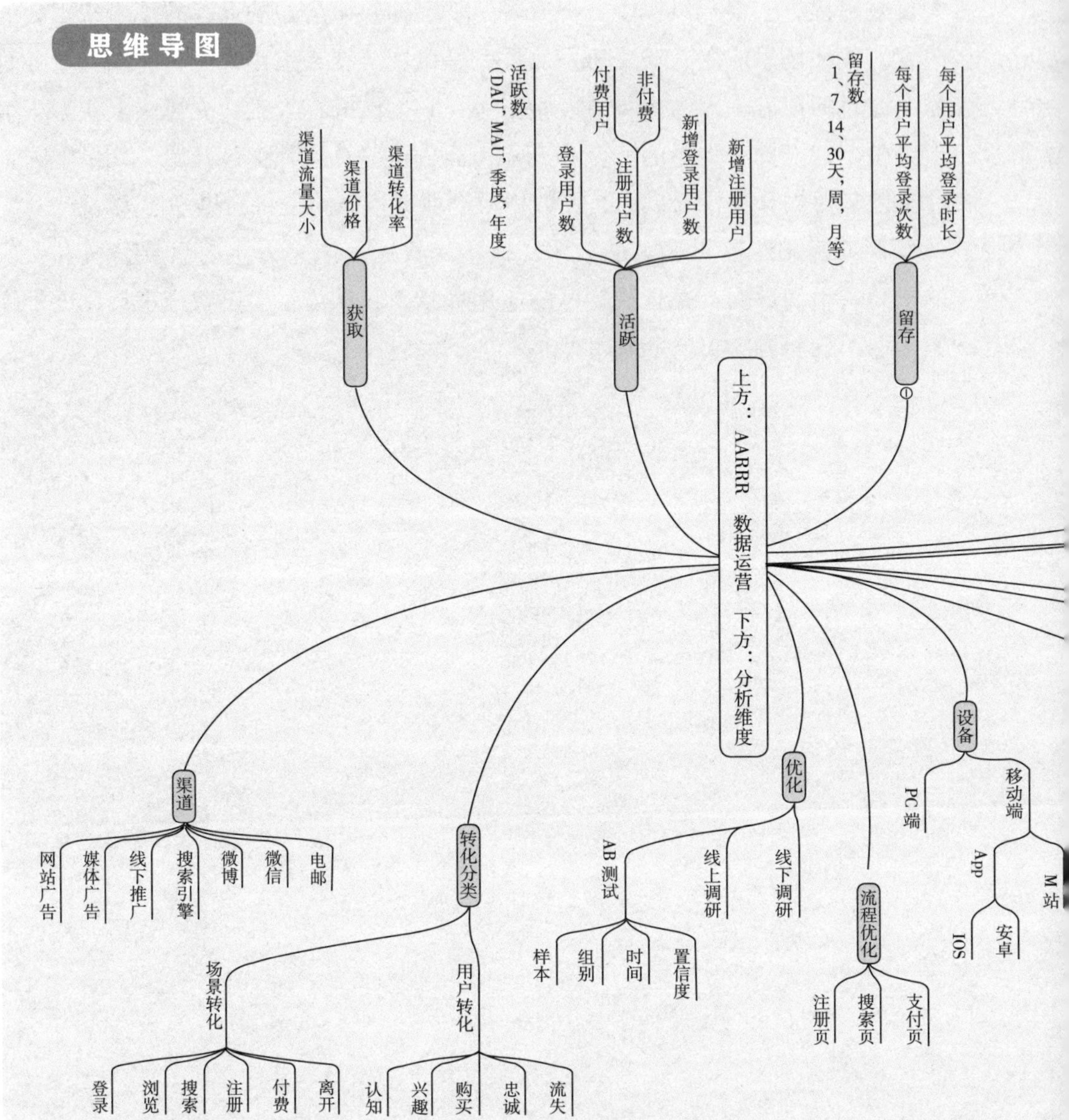
思维导图
上方：AARRR 数据运营 下方：分析维度
获取
渠道流量大小
渠道价格
渠道转化率
活跃
活跃数（DAU、MAU、季度、年度）
登录用户数
付费用户
非付费
注册用户数
新增登录用户数
新增注册用户
留存
留存数（1、7、14、30天，周，月等）
每个用户平均登录次数
每个用户平均登录时长
渠道
网站广告
媒体广告
线下推广
搜索引擎
微博
微信
电邮
转化分类
场景转化
登录
浏览
搜索
注册
付费
离开
用户转化
认知
兴趣
购买
忠诚
流失
优化
AB测试
样本
组别
时间
置信度
线上调研
线下调研
流程优化
注册页
搜索页
支付页
设备
PC端
移动端
App
IOS
安卓
M站

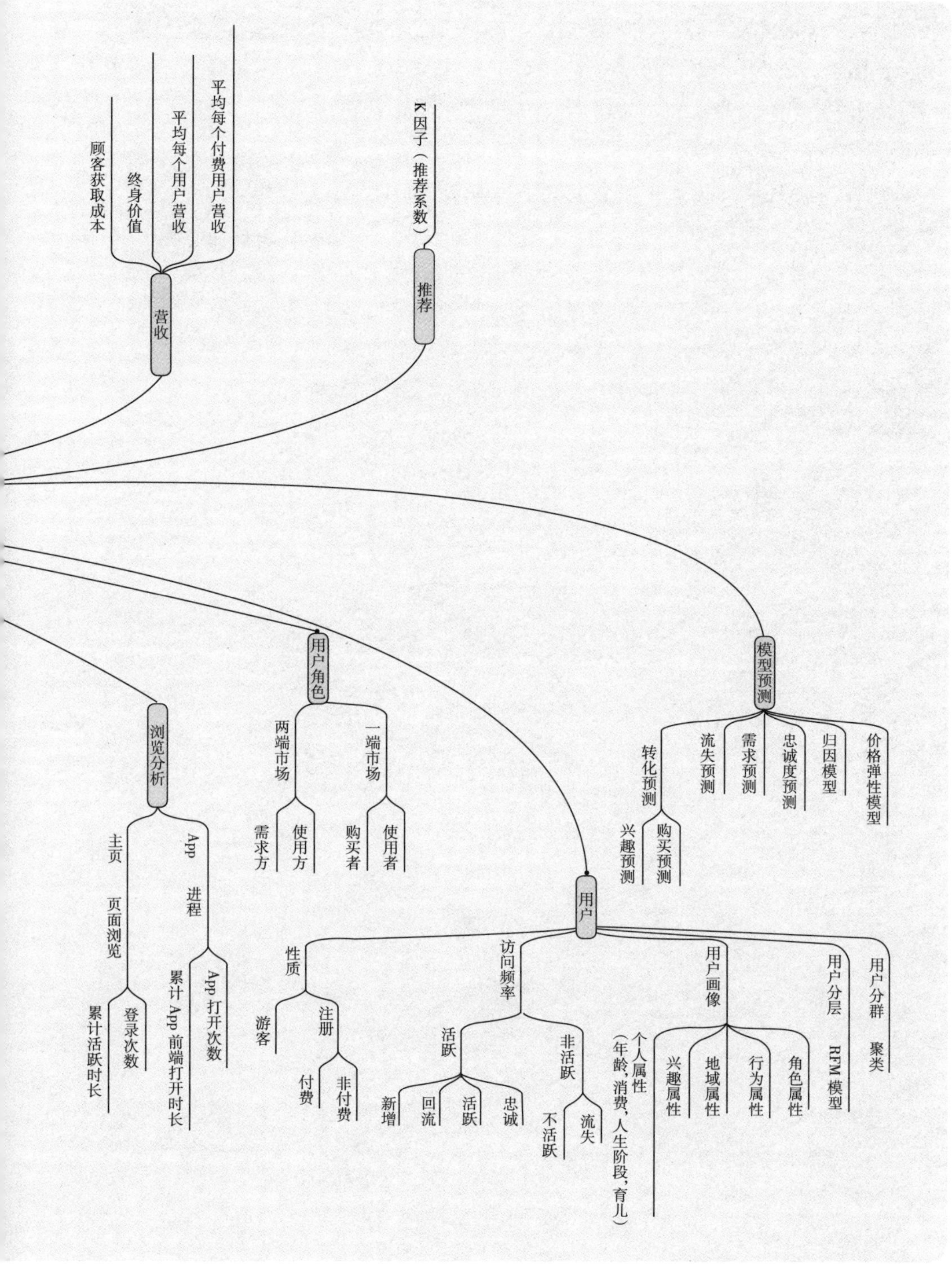
营收
顾客获取成本
终身价值
平均每个用户营收
平均每个付费用户营收
推荐
K因子（推荐系数）
模型预测
转化预测
兴趣预测
购买预测
流失预测
需求预测
忠诚度预测
归因模型
价格弹性模型
用户角色
两端市场
需求方
使用方
一端市场
购买者
使用者
浏览分析
主页
页面浏览
登录次数
累计活跃时长
App
进程
App 打开次数
累计 App 前端打开时长
用户
性质
游客
注册
付费
非付费
访问频率
活跃
新增
回流
活跃
忠诚
非活跃
不活跃
流失
用户画像
个人属性（年龄，消费，人生阶段，育儿）
兴趣属性
地域属性
行为属性
角色属性
用户分层
RFM 模型
用户分群
聚类

大/咖/知/心/谈

阎文怡

美国圣塔克拉拉大学（Santa Clara University）MBA，计算机科学双硕士。

现任高科数聚美国总部数据总监、培训总监，前脸书数据科学家。

超过10年的互联网用户增长经验和海外广告投放运营经验。擅长用数据分析结合机器学习驱动用户增长。帮助多家中美公司完成从传统到线上数据化的转型，并助力公司的海外用户增长。行业涉及社交媒体、游戏、汽车和教育等。

箴 言

只管尽情生活，上帝自有安排

书籍推荐

1.肖恩·埃利斯，摩根·布朗. 增长黑客：如何低成本实现爆发式成长，张溪梦译. 北京：中信出版社，2018.

2.埃里克·莱斯. 精益创业，吴彤译. 北京：中信出版社，2012.

3.瑞·达利欧. 原则，刘波，綦相译. 北京：中信出版社，2018.

第六章
内容运营为王

作者：唐　挺

新经济时代内容为王，内容运营与品牌、社群、用户有着水乳交融的天然联系。当下，新媒体运营、用户生成内容与IP赋能成为内容运营最炙手可热的三大主题。

一、为什么说“内容为王”

为什么说“内容为王”？笔者在民宿预订平台“途家”的工作中发现：互联网公司大运营的任何一种细分运营，都离不开内容。比如，会员运营，给会员发一条通知短信需要精选内容；社区运营，需要用优质的内容来吸引用户生成更多优质内容与互动；甚至看上去最简单粗暴的流量运营，无论是搜索引擎营销（Search Engine Marketing, SEM）的广告标题，还是信息流的文案，想获得更好的效果，都需要精到的文案。

如果要再深入追问“为什么说‘内容为王’”，就需要从底层逻辑去解读。用户对内容越来越挑剔，决定了产品和运营都需要优质内容。因此，对内容不断进行优化，将内容运营提升到更高优先级就不难理解了。

事实上，“内容为王”并不是一个新鲜的话题。自互联网出现以来，这一直是一个常说常新的话题，从早期的门户网站和论坛，到贴吧和博客，再到微博和自媒体，互联网的产品形式不断迭代进化，内容的重要度也一再被强调。放在当下的互联网格局中，无论是百度、阿里巴巴、腾讯，还是京东、美团点评、小米等新兴巨头，都在以优质内容驱动运营。这还不包括本身以内容运营作为核心竞争力的微信、今日头条、微博等社交内容或媒体平台。

内容之所以被反复提及，并被提升到一个新的高度，无疑与移动互联网日新月异的飞速发展有着紧密的关系。进入移动互联网时代，获取信息已成为用户使用频次最高的事情之一。新闻、视频、音乐、图片等，这些都是排名靠前的高频需求。而这种对内容的需求，也深刻影响着用户的其他行为，比如电商购物，多数用户会去关注主题促销，而更多用户则关注商品的用户点评；比如在线旅行，很大比例的用户会在出行前选择查阅目的地攻略和其他用户的游记，再进行消费决策。优质的内容可以让用户在消费选择时有更多参考，对提供内容的互联网平台而言，也可以增加用户的黏性，使更多商业模式有实现的可能。

与此同时，用户对内容的选择也变得越来越挑剔。以微信订阅号为例，参考第三方调研机构的数据，目前每个微信用户的订阅号打开率不到5%，这就决定了只有少数优质的内容才能获得更多阅读和分享。优质的内容一旦被分享扩散，特别是通过微信群和朋友圈分享，大部分情况下内容的传播效果会实现数倍增长。在移动互联网时代，每一个App都是一个独立闭环，App之间的跳转很难实现，即便可以跳转，好不容易导入的流量也不能轻易跳出，而优质的内容恰恰是留存流量的最有效策略。

因此，当内容决定更多流量获取和用户留存的时候，内容运营就变得更为关键。没有什么比鲜活的案例更有说服力，因此，关于内容运营的部分，本章更多地通过案例介绍笔者的观察与实践经验。

二、内容运营概述

1. 内容运营的定义

什么是内容运营？一个被广泛认同的定义是，内容运营就是通过生产和重组内容的方式，去满足用户的内容消费需求，提升产品的活跃度和黏着度，从而影响用户对产品或品牌的认知与习惯。

内容运营有广义和狭义之分。广义的内容运营，包括以音乐、影视、广播、出版等内容为载体的运营。以音乐为例，对唱片公司来说，音乐产品的核心竞争力之一就是将每一首音乐作品组合在一起的运营，可以基于不同音乐人，或不同风格、不同区域等。

狭义的内容运营则更多出现在互联网领域，属于主要的一种运营手段。常见于内容或用户类产品，例如新闻资讯类的网易新闻、社交产品类的微博、兴趣平台类的懂球帝、问答互动类的知乎；也包括电商导流及电商平台，如美团点评、小红书、“什么值得买”、天猫和京东；音乐视频类的产品则更多，如腾讯视频、爱奇艺、抖音、QQ音乐等。

2. 内容运营的分工

内容运营作为互联网公司的主要运营手段，在具体的分工上还可以更加细化。比如按产品类型来细分，有新媒体内容运营、App内容运营、网站内容运营、社区内容运营等。再细分到具体的工作分工，还可以有用户内容策划与运营、活动策划与运营、投放策划与运营、公关策划与运营、品牌跨界合作内容策划与运营等。

继续细分还可以有更多分类，但没有什么实际参考意义。在很多互联网公司，特别是创业期的互联网公司，大多数内容运营的工作都是叠加在少数几个人甚至一个人身上。但是，对以内容运营为核心竞争力的成熟互联网公司来说，就会有独立细分的内容运营岗位来进行专门的内容运营。比如微博，有娱乐微博、政务微博、财经微博等大的分类，甚至在政务微博分类下，还有文博、公安、旅游等各种细分。

三、新媒体运营的热常识与冷知识

说到内容运营，我最先想到的就是新媒体运营。关于新媒体运营，相信很多一线执行人员都有很多心得与实践经验。我总结了三个方面的热常识和两个方面的冷知识，希望对本书的读者有所启发。

1. 热常识之一：什么是新媒体运营

新媒体运营就是指利用微信、微博、知乎等社交媒体及音频、视频等媒体平台进行品牌传播或产品营销。这里的新媒体运营，区别于以个人为运营主体的自媒体，前者是为企业品牌营销服务，主要运营工作是策划与品牌相关的、有高度传播性的优质内容和线上活动。

新媒体运营如今已成为企业品牌营销的标配，有些放在市场部，有些放在公关部，主要任务就是以一种最省钱、最可控的方式为企业打广告。

2. 热常识之二：新媒体运营都干什么

如果你去问一个企业里担任新媒体运营的小编，“你每天都干什么工作？”她可能会说：“什么都干啊，我是全能的，而且是24小时不睡觉的。”虽说有点夸张，但确实一句话概括了新媒体运营的工作内容和状态。对于新媒体运营工作而言，包括文案、策划、推广、增粉、引流、互动、客服、公关，要会画图、会讲故事，甚至懂产品和技术，真是全能型工作。新媒体的工作复杂且琐碎，但有一点可以肯定的是新媒体运营绝对不是简单地码字。

以运营官方微博和微信公众号的新媒体运营的日常工作为例，通常而言，一个新媒体小编的工作步骤如下：选题定题、素材搜集、内容编辑、图文排版、封面配图、内容校对、推送发布、监测数据、处理留言、用户反馈互动、定期总结……

3. 热常识之三：新媒体运营的日常训练

新媒体运营的本质就是内容运营，据不完全统计，截至2018年3月，国内有超过240万人从事新媒体运营工作，这是一个非常庞大的“族群”。作为新媒体运营人员，需要受到的基本训练非常综合。

文案训练：一个新媒体运营人员，首先应该是一个合格的文案编辑。因为每天都要撰写和编辑内容，虽不需要妙笔生花，但基本的文字能力必须要经常训练。

设计训练：新媒体运营人员最好可以掌握多种图片处理能力，既要懂得从哪些版权免费的图库寻找图片，更需要掌握Photoshop、美图秀秀等图片修改处理工具，当然还需要具备基本的设计审美。

策划训练：无论是一篇推文，还是一场活动，或者是一次投票调查，每一个动作的发端都是由策略或者战术的策划驱动，而不是盲目的行动。策划的训练需要从公司当前阶段的品牌营销目标开始进行分解，再具体到一个选题或一场活动的具体执行细节。

数据分析训练：数据分析是新媒体运营效果提升的重要支撑，因此每天打开后台分析数据是新媒体运营训练的好习惯。通过分析阅读、互动、分享、收藏等数据，运营人员要了解每个曲线的波峰、波谷出现的原因，总结规律与经验，并应用到后续的运营执行中。

网感训练：网感，即新媒体运营人员对时事、热点的敏感度，特别是对网络当下流行文化的敏感度。这项训练对于选题策划、活动策划、海报策划与设计都是重要的支撑，也会直接影响运营效果。网感的训练没有捷径，只能时时刻刻去微博微信关注最新的热点话题和事件，并迅速捕捉与品牌可以结合的点。

合法合规训练：新媒体运营人员还需要对内容的合法合规保持高度敏感。通常而言，与政治相关、竞争品牌相关的都不能涉及，微博微信平台明确禁止的不能涉及，《广告法》明令禁止的也要避免涉及，这样才不至于一篇精心策划的内容在编辑发布后被删除或禁言。

4. 冷知识之一：新媒体运营的七条共识

在途家工作期间，途家的新媒体运营体系早期由我参与搭建，团队成员从1个人到10多个人，工作内容也逐渐升级迭代。我也与团队同事总结过关于新媒体运营工作内容的七条共识（见图6–1）。

（1）通常以运营企业官方微博和微信公众号为主，创作有高度传播性的品牌内容。运营的主要目标是粉丝的拉新、留存和互动活跃度的提升。创造可以吸引粉丝、引发粉丝阅读并参与互动或分享的内容。

（2）对于除微博、微信之外的其他互联网媒体平台的日常运营和维护，相对比较重要的阵地是今日头条、知乎、各直播平台等，运营方向还是提升品牌的曝光度和美誉度。

（3）向品牌和产品的热点借势，主要是通过微博、微信的海报来体现的。途家在5—10月旅游旺季中，针对不同群体的热点事件会制造很多海报，例如针对高考生的海报。

（4）挖掘产品卖点，以用户视角进行洞察分析，讲述容易引发用户共鸣的故事。在途家的微信公众号上，系列的房东故事、游客攻略都获得了很高的阅读量。

（5）参与公司的市场活动和促销战役，成为战役中不可或缺的一部分，成为引流或促进转化的重要支撑。

（6）与用户运营融合，将微信粉丝、微博粉丝转化为平台注册用户，同时也反向操作，将平台注册用户导入微博微信，以内容运营持续影响和阶段性激活用户。

（7）客服与舆情监测，官方微博与微信公众号是用户投诉的第一窗口，也是危机管理的最早发现机会，因此新媒体运营如果可以第一时间与客服部门、公关部门联动，就可以使公司在应对客户投诉时更高效、更从容。

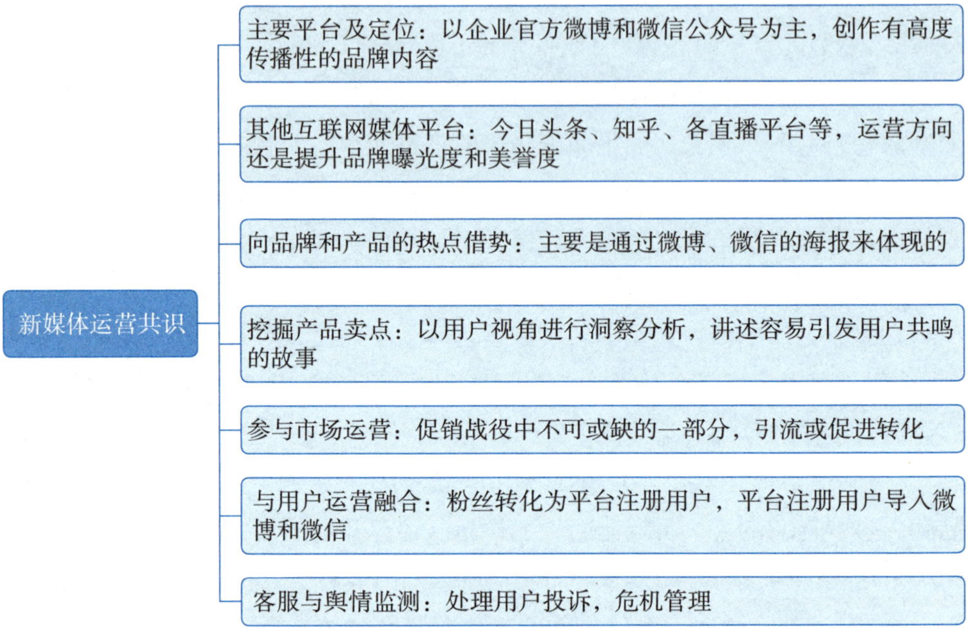

图 6-1　新媒体运营七条共识

5. 冷知识之二：数据驱动构建内容供应链

商品有供应链，内容也需要有供应链。对于新媒体运营负责人和执行者而言，通过内容定位、研究媒体平台的规律并根据数据反馈不断改进，就可以构建与优化内容供应链。

首先，要进行内容定位：新媒体运营负责人要明白自己所运营的公众号的目标受众定位，要充分考虑受众对象的性别、年龄层、经济收入、阅读倾向与兴趣爱好等情况，在运营一段时间后，还要进一步跟踪用户画像。

其次，要研究媒体平台的规律：其实每个媒体平台都有自己的特点，以问答社区为例，百度知道更适合快问快答，知乎则适合深度问答。这与平台的产品属性有关，也与平台聚合的用户类型有关。因此，相同的内容发布于不同的媒体平台，必须采用不同的内容传播策略。

最后，要根据数据反馈不断改进：做新媒体运营，离不开数据反馈对后续运营优化的指引。只有对数据敏感，不断对数据反映出来的问题进行优化，才能成长为优秀的运营人。还是以途家的公众号为例，有一段时间，途家新媒体运营的困惑是如何在旅游攻略和产品推介中做取舍，后来负责新媒体运营的同事尝试了以攻略融合当地民宿推荐的方式，同时再辅以类似“你可能从未听说过的某某地方人气民宿”的文案，短期内阅读量、转发量、收藏量和转化率都实现了30%以上的提升，因此成为一个长期的运营策略。

四、用户生成内容

1. 内容与品牌：贩卖品牌文案的网易云音乐

在中国互联网江湖里，网易一直是一个比较特殊的存在。网易新闻，多年以来就以跟帖著称；网易严选，硬是从电商江湖中找到了流量变现与消费升级相融合的产品路径；网易云音乐，则延续了网易的品牌运营之道，把与音乐相关的文案玩得炉火纯青。

网易云音乐，从广义内容运营来理解，本就是一个内容产品，因此内容运营是其核心竞争力之一。在推广品牌和产品时，网易云音乐别出心裁地把用户写的优质乐评作为广告文案直接通过地铁广告的形式推向用户，这种策略可以说既讨巧且直戳人心。

也难怪有人说，世界上最孤独的人都去网易云音乐里面写乐评了。在这里，你可以找到跟你一样喜欢小众音乐的同道中人；在这里，不论年龄几何，你都可以找到一份感同身受；在这里，你可以把一首歌对你的触动写下来，继续感动其他人。网易云音乐应该是提前洞察到了用户自创乐评的影响力，甚至相比原有的歌词，用户的乐评更能打动人心，也更接地气。

从一个观察者的角度来看，网易云音乐通过将品牌、内容运营融会贯通，从前期的用户洞察，然后将音乐这个产品的特性与乐评这个内容运营工具相结合，进一步将App和线下广告打通，实现了深入人心的品牌传播，可谓一举多得。

笔者一直有一个观点：品牌的最佳传播者是用户，最佳的传播策略就是激发用户对产品的体验与口碑。网易云音乐，显然将这个策略运用到了极致。

2. 内容与社区:马蜂窝的生意经

笔者翻阅了马蜂窝联合创始人兼CEO陈罡最近几年接受媒体采访的相关报

道，试图去解释为什么有那么多网友喜欢用马蜂窝，那么多用户愿意免费分享一篇篇配图丰富、文字记载详细的游记或攻略，以及马蜂窝如何从内容运营切入，将内容运营升级转型成为一个自由行在线旅游平台。

陈罡认为，高质量的用户生成内容（User-Generated Content, UGC）是公司未来商业想象空间的根基所在。UGC能力是马蜂窝的核心竞争力，而在背后支撑UGC的根本原因，陈罡认为是社区氛围带来的用户的高度认同感。“它不是一天两天建成的”，言下之意，他觉得竞争对手不是靠砸钱就能赶超马蜂窝的。陈罡所说的“社区氛围”到底是什么呢？

小千算得上是马蜂窝的资深用户，虽然她直到2010年年底才知道这个社区的存在。当时她正在为第二年的柬埔寨之行做准备，按照此前的习惯，她在搜索引擎中搜集整理一切关于柬埔寨旅游的信息，但这实在是一件琐碎的麻烦事。所以，当她意外发现马蜂窝，并下载到早已整理成册的攻略时，她便认定这是一个值得常来的网站。

在此后的很长一段时间里，她以每周3—4次的频率登录马蜂窝，浏览关于柬埔寨的旅游信息，并与一些游记作者沟通交流。从柬埔寨回来后，她也图文并茂地发表了一篇长游记。如果按照个人旅游低频次的规律，小千本该慢慢远离马蜂窝，直到下一次旅游规划的到来。

但事实并非如此，她解释原因为，首先她会不断查看自己游记的评论，与提出疑问的网友进行交流；其次，她有点击首页推荐游记的习惯，保不准哪一篇打动她了，那个旅游地就会是她的下一个目的地。

当被问及她如何区别对待微博和马蜂窝的好友时，小千说道：“微博好友是现实中的熟人，马蜂窝的不是。楼下有人打架，我只会发微博。在马蜂窝，我只发跟旅游相关的东西，没人好意思在这里发日常琐事的水帖。”

小千的经历也许代表着大多数用户对马蜂窝的使用心理，以兴趣为依据构建的社区往往有着不错的活跃度，众多的体育社区、摄影论坛莫不如此。但旅游社区又有它的特殊性，一方面，它不涉及用户观点的冲突，因而不会面临如体育社区那般爆发“口水战”的危险；另一方面，游记撰写耗时费力，具有一定门槛。于是成立较早的马蜂窝优势突显，已经积累起的数据库对新用户有着天然的吸引力，而早已形成的论坛氛围又对他们起着约束作用。

小千作为用户的心理与行为，是马蜂窝内容运营所期待的用户标准反馈。

高频、有黏性、积极互动，还有跟进的消费行为。具体到产品的设计和运营上，陈罡和马蜂窝联合创始人兼COO的吕刚的“用户思维”在氛围构建中也发挥着重要作用。在2010年之前，马蜂窝只是简单的“博客+小组”形态，以目的地来归类游记，用户互动以游记为中心。从2010年3月开始，陈罡和吕刚二人陆续对社区进行了改进，加入了相互关注、好友新鲜事和动态消息提醒这三个重要的功能，由此社区的信息传播通路转变为以人为中心，从而提高了社区对用户的黏性。

“假如我们都对马尔代夫感兴趣，于是就有了交流的起点。我们让用户和他愿意交流的人去分享，能够产生更多有价值的旅游信息，因而才会有更好的旅游攻略，这是基于用户需求和公司运营的双重考虑。”陈罡曾对《商业价值》记者这样解释。

在线下，马蜂窝举办了多场活动，比如与美国大使馆举办“这里是美国”的文化沙龙，请社区用户做“搭车去旅行”的分享等，这些活动虽然邀请的网友数量有限，却代表着公司与网友积极的互动，起着引导社区氛围正向发展的作用。

陈罡对商业模式有着自己的理解。旅游攻略是马蜂窝的核心产品，它理应以中立客观的定位赢得用户的信任，完全靠UGC去帮助用户做旅游决策。只不过以前用户看完攻略后还需要去搜索引擎中寻找相应服务，现在通过马蜂窝就能找到服务预订的平台和渠道，这其实是提升用户体验的手段之一。

陈罡对旅游攻略看得如此之重，并把它看作在线旅游发展的第三个阶段的特点。前两个阶段的代表公司是携程和去哪儿，标准化产品的检索和销售是它们的共同特点。但旅游其实是一件很复杂又很个性化的事情，它的准备周期会比较长，而且即便是同一个人去同一个地方，他的感受也会因季节与游伴的不同而有所差异，更别提他在此过程中产生的吃、住、行、游、购、娱的即时消费需求。这些需求在此前很长一段时间未能得到满足，而移动互联网的崛起带来了机会，整个在线旅游正在由卖方市场向买方市场转移，这是陈罡“旅游攻略时代”的背后之义。

所以陈罡所说的攻略，其实是一种“泛攻略”概念：既指传统意义上信息被集中整理后的产品——马蜂窝的做法是通过语义分析和数据挖掘，对点评数据进行归类整理，最后按信息被提及的频率由运营人员审核决定其是否能被放入所推产品中；也指由社区及多款App带来的长尾信息[①]，这些信息即使未被马蜂窝官方平台推荐，用户依旧能够通过产品群搜索查看。

马蜂窝目前推出的App有旅行翻译官、旅游攻略、旅行家游记、嗡嗡（类微博产品）、旅游点评五款，覆盖了用户游前、游中、游后三个环节。产品线看似拉得很长，但其实很聚焦：陈罡强调公司不会涉及一切线下业务，比如机票酒店预订和景点门票销售，任何产品的推出，围绕的核心都是收集用户在旅游活动中产生的所有数据信息，并以此为基础打造更加完善的“攻略体系”。用UGC的方式帮用户做旅游消费决策，这是马蜂窝“旅游攻略”的真正价值和本质所在。

2017年12月12日，在经历了一年多的沉寂之后，中国在线旅游行业终于迎来了一则重磅消息——马蜂窝在这一天宣布完成D轮融资，融资金额为1.33亿美元。新一轮融资由鸥翎投资（Ocean Link）、美国泛大西洋资本集团（General Atlantic）、淡马锡（Temasek）、元钛长青基金、厚安创新基金共同投资，参与前几轮投资的今日资本、启明资本、高瓴资本继续跟投。这则信息就像一枚炸弹，在归于寂静的旅游行业掀起了一番热议。

在此次发布的D轮融资信息中，马蜂窝将其自身定位为“中国领先的自由行服务平台”和“全球旅游消费指南”，这里指的“服务”，既有原来的旅游信息服务，也包括其新增的旅游交易服务。直到此刻，彼时与它划归于同一“品类”的友商们才愕然发现，作为旅游UGC模式开拓者的马蜂窝早已华丽转身，成为旅游行业最难定义的一类，走上了一条独具特色的商业化之路。

其实，无论是“内容电商”还是“社群电商”，这样的定义，似乎都不足以描述马蜂窝正在做的生意。如今，它似乎更愿意将自己称为旅游行业的“新物种”。

现在，马蜂窝在内容运营上，一方面在做以往积累数据的结构化；另一方面也在引导用户的游记写作方向，对新产生的数据进行处理。目前，马蜂窝的月活跃用户达到8 000万人，注册用户已超过1亿人，其中80%来自移动端；每天产生的游记数量超过3 000篇，平均每篇游记的写作时间超过10个小时，每日新增数据达到2T，每日新增目的地旅游问答19万，累计点评数量超过3 000万

① 长尾信息：指非高频出现的信息，与头部信息对应，举例而言，在旅游领域可以是一些冷门景区或一些鲜为人知的游乐信息。

次。这些UGC信息和结构化数据的背书，使得马蜂窝开展自由行业务成为自然选择。

吕刚是最早带领马蜂窝试水酒店业务，并由此建立了有型电商部门的人。他带领马蜂窝酒店团队从2013年与安可达（Agoda）中国业务的首次合作试水，到2014年酒店板块的规模化发力，再到2015年跃居缤客（Booking.com）和Agoda的前三大中文订单的外部渠道贡献者，经过6年商业化之路的探索，马蜂窝的酒店业务已对接了140万家国际酒店和民宿产品。

在现在的马蜂窝旅游App上，当用户搜索一个目的地时，不但能看到当地热门景点、攻略玩法的推荐，也能看到当地住宿、当地自由行产品的推荐。当用户已经习惯了依靠数据和数据相关的攻略内容来进行旅行决策时，“付费购买”就变得顺理成章了。

在这一模式下，马蜂窝自然而然地成了流量的入口，并以此将流量订单发给携程、Booking.com等传统在线旅行社（Online Travel Agency, OTA）和优质的线下旅游服务机构。随着合作伙伴的逐渐增多，2015年也就是马蜂窝正式宣布自由行战略的当年，“酒店+自由行”业务营收规模就远超广告，这标志着马蜂窝的商业化转型迈出了坚实的一步。

在2015年之前，旅游业以B（Business，企业用户）端为核心，以商务出行为核心，以库存和价格为核心，在当今这个时代，携程、途牛等企业凭借着先发优势牢牢占据了旅游业版图的优势地位，其他的中小型机构只能在其“夹缝”中求生。但随着自由行时代的到来，中国旅游业的版图出现了“松动”的痕迹，一批新兴的旅游机构乘势而起，企图在个人消费升级、休闲度假成为“刚需”的时代分一杯羹。

在这一形势下，离用户“最近”的马蜂窝成为这些机构的优先之选。自2015年年初发布自由行战略以来，马蜂窝已逐渐探索出一条与传统OTA截然不同的营运模式——基于个性化的旅游信息构建旅行产品交易平台，让垂直优质内容与旅游供应链实现连接。

在马蜂窝的“内容+交易”模式下，用户通过UGC展现出的需求喜好、行为特征，被结构化大数据敏锐捕捉，成为反映市场变化的风向标，同时指导着每一个旅行机构的行动，而马蜂窝的“开放性”也让众多旅行机构接踵而至。

随着“内容+交易”商业闭环体系及合作机构联动模式的深入发展，马蜂窝在“内容入口”和“决策服务”上奠定了优势，持续两年在酒店、交通、当地玩乐等自由行产品交易上实现成倍增长。据不完全统计，2017年马蜂窝整体营收较2016年出现成倍增长，2018年总成交额（Gross Merchandise Volume, GMV）突破150亿元，成为近两年来中国成长最快的在线旅游公司。

五、IP赋能内容运营：世界杯与途家奇妙夜

先说说2018年世界杯期间的两个手机端的世界杯资讯平台——腾讯新闻与懂球帝。世界杯是商业价值巨大的顶级IP，任何一个新闻资讯平台都会围绕世界杯进行相应的商业开发，虽说是产品开发，其实是内容运营。

与其他新闻资讯App一样，腾讯新闻为世界杯设置了独立频道，并在世界杯开始前一个月就上线运营。在细分栏目中，设置了“射手榜”“赛程”“淘汰赛”“球队战况”“免流看球”“精彩早报”“最新播报”“午间快报”“劲霸时刻”“脑洞赢球”“今日最燃”等，几乎每一个栏目都有相应的品牌冠名，比如可口可乐冠名了“球队战况”和“午间快报”，优信二手车冠名了“最新播报”。

在世界杯的内容运营上，腾讯新闻可谓大手笔投入，购买版权视频，同时又邀请足球界人士做原创节目，而且都是第一时间向用户推送独家、原创的世界杯相关资讯。但是，这并没有妨碍专业兴趣资讯App“懂球帝”因为世界杯被更多球迷认知、了解与使用。

懂球帝沉淀了大量与足球相关的历史数据，更汇集了丰富的深度分析。在世界杯期间，还有与足彩相关的预测与晒单，内容非常丰富，这些都为懂球帝赢得了更多用户，也使懂球帝在世界杯期间的广告投放更受青睐。

所以，笔者发现，同样的IP赋能，不同类型产品的内容运营策略都可以吸引用户，特别是在更细分的产品类型中，专业而精到的内容运营可以激发的商业价值目前是被低估的。这个结论，也可以通过我在途家主导“途家奇妙夜”这个IP来印证。

说到奇妙夜，大家最快联想到的可能就是美国影片《博物馆奇妙夜》，当太阳最后的光芒消失在地平线以后，博物馆的一切都活了过来，被禁锢几千年

的生物再度演绎自己的人生。

而一切的发端，来自途家的用户画像。途家在运营三年之后发现，家庭用户（即以家庭为单位的多人场景）是主力用户，其中亲子游又是主要场景。因此，途家的市场公关团队开始基于这一用户群体开发市场活动。

途家奇妙夜开启于2016年，北京的第一期奇妙夜活动是夜宿恐龙博物馆，小朋友们在古生物博物馆的讲解员带领下在馆内进行了深度游，了解古生物及古生物学家的故事，期间穿插着恐龙密室寻宝活动，还在专业老师的指导下制作属于自己的恐龙石膏浮雕。活动中，小朋友们还学会了利用专业工具对化石进行修复，做了一回小小考古学家。最后，与恐龙做邻居，夜宿博物馆，在爸爸妈妈的陪伴下，梦中与恐龙来了回亲密接触。

图 6–2　途家奇妙夜系列活动海报
资料来源：途家网。

在成功组织完第一场活动后，我们就意识到这是可以系列化、IP化的产品，于是开始优化线上线下的联动，并进行用户访谈和数据收集，然后从博物馆到科技馆，从水族馆到沙滩，从书店到寺庙，任何一个有特色的地方都成了奇妙夜承载的活动场景。但有一点，核心用户还是以亲子家庭为主，偶尔兼顾一下年轻爱玩群体。

让笔者和团队比较自豪的是，从第二期开始，途家奇妙夜的平台拉新和转化率都实现了100%的增长，因为每期活动体验名额有限，途家在奇妙夜专题中顺势推出了更多适合亲子游的公寓民宿房源，房源预订率都得到了超出平时150%的增长。让我有点意外的是，这个IP项目还带动了品牌广告主的付费跨界合作，包括三星电子、梦洁家纺、吉利汽车等品牌都纷纷找上门寻求合作，跨界合作又进一步将这个IP的更多价值回馈给用户。

途家奇妙夜可以说是一个典型的内容运营产品，以线上专题和线下活动紧密配合的形式，在洞察用户的前提下，把握住了用户的痛点，并在实际运营中形成了口碑效应。

六、内容运营的方法论

从事公共关系工作已逾15年，公共关系（Public Relations, PR）所做的工作准确理解就是解决信息传播的准确性与信任关系。因此，笔者一直认为，内容运营应该更多基于PR的逻辑与方法论。

结合PR的经典理论和笔者的工作实践，笔者在这里提供一套简单易行的方法论供大家参考。

第一步，先要清楚你的目标，即你要实现什么具体的内容运营目标。例如运营新媒体账号，你要在半年内影响100万你想影响的目标受众，使他们了解你负责的品牌或产品。

第二步，基于前一目标，你要分析你的目标受众，特别是最核心受众是哪些。以途家为例，核心用户是家庭用户。然后你要进一步做用户画像，这些家庭用户都生活在哪儿？家庭收入是多少？平时感兴趣的内容是什么？要抽丝剥茧地进行分析。这里有一个特别行之有效的办法，就是做开放式的调研，抽样50—100组用户，进行开放式提问。然后再总结归纳，进行定量调研分析。这一步，基本上可以解决用户感兴趣的内容是什么、他们更多看什么类型的媒体的问题。

第三步，内容的策划与传播执行。这是内容运营中最关键的一步，高手和平庸之辈的区别就在这里。策划的基本策略是结合当下流行的文化或社会热点，再结合品牌或产品，创作自然不做作的内容。例如，我在2017年春节策划的“春节不回家，回途家”主题营销活动，通过短视频、微博组合内容、微信自媒体内容，多重内容复用，并在三天内通过关键意见领袖（Key Opinion Leader, KOL）、公司官方微信和媒体微信群按不同节奏传播执行，使整个项目得到了最大限度的传播，最终又转化到公司春节促销专题页上，创造了订单促销转化率比上年同比增长100%的佳绩。

第四步，执行完毕，还不算结束。任何内容运营的成功，都需要不断复盘。因为传播环境时刻在变化，之前是微博火了，然后是微信自媒体和公众号，现在是抖音短视频。或许您看到这本书的时候已经又流行新的传播方式了。因此，一边探索测试，一边通过成熟的传播方式实现内容运营的转化，是目前看起来最理性的做法。

七、结语

内容运营的热门话题总是层出不穷，除新媒体、UGC、IP受到热捧之外，还有许多优秀的行业案例值得我们关注，如以小红书为代表的“专业生成内容（Professional Generated Content, PGC）+电商”的模式；以得到、喜马拉雅为代表的知识付费行业的兴起，消费者对于PGC的付费意愿越来越强……此外，内容为王也不仅仅体现在音乐、影视、广播、出版等以内容为载体的行业运营之中，更有各种“内容+”创新物种（如抖音、淘宝直播）不断激发人们对传统行业的认知和想象。

思维导图

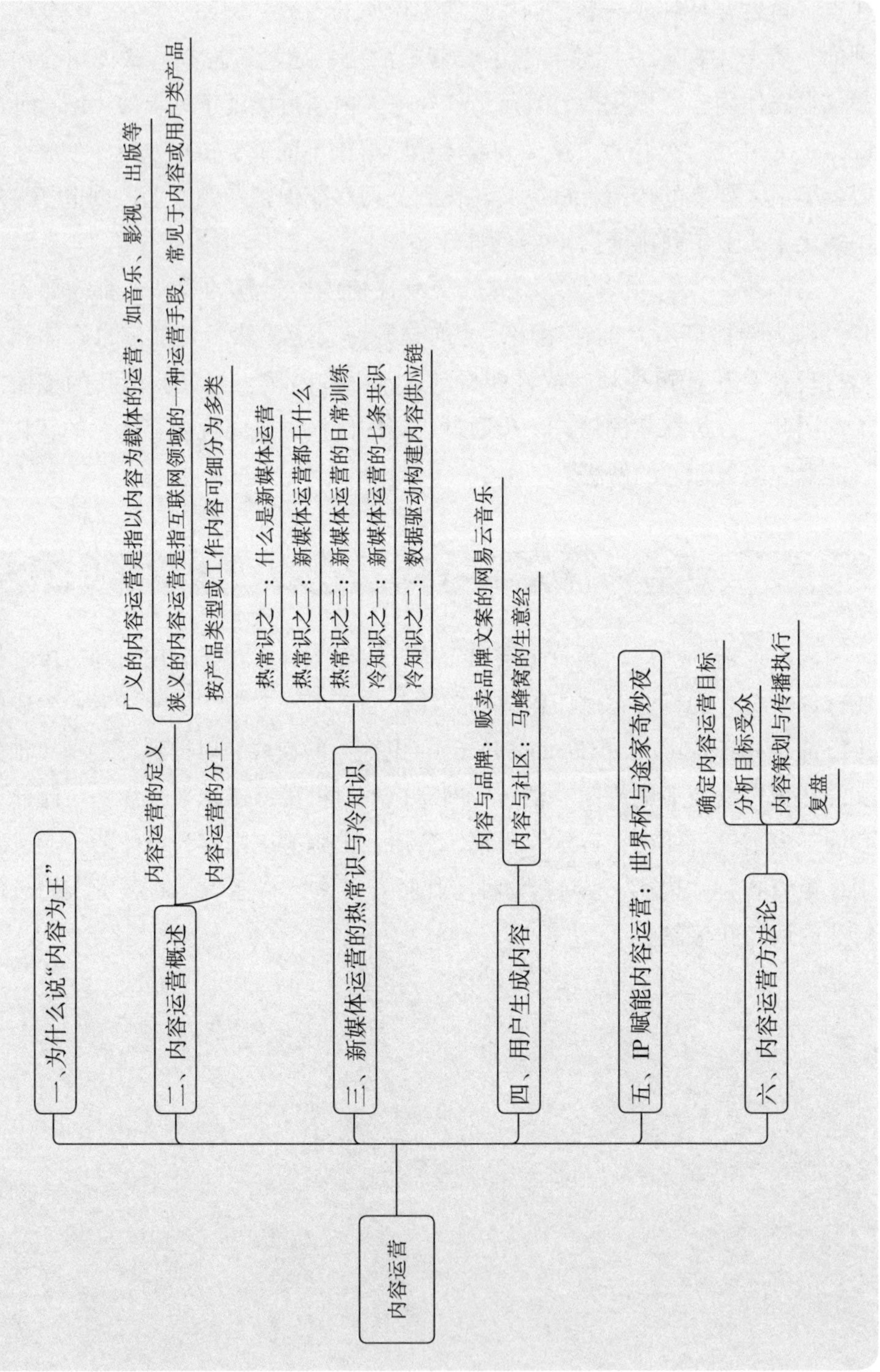
内容运营
一、为什么说“内容为王”
二、内容运营概述
内容运营的定义
广义的内容运营是指以内容为载体的运营，如音乐、影视、出版等
狭义的内容运营是指互联网领域的一种运营手段，常见于内容或用户类产品
内容运营的分工
按产品类型或工作内容可细分为多类
三、新媒体运营的热常识与冷知识
热常识之一：什么是新媒体运营
热常识之二：新媒体运营都干什么
热常识之三：新媒体运营的日常训练
冷知识之一：新媒体运营的七条共识
冷知识之二：数据驱动构建内容供应链
四、用户生成内容
内容与品牌：贩卖品牌文案的网易云音乐
内容与社区：马蜂窝的生意经
五、IP 赋能内容运营：世界杯与途家奇妙夜
六、内容运营方法论
确定内容运营目标
分析目标受众
内容策划与传播执行
复盘

大 / 咖 / 知 / 心 / 谈

唐挺

世鳌国际CMO，前途家公关总监，内容运营、新媒体运营负责人。15年品牌营销经历，服务过10余家全球500强企业及国内大型互联网公司公关和品牌营销项目，曾为长江商学院、中欧商学院、黑马创业营和多家企业讲授"创业公司品牌进阶"等课程。

个人微信公众号：唐挺谈天说地。

箴 言

我一无所有，所以我坐拥天下。

书籍推荐

1. 菲利普·科特勒. 营销管理，卢泰密，高辉译. 北京：中国人民大学出版社，2009.
2. 艾·里斯，杰克·特劳特. 定位：争夺用户心智的战争，邓德隆，火华强译. 北京：机械工业出版社，2017.
3. 罗伯特·B.西奥迪尼. 影响力，闾佳译. 北京：京联合出版公司，2016.

第七章
商家运营：赋能、生态、共赢

作者：朱　凯

新经济时代是平台型企业崛起的时代。平台型企业的商家运营实质是在做供应链端的平台用户运营。平台企业一手连接终端用户，一手连接商家，凭借信息、交易和数据，理解用户，赋能商家，更好地服务于用户。

对于平台型互联网公司而言，其服务的对象不仅包括平台的用户（会员），还包括商家。例如，美团发展的整体战略都是围绕着“用户第一，商家第二，美团第三”的价值观开展的。对于美团而言，无论是外卖业务、到店餐饮业务，还是电影业务、酒店旅行业务，都需要做好商家的运营，以更好地服务于平台用户。在本章中，我们先来回顾互联网平台的三个发展阶段，再重点介绍平台商家运营的核心要素与重要手段，最后，对平台商家运营的未来发展趋势加以探讨。

一、互联网平台发展阶段

关于互联网商家运营的不同形态，要从互联网发展的不同阶段（见图7-1）说起。互联网平台已经从信息平台过渡到了交易平台，正继续向下一个发展阶段走去。了解平台发展阶段的特点，有助于在运营工作中抓住商家的需求、了解商家痛点，提供更有吸引力的平台服务。

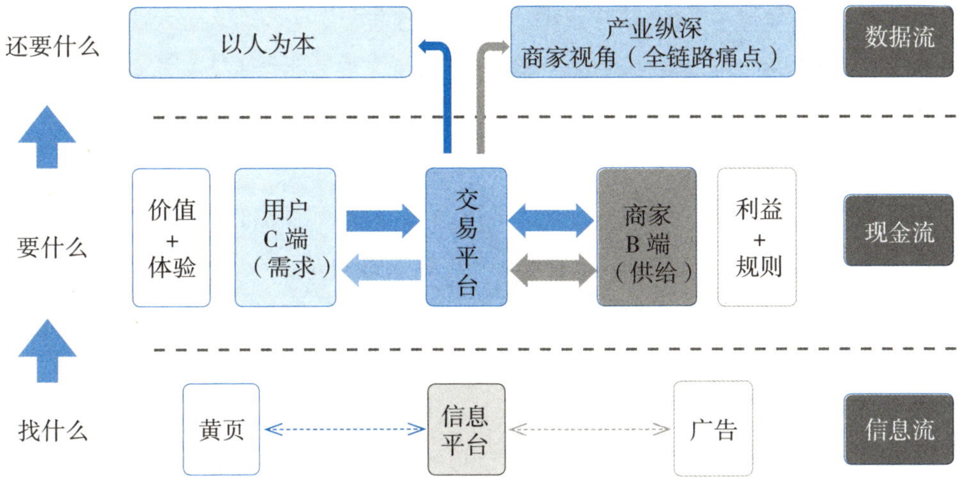

图7-1　互联网平台发展历史

1. 第一阶段：信息平台

最早的互联网对于商家和用户来说只是个信息平台，提供了用户想“找什么”的答案。信息平台没有交易功能，只有广告功能，是简单地将中国黄页搬上网页的过程。信息平台需要做的只是展示商家信息，为采购者提供足够多且准确的商家信息，咨询及进一步交易都会转入线下进行。这阶段的平台主要承载信息流。

2. 第二阶段：交易平台

随着互联网的发展，人们不再满足于只在线上进行信息检索，很多业务需要转到线上来。越来越多的用户在互联网中寻找供应商，同时，越来越多的商家需要在平台上展示并销售自己的各类产品。这个时期，平台的功能从信息展示转为保证交易，提供了人们“要什么”的答案。交易平台一方面为商家提供交易规则，保证商家获得更多的利益；另一方面也为用户提供更加丰富的选择，令用户在平台交易中得到优惠的价格和更好的体验。这个阶段的用户不满足于平台只解决“有没有”的问题，还希望平台能够“有且更好更优惠”。这时候平台承载着资金流，保证买卖双方交易安全。

3. 第三阶段：数据平台

“数据平台”从字面理解很宽泛，这里想表达的，是在以交易为核心的数据沉淀后，对于用户（C端）和商家（B端）都有更加丰富的应用场景和方法，帮助提升用户体验和商家经营效率，增加平台收益。

在这个阶段，基础的信息流、资金流已经完成线上闭环，C端和B端的方向和玩法会出现较大的差异。可以简单总结为：

（1）用户（C端）：用户端的转变，即单一时间、单一场景下单次消费的用户，以数据为基础，逐渐升级到多时间、多场景、多次消费。

（2）商家（B端）：从营销商家转变为运营商家、经营商家，即平台从带给B端流量，逐渐转变为平台为B端赋能，提升其效率；或者更进一步，平台帮B端经营。

需要注意，平台发展的各阶段并不一定是单向演进的，比如并不是所有的平台都是按照由信息平台转为交易平台再转为数据平台这个顺序逐步演进的。结合业务所在的行业、场景、发展阶段等，是可以在不同阶段相互转换的，这部分内容涉及的信息较广，内容较多，后续有机会可以专门探讨。

二、平台商家运营的核心要素和重要手段

1. 平台商家运营核心要素概述

当平台处于交易平台时，承载着买卖双方的资金流，要保证买卖双方的交易安全，同时要给用户提供更好的平台使用体验，给商家带来更丰厚的利润。此时交易平台商家运营的核心要素一共有五个：市场规则、商家等级、商家成长、商家触达和商家利益（见图7–2）。

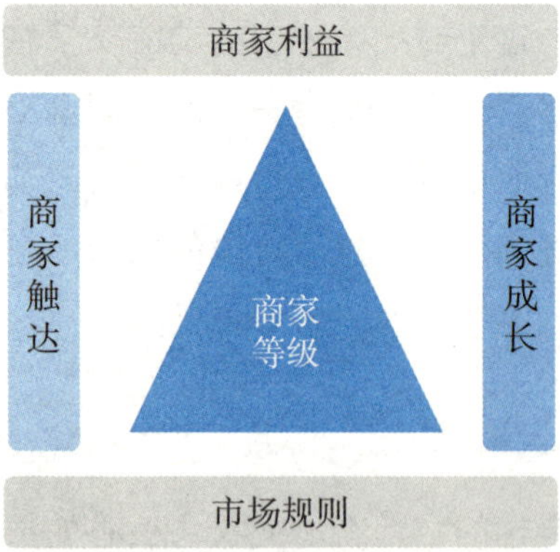

图7–2　平台商家运营的核心要素

市场规则

市场规则是商家运营的宪法，是海量商家在平台上的经营活动赖以生存的行为规范，能够引导优质商家的正向行为，控制劣质商家的不当市场竞争，从而起到调节市场环境的指挥棒的作用。

平台就好像是菜市场，市场规则是菜市场的管理规范，商家是市场商贩，用户是买菜的消费者。菜市场的管理规则鼓励商贩诚信经营，惩罚商贩缺斤短两，制止

恶性竞争，良好的买卖环境是靠建立合理的菜市场管理规则来达成的。

在交易平台上亦是如此，良好的交易环境要靠积极正向的平台市场规则来规范，在良性健康的市场规则指引下，商家应该能够养成长期健康发展的良好态势，打造商家、平台、用户三者共赢的局面。所以对交易平台来说，市场规则是商家运营的核心规则，也是治理商家环境的第一原则。

商家等级

在良好的市场规则基础上，商家等级是商家群体的分级标准，用来区分中高低等商家级别。商家等级可以遵循SMART原则（本节的“五大核心要素之商家等级”部分有详细说明）量化，对商家透明开放，针对每一级别匹配相关资源，等级里每一级向更高级别晋升的标准都是清晰明确的。有意愿、有能力的商家，会按照等级的要求不断地自我提升。

一般来讲，等级分为头部、腰部、尾部，大部分的运营策略及资源都会向头部倾斜，并且通过运营不断输送底部的商家去腰部，将腰部的商家送往头部。对于商家来说，等级要求是在平台上如何更好经营的指导原则，只要商家有意愿配合，应该都能够按照等级要求不断优化提升，从而获得更多平台资源的支持。对于平台来说，等级是用来区分商家意愿与能力的标尺，用来筛选出能力、意愿都很强的商家作为头部来长期共赢：一方面，平台对头部商家进行资源扶持和投入；另一方面，长期来看平台会实现收益的最大化。

商家成长

商家成长是与市场规则、商家等级并行的重要核心要素，主要是给有意愿在平台上经营获利的商家提供如何更好地在平台上交易的相关知识和方法论。

从提供给商家的内容上看可以分为三个阶段：第一个阶段是平台怎么玩，也可以理解为平台功能的说明书。这一阶段主要是告诉商家在平台上怎么经营，帮助商家了解平台各模块的功能。第二个阶段比第一个阶段更高级一些，一般来说是如何提升商家经营业绩的干货的集合，大多是由精英商家，特别是头部商家总结沉淀出来，再由平台进行搜集、整理和汇总的。一般来说，第二阶段商家的成长是有可变现空间的。第三个阶段一般会回到行业或者人才的维度，从行业的角度讨论业务应该如何去推进或者为商家不同岗位补充人才。

商家触达

商家触达是平行于商家等级、商家成长的模块，是作为平台与商家沟通的渠道存在的，可以分为线上、线下、系统、人工等。

商家触达是必不可少的环节，触达的效率与效果，都决定了平台对商家的策略能否成功落地。对于大多数线上平台来说，平台触达商家一般会采用线上及短信的方式，即通过平台的站内信、消息、短信、邮件等官方通知的形式，把平台想要告诉商家群体的信息，按照时间、地域、商家类型等细分后，通过平台不同群体定向发出，这是最高效的方式。线上通知速度快，但效果（比如说点击率、已读率、行动率等）相对来讲比较差。对于有地面销售团队的业务或者公司，通过销售团队去触达商家是效果最好的方式，但相对来讲效率较低。对于平台来说，线上触达渠道的产品建设，因收益难以量化、价值不清晰，优先级通常比较低，容易被业务忽略。这样就会不断欠账，累积成历史问题。

对于大多数平台来说，通过线上触达商家的方法是主流。通过线上触达，应该做到细分，对于不同的人说不同的话，而不要千篇一律地通过不断高频全面覆盖的方式来实现商家的触达。因为高频全面覆盖的方式，容易形成垃圾信息，导致线上触达渠道被商家忽视而不能起到任何效果。

商家利益

在整个商家运营的过程中，商家利益作为一个独立的模块，是需要时时刻刻考虑的。商家在平台上获得利益是商家与平台长期共赢的基础，如何理解商家利益对商家运营来讲非常重要。为了商家运营更有效，商家运营者必须想清楚对于商家来说，利益到底是什么。商家在平台上经营业务，首先是为了赚钱，但是赚的不仅仅是钱，商家在不同场景下有可能还需要平台提供其他服务，比如提升品牌或行业的影响力、凸显企业社会责任等。

2. 五大核心要素之市场规则

没有规矩不成方圆。在建立市场规则的过程中，为了让市场规则发挥最大作用，平台运营要做到透明、正向、自驱这三点。

透明

透明是指市场规则需要让商家看得到、看得懂、可操作。看得到和看得懂是说商家可以看到、找到和看明白平台运营的规则，可操作是指市场规则对商家提出的要求应该是商家可控的。举个简单的例子，一般的交易平台会把平台的GMV当成市场规则的一个指标。比如平台鼓励商家产生更多的GMV，但是仔细想一想，GMV并不是商家直接可控的指标，即便商家有意愿为平台产出更多的GMV，但它直接可控的也只有和转换率相关的因素而已。

正向

正向是指作为市场规则需要引导商家群体朝着对商家有价值、对行业有价值、对平台有价值的方向去行动。

对于商家来说，除了赚钱，能够为消费者提供更良好的购物体验也是要实现的目标之一。任何市场规则如果向改善消费者体验的方向去倾斜，那么自然是可以通过驱动消费者而最终驱动商家的。另外，对于平台来说，如果一味地追求平台的利益最大化而牺牲商家和消费者的利益，那么平台也不会长久。因此，正向的市场规则尤为重要。

自驱

一个新的市场规则在落地的过程中，需要经历知晓、习惯、自驱动这三个阶段。首先商家要知晓市场规则的内容，然后在经营过程中自觉遵守市场规则并形成习惯，最终在熟悉了平台运营方法之后能在平台规则更新时，主动学习并应用新的规则，从而在长期达到自主学习、自主运用的自我驱动的自运营状态。

注意事项

在建立市场规则的时候，有几点需要注意，市场规则作为平台运营的“法律”，对于违法的商家需要惩罚，对于遵守规则的商家需要鼓励，做到奖惩分明，同时需要对奖惩标准进行量化。对于交易平台的商家来说，商家处罚渠道的建立是非常核心的内容，否则任何的策略、发展方向都落不了地，也达不到平台想要的结果。

平台奖惩的常用做法有设立入场门槛和高压线。入场门槛是指对于参加平台各种促销活动、获得各类资源奖励的商家，是有准入门槛的。只有满足相关指标且经营良好的商家才能获得入场券。高压线是指需要对商家明确，在平台经营中哪些行为是禁止的。高压线是不能容忍的行为底线，一旦商家触犯，需要进行严重处罚。比如欺诈、恶意伤害消费者体验、恶意伤害平台利益等，都是比较常见的平台高压线。

3. 五大核心要素之商家等级

在良好的市场规则基础上，交易平台需要区分商家等级，即建立透明、清晰的商家群体的分级标准，用来区分中高低等商家级别，并针对不同级别的商家匹配平台资源。

商家等级规则设定

在设立商家等级规则时，首先需要注意遵循SMART原则。所谓SMART原则，即：①等级必须是明确的（Specific），②等级标准必须是可衡量的（Measurable），③等级必须是可以达到的（Attainable），④等级必须和其他运营目标有相关性（Relevant），⑤等级必须有明确的时间限制（Time-based）。具体说明如下：

（1）明确。所谓明确，就是需要用清晰的语言具体说明商家等级考核的主要指标，告诉商家需要达成的行为标准，说明的内容必须具体、准确、无异议，商家可以根据等级考核指标清楚地知道自己的位置并明白如何达到下一个等级。例如，商家等级考核的标准是月销售额、月满意度等具体的平台运营的指标和行为标准，这些都是平台可以提供的经营指标。

（2）可衡量。可衡量就是指等级标准必须是具体的，而不是模糊的，应该有一组或几组明确的数据，作为衡量商家是否达到某一级别的依据。等级的衡量标准要做到“能量化的量化，不能量化的质化”，使商家能和平台有统一、清晰、标准的衡量标准，不能在等级标准中使用含义模糊、无法衡量的描述。例如，商家月销售额连续3个月达到20万元，即符合白银级商家标准，这里的“连续3个月”和“月销售额20万元”都是具体的数据。

（3）可以达到。商家等级的设定，要让平台商家经过努力可以实现。如果等级标准定得过高、过难，会让商家对下一等级实现的可能性产生怀疑，升级的热情还没有点燃就先打退堂鼓了。例如，腰部商家的月度GMV目标，一般是衡量其是否能持续待在腰部，以及如何上升到头部的重要标准，这个目标按照类目、季节性等特点进行时间拆分后，应该属于“商家努力争取就能实现”的目标。目标设置太低，商家没有挑战，平台就没有收益；目标设置太高，商家没有希望，破罐破摔，平台也就失去了吸引力。只有努力后可实现的目标，才能有效推动平台商家可持续地发展。

（4）相关性。商家等级规则中的各个指标，也需要和平台运营的目标有一定的相关性，这样才可以通过商家的努力带动平台的进一步发展。例如，销售性平台中商家等级标准的重点在于销售额、品类、库存量单位（Stock

Keeping Unit, SKU）等，服务型平台中商家等级标准的重点应该在于响应速度、用户满意度等。

（5）时间限制。商家等级标准的时间限制，是指商家维持等级、升级、降级都需要有明确的时间限制，必须要有截止时间，这样才能促使商家更有紧迫感和时间概念。例如，一种情况是，商家在达到白银级后，按照等级标准要求，约定一定年限内完成相应指标即可升级至黄金会员；另一种情况是在达到某一级别后，如果业绩下滑，不能持续达到现有级别的等级要求，在一定时间内将会被降级。

责权利对等

除了SMART原则外，商家等级规则还需要做到责任、权利、利益的对等，这一点也是非常重要的。比如对于平台的头部商家来说，就有很大的责任为平台贡献更多的GMV，与此相匹配的是，头部商家在贡献大量GMV的同时，也会享受更大的权利（这里的权利是指参加平台各种活动的入场资格、资源倾斜等）。对于这些头部商家，可以得到平台相应的加权和扶持，例如获得更多的品牌曝光和更多的品牌营销资源等，从而利用这些获得更多的收益。

注意事项

（1）等级规则设计需要兼顾稳妥与灵活。在划分平台商家等级时，需要注意等级规则的制定既要稳妥，也要灵活，要做到船大也要好调头。通常商家等级规则是适用于全体商家的，但是如果设计得过于死板、不留余地，则不能满足部分商家的需求。

一般情况下，商家等级规则除了要有适用于全场、各个品类、各种规模的规则，还需要有一些比较灵活、特殊的规则，需要根据实际情况，结合特殊时间、特殊地点、特殊类型商家、特殊业态来制定。这样既有普适性又有特殊性的等级规则，才能做到稳妥与灵活兼顾。

（2）等级规则设计需要兼顾过程指标和结果指标。一般平台常用的等级划分有过程指标和结果指标两大类。过程指标是指交易平台商家可控的、能够更高效地利用流量的指标。例如商品数据、商品质量、转化率、图片清晰度、好评度等。结果指标是指运营需要达到的最终业绩指标，例如GMV、商品品类数等。

（3）等级规则设计需要引导商家正向健康地发展。等级规则中也要引导商家正向健康地发展，要求商家通过积极经营获得相应的等级资格。对于刷单等行为，等级规则中要有明确的处理办法或相关约定。

4. 五大核心要素之商家成长

简单来讲，商家成长就是平台的运营要专注于商家生命周期中各个环节的衔接与成长，并且做到精细化运营每一个细分的环节。

全程参与商家生命周期

平台要全程参与商家的整个生命周期。按照时间维度来划分商家，是指按照商家入驻平台的先后顺序，划分为入驻前、入驻、入驻后一定时间（如入驻后一个月、入驻后三个月等）等不同阶段。在入驻前后的整个生命周期里，都需要平台的全程参与。

精细化运营

除了按照时间维度划分商家，也可以按照规模维度来划分，即按照商家的规模，从小到大来划分，比如划分为小规模商家、中等规模商家、大规模商家等。确定好商家分类的标准后，按照不同商家的特点，还要进行更细的划分，比如品类、地域、季节性等。根据以上细分的商家类别，要分别采取细化的运营策略。对于商家运营策略，分层分类越细，策略越具体，效果越显著。

注意事项

首先，平台需要全面关注商家成长的通道，各个商家等级成长的路径要非常清晰，商家要可见可控。

其次，平台也要用发展的眼光看待在平台发展不同阶段的商家成长通道，要根据平台发展状况进行动态灵活的调整。

最后，平台需要聚焦。阶段性关注一个细分群体的具体问题，一次彻底解决一个问题是非常重要的，切忌贪多、贪全。只有找到重点群体、核心问题，逐个突破，长此以往才能够取得好的效果。

5. 五大核心要素之商家触达

商家触达渠道的建立对于交易平台的运营来说是非常核心的内容。没有建立商家触达渠道，则平台的任何策略、发展方向都不能落地，达不到平台想要的结果，也不能实现平台的发展目标，因此如何触达商家一直都是平台运营的痛点。

商家触达渠道需要注意上传下达及线上线下的有机结合。对于平台来说，触达商家很大程度上依赖于平台，比如站内信推送、短信、邮件等单向的触达渠道最常见，且最容易实现。这种单向渠道发送效率很高，容易实现全面、多频次的覆盖，但也因此导致平台发送信息过多，覆盖群体过于广泛，覆盖频次过高，使得很多商家无暇从中筛选有效信息，干脆忽略，从而使平台想要传达的信息无法触达商家，更谈不上得到相应的结果。所以想要真正地触达商家，需要在发送信息时做到准确、及时、双向。

准确

平台传送信息时需要注意信息准确，信息内容要全面、有效，但尽量精简，便于商家打开后对重点一目了然，而无须从大量文字中去筛选、总结重点内容。

覆盖对象要准确，尽量根据更细化的商家分类定向推送准确有效的信息给目标群体，避免为了多而全，造成推送大量垃圾信息而使相应触达渠道失效。

及时

触达信息要及时并且有时效性，留给商家足够的反应时间。信息滞后也会降低触达渠道的可信性。

双向

除了线上渠道，平台的线下渠道，比如地面销售团队、代理等，在信息传达过程中也很重要，其触达更准确，同时还能提供相应的信息反馈。另外，触达渠道也要给商家提供线下销售团队以外的其他信息反馈通道，以便及时听到商家的声音。

注意事项

触达商家需要针对不同的信息分别选取线上、线下或者线上线下同时进行的方式以达到最好的触达效果。触达商家需要建立推送和反馈的双向渠道，便于平台及时收到商家反馈，并针对有效信息进行动态调整。触达商家之前，需要对受众角色理解到位，不同的受众对于平台的诉求是非常不一样的。比如以电商平台为例，商家至少应该有老板和店长两个角色，这两个角色对于平台的诉求差别巨大，如果有可能，应该针对这两个角色推送不同的信息，并且建立不同的反馈渠道。

6. 五大核心要素之商家利益

在平台运营中，如何理解商家的利益是非常关键的。首先要问自己的问题就是：对于商家来说，利益到底是什么？利益是不是就是钱？就是盈利？答案是肯定的。商家永远是逐利的，在平台上能赚到钱是第一位的，如果赚不到钱，平台会失去对商家的价值。但是在盈利赚钱的同时，商家还可以从平台获得其他的好处，比如品牌曝光等。

能力 vs. 意愿

平台资源永远是有限的，这种有限的资源如何转化成商家利益，转化成哪些商家的利益，是平台运营需要持续考虑的。

在有限的资源中，如何选择让哪些商家先富起来，让哪些商家后富起来，是一个非常体现平台运营智慧与能力的地方。

结合平台特点与发展阶段，在资源有限的情况下，到底选择能力强还是选择意愿强的商家优先扶持，需要平台运营做出相应的判断。一般能力强的商家商品质量好且价格优，在市场上有更强的竞争力。对于各种平台来说，能力强的商家都是其极力争取的对象，而从商家的角度来看，能力强的商家对单一平台的依赖性较低，从而对单一平台的配合度也比较有限。

比如，在iPhoneX发售的时候，所有的平台都期望iPhoneX在自己平台上首发，或者是能给自己平台更多的库存、更好的价格。但是对于苹果公司来说，商品不愁没有消费者购买，从而给各个平台的优惠政策和促销力度也是很有限的。

而对于品牌知名度不高、急需借助平台的流量来发展的商家，因为对平台的诉求较多，所以能够从库存、价格、发货时间等各个维度提供比较优惠的政策。此类商家与平台配合、合作的意愿相对更强烈。

一般情况下，在“能力强”与“意愿强”二选一的时候，一般会选择意愿更强、配合更好的商家做更进一步深度的合作。

发展的眼光

平台运营时，对于商家的利益是什么，需要有更深入的理解。除了眼前的盈利，平台运营还要有发展的眼光，要帮助商家获得成长和可持续发展的能力，帮助商家在平台上长期获利。

理解商家全面的诉求

平台运营不应该只满足商家盈利这一直接诉求，应该充分调动平台资源，帮助商家获得其他利益，比如品牌曝光等。如果平台有能力满足商家的间接诉求，这些诉求的实现，最终还会回归到商家和平台共同获利这一目的上来。

注意事项

平台运营对于商家利益的理解，还需要明确哪些是商家在平台上“应得的”利益，哪些是平台给予的“额外的”利益。对于商家应得的利益，平台运营过程中应该保证商家利益不受损失；对于额外的利益，如果有余力，应该尽量提供，超出预期的额外利益会增加商家的黏性和配合度，从而形成与平台更良好的互惠互利关系。

平台在给商家提供利益时，要区分利用平台的各种资源。平台资源是多种多样的，比如有高流量、高转换且能够带来更多订单的搜索列表页，也有曝光度高、点击和转换率一般的页面“豆腐块”。如果把“主搜”和“豆腐块”都包装成同一类产品，只强调两种资源给商家带来的增量，那么“豆腐块”带来的订单增量显然会低于商家期望。如果单独将“豆腐块”包装为“品牌日专属资源”，那么商家接受起来就会容易得多，也更愿意给平台提供更多的优质资源。

7. 交易平台商家运营的重要手段

基于交易平台运营的以上核心要素，形成了对商家运营的重要手段，概括来讲，就是“威、逼、利、诱”（见图7–3）。

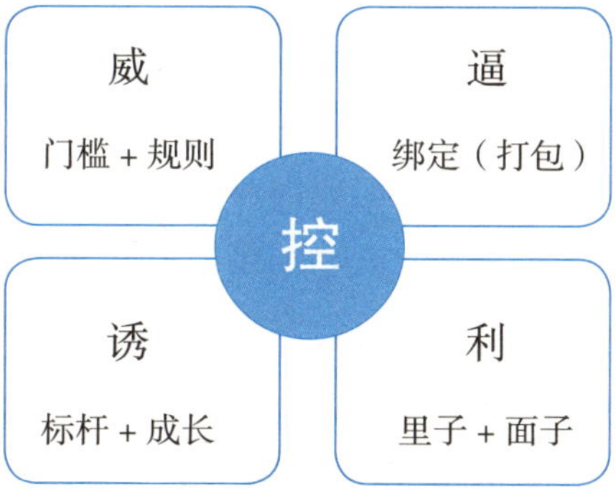

图 7–3　交易平台上商家运营的重要手段

“威”是指交易平台必须建立合理的准入门槛和交易规则，以保证良好的交易环境。例如，在交易平台商家入场门槛中，要求商家必须具备一定资质（各品类生产/经营许可），达到一定的规模/体量（注册资本、成立年限、之前营业额要求等），或者某场活动/大促，需要商家达到三星以上（如月交易额大于100万元，好评率大于70%）才能入场等。好的入场门槛和交易规则可以有效拉动有意愿的商家往平台倡导的方向改变。

“逼”是指商家运营者需要将平台想推的和商家想要的打包在一起推送给消费者。例如，商家为了获得特价活动的参加资格，必须提供5折以下的产品，且日均广告消耗需达到500元以上，或者必须开通使用平台推出的某个新业务。用强制性的手段，在满足商家需要的同时，也满足了平台的部分诉求。

“利”是指要明白商家的利在哪里，对商家的直接利润和品牌效应都要提供资源。通俗点说，就是要顾全商家的“里子”和“面子”两大需求。对于商家，“里子”也就是要直接利润，要挣到钱；“面子”也就是那些不以实际盈利最大化为目标的诉求，比如品牌曝光。

“诱”是指需要树立标杆商家，将平台资源向标杆商家倾斜，标杆商家利益增加后，更多的商家也会有意愿变成标杆商家以获得更多的资源，平台需要给有成长意愿的商家提供成长路径。例如，交易额排名前20%的商家、获得各种权益（额外流量扶持、减免佣金、品牌联合推广等），在商家大会、培训资料用例等方面，都可以作为案例进行分享和推广，间接增强标杆商家的影响力。

三、结语：平台商家运营的未来

对商家运营是平台运营的重要组成部分。在实践过程中，要灵活运用以上核心要素和重要手段。平台长远发展和存在的意义，在于与商家共同成长和共同获利。在运营过程中，要对产业进行纵深思考，要带着强烈的“同理心”与商家换位思考，最终回归行业，以商家的视角来解决全链路的痛点。

在信息平台和交易平台价值瓶颈越来越凸显的今天，随着C端用户需求的不断变化，B端商家的痛点也在不断变化。行业、地域、场景、人群，所有的一切都在迅速变化，在拥抱纷繁复杂的变化时，平台对于商家的核心价值始终保持不变，过去是帮商家多赚钱，之后还会一直如此。

过去是通过加速买卖双方信息交换效率、解决交易资金安全、提供高效营销渠道等方式帮助商家多赚钱，之后在此基础上，要结合更多维、更实时的数据，更完善的底层设施和基础架构，逐步解决商家线下经营过程中遇到的各种问题。比如提供更方便高效的订单/支付/统计系统、质优价低的采购渠道，基于商家信用的灵活多样的金融方案，人才的培训/招聘和人力资源外包服务，等等。

总结来说，未来平台对商家运营，只有在具有平台的规模、数据能力、对广大中小商家的触达和影响力，并真正了解商家线下经营的模式和细节之后，才可以全方位解决一个“生意”的痛点，从而提升商家经营的效率，提升商家收益，帮助商家多赚钱。

我们时刻需要问问自己：“还能怎么做才能更好？”这个问题总是可以帮你找到新的方向。

思维导图

- 商家运营
  - 一、互联网平台发展阶段
    - 第一阶段：信息平台
    - 第二阶段：交易平台
    - 第三阶段：数据平台
  - 二、商家运营的核心要素和重要手段
    - 核心要素
      - 市场规则
        - 透明
        - 正向
        - 自驱
        - 注意事项：赏罚分明，入场门槛与高压线
      - 商家等级
        - 等级设定的 SMART 规则
        - 责权利对等
        - 注意事项
          - 兼顾稳妥与灵活
          - 兼顾过程与结果指标
          - 正向健康的引导
      - 商家成长
        - 全程参与商家生命周期
        - 精细化运营
        - 注意事项：全面、发展、聚焦
      - 商家触达
        - 准确
        - 及时
        - 双向
        - 注意事项：线上与线下、双向沟通、角色兼顾
      - 商家利益
        - 选择能力强 vs. 合作意愿强的商家
        - 发展的眼光
        - 理解商家全面的诉求
        - 注意事项：区分商家“应得的”和“额外的”利益
    - 重要手段
      - 威：建立合理的准入门槛和交易规则，以保证良好的交易环境
      - 逼：将平台想推的和商家想要的打包在一起推送给商家
      - 利：对于商家直接利润和品牌效应都要提供资源
      - 诱：树立标杆商家，将平台资源向标杆商家倾斜
  - 三、结语：平台商家运营的未来
    - 对产业进行纵深思考，“同理心”和商家换位思考，回归行业
    - 以商家的视角来解决全链路的痛点：供应链、门店管理、人才培养、金融等
    - 时刻问自己：“还能怎么做才能更好？”

大/咖/知/心/谈

朱凯

美团酒店美酒学院院长，商家助力中心总监。首都经济贸易大学MTA（旅游管理硕士）导师。原阿里巴巴国际站商家运营负责人，亚马逊第三方平台商家运营负责人。在大型互联网线上交易平台运营、创新业务战略规划、中小企业人才赋能等方面有丰富经验。

箴 言

日拱一卒，每天进步一点点。

书籍推荐

1. 吉姆·洛尔，托尼·施瓦茨. 精力管理，付涛译. 北京：中信出版社，2003.
2. 伊查克·爱迪思. 企业生命周期，王玥译. 北京：中国人民大学出版社，2017.

第八章 无所不在的活动运营

作者：杨　玲

新经济条件下诞生了跨界营销、场景营销等诸多新营销概念，其底层动力或可归结为企业生态系统依存关系的加深及集团化竞争的趋势。活动运营是运营系统中无处不在的最小细胞，运营的落地从活动运营开始。

一、活动运营的核心内容

互联网行业和传统行业在运营的本质上都是一致的，无论产品还是功能体验多好，没有运营，产品就可能无人问津。因此，对于线上产品的人工干预就会显得尤为重要。对产品本身而言，活动是帮助产品在短时间内开拓市场、吸引新用户的有效手段，同时也是在产品成长和成熟期提升用户活跃度、培养忠实用户、找回流失用户的不二之选。对公司发展而言，活动可以宣传并树立企业形象，打开知名度，获取直接收益。对用户收益而言，活动可以为用户提供最新的产品上线、促销、优惠信息，并通过活动奖品满足用户的得益心理，强化用户认知。

活动运营的核心价值就在于吸引用户关注度、拉动用户参与、强化用户感知，对产品的核心指标有快速和大幅提升的作用。首先，这三点价值都是围绕用户的，所以无论做什么活动，都要关注用户的需求或兴趣点。其次，从用户对产品的认知程度来说，这三点是一个递进的过程，从关注到参与，再到认知。

作为互联网运营的标配，数据运营也是贯穿整个活动运营之中的。包括前期的活动量化目标的确认、目标用户大数据分析，中期的活动执行数据走势，用户反馈数据，以及后期的活动效果总结，数据分析已经在活动运营中发挥越来越大的作用，是整个活动运营中需要把握的重点之一。

（一）透过用户诉求确认活动运营目的

无论何种产品，用户使用它的原因都在于能够满足自己的某种目的，即用户诉求。确认用户诉求，也就明白了活动的目的，在做后续策划的时候才更容易激发自己的主观能动性，不然很容易使得活动的策划变成程式化的一套流程，很难评定最终的效果是好是坏。

了解用户诉求，必须深刻关注用户，解析人性需求。优秀的运营者能够为用户创造价值，借此带动更长期的用户增长。要做好活动运营，需要深入用户内心与用户交朋友，活动要使用户有参与感，内容设计要走心。

活动运营中的人性诉求，按照不同的阶段主要分为获得、归属、参与和成就四个递进的层级。按照实际情况，通过活动帮助用户达成某个或者多个阶段的诉求，就能够达到优秀的产品、绝佳的体验、良好的服务甚至用户心灵的寄托的最终运营效果。

- **获得感**　用户肯定是为了达到某个目的才会购买某个产品或者服务。但这个时候，用户只是来了，并没有沉淀下来。

活动手段比如“物质激励”，某新创立的咖啡品牌，一杯拿铁咖啡售价36元，转发朋友圈或微信群成功邀请一位好友下载App，可免费获得1杯咖啡。

- **归属感**　让用户有家的感觉。比如说用户的目的是来学习的，那就需要有一个学习型的活动。这个活动能给大家带来什么呢？就是让所有爱学习的人集合在一起，从而给大家带来归属感。

活动手段比如“测评”，给用户一个炫耀和秀出自己的理由，使用户愿意主动分享到自己的朋友圈，进而产生用户互动。

- **参与感**　强调参与感，可以从很多方面入手。比如说在一些重大时间点上邀请用户做活动规划，甚至到后期，下放一些活动给用户去做。这会让用户感到他是活动的一分子，并开始主动去解决很多问题，同时可以缓解活动运营成本上的压力。

活动手段比如“抽奖”，某共享单车月卡服务，可通过抽奖方式让用户获得1—8折月卡折扣券，大部分人总是愿意去尝试一下这种概率性事件；“投票”，通过在朋友圈或微信群分享投票活动，邀请好友参与投票，用户每天会投入大量精力，这将在用户间产生更多的交互，提升活跃度。

- **成就感** 用户参与后，还会持续使用产品或服务，原因就是他有成就感。比如说给用户一份参加发布会的邀请函，年终给用户发一个活动 VIP等级勋章等，这些都会激发用户的成就感。

活动手段比如“等级”，通过一系列权益上的对比营造超值感受，突出高级用户所获权益优于其他等级用户（例如视频应用中的VIP免广告）；“排名”，例如微信游戏排名，用户为了争取名次，每天投入大量时间、精力和金钱，使得好友之间形成很微妙的竞争氛围；“秒杀”，某电商品牌商品限时限量底价销售，营造稀缺感，刺激用户更强烈的购买欲望。

（二）活动内容的组织与传播

在活动的内容组织阶段，创意是关键，好的创意可以让用户对活动及产品留下更加深刻的印象。活动内容也需要考虑参与度的设置，活动需要有足够的门槛，但是门槛不宜过高。同时，互联网化的活动运营要求活动内容有一定的传播属性，高传播度的活动能够提升活动的覆盖率和覆盖速度，充分发挥用户的力量。

1. 组织能让用户留下印象的活动内容

活动内容要让用户参与，进而对产品留下印象，达到强化用户感知的目的，就需要通过一定的手段，对活动内容进行组织，实现活动内容的高效流通。那么什么样的内容能够让用户留下印象呢？

诺贝尔奖经济学奖得主、心理学家丹尼尔·卡尼曼有这么一个研究结论：体验的记忆由两个因素决定，高峰（无论是正向的还是负向的）时与结束时的感觉，即著名的峰终定律。也就是说，对某个事物体验完之后，所能记住的就只是在体验的峰值与结尾时的感受，而在过程中的其他体验对最终的记忆没有多少影响。

因此，在活动的实施过程中，需要有关键时刻让用户留下记忆。如果用户在关键时刻的体验是愉悦的、满意的，那么之后对于产品的整个记忆也将是愉悦的和满意的。在活动组织和流通中，制作体验的关键时刻可以通过以下三种方法：

第一，增加活动体验过程中的仪式感。

随着市场竞争的加剧，以及人们消费水平和见识的增长，在活动运营的策划过程中，我们更需要一些形式的、外在的东西来凝聚用户，提升用户的情感认同。

比如在活动中签到，进行活动指南培训，以及在活动结束后，为用户颁发奖励勋章或者进行排名等方式，都是增加活动仪式感的运营方式，可以让用户对活动有更多的记忆。有一些非常高质的社群，用户在进群时需要填一个进群表，看一段入群守则，并向大家做自我介绍，有的还需要做进群宣誓，显得特别有仪式感，虽然过程繁杂，但是让用户印象深刻，从而实现体验升级。

第二，突出用户体验过程中的每一个重点内容。

重要的东西总是会让人印象深刻，这个无须多说。使用的手段可以是在活动开始之前对重点内容进行预热，也可以在活动执行中进行重点介绍，或者在活动执行后对重点内容进行回溯。这样就能够做到让大家印象深刻。

举个最简单的例子，假如你是一个部门负责人，要给团队成员传达公司的一项重要决策。如果仅仅是在微信群里发一下，相信这些团队成员不会记得多久。但是如果你首先在微信群里发一条信息：明天上午9：30—10：00在会议室开会，正装出席并带好纸笔。同时，你还重点安排了1名组员准备开会设备，1名组员做会议记录。然后，第二天你在开会的时候，强调这个会议的重要性，并隆重宣布公司的这项重要决策。之后，还安排所有成员讨论这项决策的意义所在。最后，你安排组员把会议记录整理好，并打印出来给每个人分发一份。这样，大家是不是就印象深刻了呢？

第三，制造惊喜，让用户在活动中有意想不到的体验。

制造惊喜一直都是在活动运营过程中百试不爽的好方法，没有人能抵挡得住惊喜，但凡在相同体验过程中感受到不一样的惊喜，用户总是会对你更加青睐。比如给用户准备一些礼品、红包口令、特权服务等小惊喜，都是在给活动运营制造关键体验时刻。

当我们在宜家购物时，其实经常有很多不愉快的体验，比如宜家购物路线设计得超级复杂，只买一件家具也要走完整个商场；比如你想问个事情却找不到店员。但是宜家总会给你一些惊喜，比如随意试用自己喜欢的床、找到与家中空间和风格都完全匹配的家具等。

2. 设计高参与度的活动内容

是活动就需要用户参与，没有用户参与的活动注定是不成功的，而且只有高参与度的活动内容才能达到活动的目的。设计高参与度的活动内容同样是有迹可循的。

提供“超值”奖励

“超值”的奖励首先要保证奖品对于用户有直接的吸引力，要么就是奖品价值够大，要么就是奖品契合活动目标用户的需求。奖品设置好了，还必须对得奖概率进行设计。一般来讲，概率性奖励事件设计的活动，都会很容易引发用户的参与，但是有必得奖励（100%中奖）的活动，更容易调动用户情绪，会获得更多用户的关注与参与。

比如同样的活动设置不同的奖励办法。第一种奖励办法：一等奖是一条价值4 000元的钻石项链，二等奖是价值800元的一张全家福摄影，三等奖是价值100元的银项链，参与奖若干名，送价值30元左右的证件照或吊坠。第二种奖励办法：一等奖是两张价值400元的门票，二等奖是价值300元左右的按摩卡，参与奖是价值200多元的情侣对戒。对比效果显示，第二种奖励办法在用户参与率上是第一种奖励办法的3倍，可见在活动吸引用户参与的维度上，高价值的大奖设置不如好的基本奖励设置有效。

活动中如果有高价值的奖品，就要重点营造其稀缺感。所谓稀缺感，就是重点强调这些对用户有高吸引力的奖品的稀缺度，刺激更多的用户来参与活动。

设置合适的活动参与门槛

有些活动的环节设置得特别复杂，步骤较多，用户需要点击很多页面，甚至有的用户看不懂如何操作，不知道怎么参与，这样肯定是有问题的。活动规则一定要明确易懂。

善于借势借力组织活动

借势是指利用热点、节日、人物之类组织活动。同时，关注这些热点、节日、人物也可以帮助积累素材，不仅可以借势利用，还可以从这些人和事件上学习技巧。

借力是要尽可能地开展跨平台的活动运营合作，大家一起去运营一个活动，相互导流，互换资源。

善用以上这三点就可以让活动策划碰撞出不一样的火花，让活动运营可以大概率地实现目标。比如2017年支付宝集福活动，巨额的2.15亿元现金红包满足了用户的逐利心理；集福活动具有竞争性、挑战性，满足了用户攀比、炫耀的心理；活动在春节前二十多天就开始预热，提前十天上线，并发布集福攻略，给用户足够的时间参与收集；整个集福活动借助了春节、春晚、送福的噱头，顺应中国人喜欢热闹喜庆的心理。

3. 实现活动内容的高效传播

在流量红利见顶的互联网大背景下，获客成本越来越高。在社交网络时代，需要创造拥有高效传播性的活动内容，提供用户承认的价值，通过用户的口碑分享，达到裂变传播和扩散，实现活动流量的乘数效应。

围绕提升活动可传播性，实现流量扩散的目标，可以分别从以下角度设计活动内容：

第一，让用户觉得获得的价值大于其付出的社交分享成本。

提供物质激励，同时最小化操作成本；提供分享理由，同时设置为双方受益。双方受益的模式在某种程度上也可以降低用户分享的思想障碍，让分享者产生“我其实不全是为了自己获得收益，也是为了给别人实惠”的心理，而被分享者也可以获得比自己参与更为实惠的收益，何乐而不为呢？

以拼多多的暴利现金玩法为例，用户首先点击现金签到，可以拆出现金红包，分享之后还可以再拆一次，拆完之后还可以发起签到团，在规定时间内团满即可领取现金。

尽管在运营层面，我们知道它采取的发奖机制属于变化比例（一方面是满10元才可提现，另一方面后台机制也会控制用户到达10元所需分享的次数），但由于操作成本较小（仅需点击或者分享即可），又是实打实可提取的现金，且为必得奖励，用户就会产生“价值大于操作成本”的感受，因而实际效果比较好。

除去实际收益，活动可以给予用户的价值还包括无形的形象价值。社会交往就像戏剧舞台，每个人都在扮演某个角色，在互联网社交互动中每个人都竭力维持一种与当前社会情境相吻合的形象以确保他人对其做出愉快的评价，这就是用户的形象价值需求。满足用户的形象价值需求，可以通过提供印象标签来实现。

从活动运营的角度来讲，就是让用户分享的内容有助于他们构建自身形象，也就等于提供给了他们印象管理的价值。而分享这个动作所付出的成本，必须小于活动为用户提供的“构建自我”的价值。

尽管个体并不相同，但总有一些特质是每个人都希望纳入个人形象的标签，例如，善良、优秀、聪明、颜值高等。从这些标签层面出发设计活动内容，都会对活动传播起到很好的帮助。

比如以大家熟知的网易云音乐的年终盘点为例，网易云音乐从歌曲和听歌时间、频率等层面，帮助它的目标客户群——文艺青年，树立了基于音乐品味的不同细分文艺形象，一时之间在朋友圈引爆了流行。

第二，让活动运营付出最小的成本。

控制运营成本，很大程度是要解决如何控制费用的投入，这就要先明确哪些地方需要花钱。通常来说，一档活动需要花钱的地方集中在“流量”和“奖品”两个部分，具体策略如下：

（1）活动流量投入策略。根据ROI设置基本投放渠道；优化标题文案，促进点击；相关平台及社群合作。这些策略都能有效降低活动运营的成本。

（2）活动奖励设置策略。根据必得奖励用户参与度更高的特点，可将价值较低（但必须足以撬动用户完成分享动作）的奖品做100%中奖（嵌入变化比例机制以控制预算），而大额奖品数量不必多，只要用来做噱头就可以了，毕竟多数人都很清楚自己没有那么好的运气。但需要强调的是，即便预估了流量及参与量级，也很难精准测算出可能发出的奖品数，因此建议在活动规则上增加一条：奖品有限，发完即止。这样的好处是给运营团队留有充足的余地，如果活动太过火爆导致必得奖品发完，也可以用规则来解决用户投诉，同时依据效果来考量是否追加奖品。

另外，活动运营可以考虑将获客成本返给用户，即获取一个新用户平均需要20元的成本，那么可将这20元应用于老用户拉新的模型中。例如，老用户带来一个新用户可获得15元返利，而新用户则可获得无门槛的5元优惠券，在用户自发分享带来的流量裂变中，增加活动或产品的曝光率，在成本可控的前提下达成运营目标。

（三）活动运营数据的考核维度与作用

1. 活动运营相关数据考核维度

拉新

什么是拉新？所谓“拉新”，就是吸引新的用户。对于活动运营来说，拉新意味着新的用户参与、下载激活及新的粉丝关注等。通过精心策划的线上线下活动，可以快速达到拉新的效果，所以，拉新成为众多活动运营的终极目标。

而拉新目标的制定，应该是可量化的，要具体到确切的数字。

类似于“获取新的用户注册/关注”这样的目标就非常模糊，无法明确需要吸引多少粉丝来注册/关注，在后续的资金投入、活动对象的选择、推广的强度等方面会显得毫无依据。最后造成用户获取成本过高、新增用户数量不足、活动执行方向走偏等不佳效果。

可量化的拉新目标，应该是“新增注册/关注用户××人”这样具体到数字的表述。这便是制定量化拉新目标的好处，它可以让活动的策划有迹可循，让活动的执行更加顺利，让活动资源的利用更加精准。

留存

什么是留存？通俗点来讲，就是指新增用户中经过一段时间后留下来的那部分，这个时间一般以日、周、月来计算。而留存率，顾名思义，就是留下来的占当时新增总用户的比率。

用户的留存至关重要，可以想象一下，通过一系列方式新增了数量可观的用户，最后却因为各种原因几乎全部流失，留存率低到可怜。那么，之前所做的一切就是无用功了。

所以，利用相关的活动留住用户，也成了如今大多数产品运营人员的常用手段。通常，这种防止用户流失的活动可以制定“用户日/周/月留存率保持在/不低于××%”的明确目标，和拉新一样，留存目的也要量化、具体化。

为了确立这样一个目标，需要了解产品的用户生命周期，通过观察用户的使用行为和频率，得出用户所处的阶段，然后依据该阶段的属性特点，制定相应的目标，策划有针对性的活动，让这批用户最大限度地留存下来。

除此之外，还要做好流失用户的定义，到底什么样的用户才是真正意义上的流失用户。不同的产品，对于流失的定义标准不一样，有些一个星期不用可算作流失，有些则长达半年不用才算流失。明确何为流失用户，可以知道哪部分用户即将流失或者已经处于流失阶段，并以此作为留存目标定制的参考。

促活

什么是促活？完整的说法，就是促进用户活跃。活跃的用户会经常登录、使用产品、在平台上留言，为网站、产品、平台创造价值，是真正有用的用户。产品中活跃的用户，通过频繁的互动，可以保持整个产品的气氛和热度，带动不活跃的用户加入互动，这就是活跃用户的价值。

因此，促进用户活跃也是众多活动运营的目标。促活的目标可以分为两大部分：让不活跃的用户变得活跃，让活跃的用户变得更加活跃。

首先，明确什么样的用户是活跃用户。与流失用户相对应，活跃用户可以根据使用的频率来定义，即一周登录/使用多少次为周活跃用户、一个月登录/使用多少次为月活跃用户。根据产品的属性不同，活跃用户的定义也是有差别的。

其次，根据活跃用户的定义标准，统计并分离出活跃与不活跃用户，再通过对活跃用户的行为属性分析，掌握他们活跃的因素。

如果把目标定为让不活跃的用户变得活跃，则可以制定出针对不活跃用户或者全体用户的活动，让不活跃的用户增加登录使用的次数，让他们走向活跃，也可以让活跃用户带动不活跃的用户。比如针对不活跃用户制定专属推广活动，再通过短信及邮件渠道精准唤醒。

如果把目标定为让活跃用户更加活跃，这样的活动就更加针对于活跃用户群体。比如开展会员等级达到一定标准的活跃用户才能参与的有奖活动。

召回流失

总有一些用户无法挽留住，而这批流失的用户，是企业要想办法召回来的，因此召回流失就成了一些活动运营的目标。

在制定这样的目标之前，必须要知道用户为什么流失掉了。用户的流失总是有迹可循的，要么是产品的体验存在问题，要么是产品的功能无法满足用户的需求，等等。这些流失的用户极有可能去了竞争对手那里，有些更是对企业的产品不满，向周围的人抱怨、传达不好的信息，从而带来负面影响。

因此，有必要通过某些途径召回这部分用户，告知他们产品已经改善的方面，邀请他们再次关注、体验、重新信任产品。关于流失用户的召回，可以通过邮件、短信等方式把相关的活动、消息推送到用户那里。

2. 活动运营各阶段数据分析的应用

明确运营目标阶段

策划活动之前，首先务必要明确做这个活动的目的，比如是为了提升新增用户，还是为了提高GMV。目标必须是具体可量化的数据，比如新增5万用户，这个目标就是活动结束后评估活动效果的标准。

其次，就是要在大数据用户画像的基础上，确定目标用户及活动渠道，开展“精准”的点对点活动，让数据把控整个过程，减少人工造成的失误；通过不间断的监控和自我反馈，使成本牢牢控制在合理范围内。

上线前预热阶段

重要的活动一定要有预热阶段，不能在用户毫不知情的情况下突然上线，这样不仅会影响活动效果，用户的体验也不好。

活动上线后第一天的效果，基本上就决定了整个活动的效果。第一天的数据越高，整个活动的效果越好。因为在大多数情况下，从第二天开始，数据就会呈下降的趋势。

所以，要想保证活动第一天的效果，要提升活动的爆发力，就必须靠前期的预热。因为任何一个活动都不会一下子快速引爆，用户总需要时间去接收和了解信息。要把这个过程放在预热阶段，而不是活动开始的阶段。

正式上线后关注进展

活动上线后，就好比一场足球比赛的开始，主教练肯定不能只知道结果，而要关注比赛进展，根据走势去做调整。比如看数据走势、看用户反馈、看内容的产出或交易的情况等。

活动总结阶段

活动就像一次试验，对于试验来说，最重要的是结果，有了结果才能验证之前的推测。所以，活动结果的数据分析是非常重要的。善于做活动数据总结，才可以让数据变成可循环利用的资源。

比如一个送礼活动，首先，要在活动页面埋点；其次，向同一个人推送两个或多个礼品，让用户选择其一；最后，根据用户的选择行为，获取更全面具体的属性。随着数据不断补充叠加，在活动结束的时候，就掌握了更加庞大的用户信息。这些数据，就是下次做活动的强大支撑。

将“数据不应该是静止的，要不断延伸”落地到实践层面，就是先通过SDK埋点，抓取用户的基本属性（性别、年龄、喜好、行为等），以便精准地推送相应的活动给用户。再就是利用A/B测试和灰度发布①来优化活动，让活动标签化、奖品标签化、广告标签化；然后通过给用户打上标签，刻画完整的用户画像，让2D数据延伸为3D数据。经过一次活动，获得更多更细化的用户标签，从而更精准地服务于下一次活动。

二、活动运营指标的制定、拆解与落地

对运营指标负责的活动方案才是一个靠谱的运营方案。运营者需要对运营指标具有全局掌控的能力，这就需要进行运营指标的拆解与落地。如何对运营指标进行拆解与落地，需要运营者把围绕活动运营目标的所有工作都进行极为具体的拆分，确定好活动运营的方向与目标，这些对于活动运营至关重要。

1. 运营指标的制定

活动运营面临的工作内容往往十分繁多杂乱，所以，有效管理好自己的工作内容和各种事务，并把它们有机组合起来为活动运营目标去服务，是最关键的事情。特别有经验的运营者在制定运营指标的时候，会尽力把70%的事情变得是可知可控的。

2. 运营指标的拆解

运营指标的拆解一定是建立在运营指标可执行、可达成的前提下，而且运营者对这个指标要具备一定的可控力。这种可控不一定是绝对的可控，中间可能存在各种突发的事件等客观因素，运营者只要能尽力做到相对可控，就是难能可贵的。运营者需要把活动运营目标和具体工作任务要素结合在一起对运营指标进行逐级拆解，形成一个类似任务工作表的样子，实现运营指标的可控、可执行，如果可能，尽量生成一个公式。

举个例子，某电商网站要做一个化妆品专题大促活动，希望通过这个活动

① 灰度发布：对某一产品采取逐步扩大覆盖用户范围的发布方式。

实现销售额提升3倍。那么，根据任务指标进行要素拆解分析，我们得到这样的公式：

总销售额=活动渠道×客单价（每用户平均收入）×付费转化率

根据如上拆解公式分析，我们发现三个运营要素：活动渠道、客单价、付费转化率，提升其中任何一个要素的指标3倍以上都可以达成活动目标。例如，经过运营者的拆解分析，三个要素中相对较难提升的是“客单价”，那么我们只需要重点提升“活动渠道”或“付费转化率”3倍以上，就可以达成活动目标。

3. 运营指标的落地

运营指标的落地就是将具体的运营指标进行拆解后，再落实到具体的运营手段，有针对性地对拆解要素进行提升。

接上例，我们可以把活动渠道拆分为平台内部渠道和外部渠道。

首先看内部渠道，考察目前内部相关活动页面的转换率是怎样的，是否有提升的空间，能拿到哪些内部推荐资源，通过综合分析来相对准确地评估可能达到的提升指标和预期效果。

其次看外部渠道的推广引流，根据活动运营类型有选择性地进行外部渠道的推广选择。为了更好地提升外部渠道的引流效果，我们可以进一步细化外部渠道价值，计算公式如下：

外部渠道流量=活动内容在外部渠道的展示次数×用户点击率

以此类推，按照公式推算，如果需要提升外部渠道引流效果，那么我们需要提升活动内容展示次数或者提升用户点击率。

对于提升用户客单价和付费转化率，则须抓住用户的趋利心态，也就是要抓住用户的心。京东、淘宝等电商平台已有非常成熟的各类运营手段，如各种包邮、满减、促销、清仓、会员专享等，用户一不小心就会花更多的钱，活动本身也达到了提升客单价的运营指标。

任何时候，当活动运营指标确定后，运营者首先应该具体思考如何将运营指标要素进行拆解并落实到具体的运营手段，只有让运营指标可执行、可落地，活动运营效率才会更高。

三、活动运营方案的有效制定和轻松落地

（一）活动方案的定位、调性和基本原则

在移动互联网时代，用户不会再老老实实地接受各种铺天盖地的广告信息，对营销活动压根提不起精神来，因为传统的广告和营销活动很难跟用户产生共鸣，所以根本打动不了用户。企业的营销活动要想打动用户，需要转变思路，唤起和激起用户的情感需求，引导用户产生共鸣。

关于定位：围绕一种产品，面向用户提供持续的一系列活动，使用户建立对该产品的识别度和信任感。定位对于营销活动，可以说是灵魂的注入，它让活动有了与众不同的目标、愿景和能够在市场上立足的基础。好的定位总是干净利落，广告口号让人印象深刻，同时可以节约企业大量的营销费用，提升广告效果。不好的定位，啰啰唆唆、特征不明，用户记不住，企业自己也说不清。最可怕的定位，是根本不清楚用户需求，过高估计了市场或错误判断了市场。

所谓调性：市场上同类产品那么多，要让自己的产品与众不同，必须拥有让用户记住你、能识别到你的差异性。比如为产品建立一些标签属性，通过一系列活动在用户心理上形成标签烙印。

基本原则：在确定活动方案的定位和调性后，再从围绕活动运营价值的关注点开展创新，最后从差异化、易接受的用户角度去考虑整体的落地环节，包括活动策划、资源确认、制作开发、渠道推广、运营执行、活动总结（在“让活动运营轻松落地中”有详细讲解）。

（二）什么是好的活动方案

好的活动方案往往是围绕用户的感知来进行设计和运营的，这样会让用户更有参与感。活动内容主线要清晰，活动设计要简单、可参与性强，要易于用户传播。能用图文表达清楚的，尽量少用文字说明。

从活动运营的类型、目的和用户切入点角度，可以大致概括为以下几种情况（见表8-1）。

表8–1 活动运营的类型

活动类型	活动目的	用户切入点
补贴	拉新	需求场景
话题	促活	关注热点
有奖	召回	趋利心理
游戏	品牌维护	

1. 活动类型

补贴：共享单车类免费月卡、京东到家代金券等用户补贴类活动。

话题：微博话题类、脉脉主题类内容运营活动。

有奖：电商类购物抽奖、手游类通关奖励等活动。

游戏：支付宝春节集五福送现金等参与类活动。

2. 活动目的

拉新：争取新下单用户或App的新启动用户。

促活：拉动用户访问登录和 UGC 的次数，提升某款或某类商品的订单数。

召回：潜在流失用户信任机制的建立与用户挽回。

品牌维护：扩大品牌知名度和品牌辨识度。

3. 活动运营策划的切入点

需求场景：以用户需求场景为切入点，比如滴滴的春节拼车。

关注热点：借助热点进行活动切入，比如微博的“我和我的祖国”。

趋利心理：利用奖励和补贴政策快速实现活动效果最大化，比如共享单车用户跨界免费领取骑行月卡。

4. 活动运营中特别关键的环节

活动时机选得好必会事半功倍

一个好的活动时机很重要，节假日搞活动本身自带流量，很容易吸引用户。不过，当所有人都在借势搞活动的时候，如何脱颖而出就显得更加重要。

活动内容简单有趣则用户参与度高

运营人员首先要知道活动的目标用户是谁，用户的生命周期是什么样的，用户对怎样的内容感兴趣。如果连活动目标用户是谁都搞不清楚就策划活动内容，后面的工作就只能看运气了。在搞清楚目标用户相关特征之后，接下来才能进行活动内容的策划，策划的原则很简单，就是“不要让用户思考”，流程要简单，文案要清晰。

人都是有趋利性的，活动奖励能够带给用户精神愉悦和更大的主动传播意愿。讲情怀的活动或者只是产品卖点的推荐对用户的吸引力不大，用户的参与度也很低。除了利益刺激外，制造稀缺、利用比拼和炫耀的心理等通常也能提高用户的参与度。例如，支付宝集五福活动在社交软件上传播量就很高，各种识别二维码进行测评的工具传播得也特别快，这些都是有趣的活动类型。

活动运营控制能力决定活动质量

活动运营风险监控从策划活动开始一直到活动结束贯穿全程，这也是最考验运营人员对整体运营的控制能力的时候。从活动运营策划到开发测试上线前的相关环节，运营人员、产品人员、开发人员、测试人员、客服人员之间的沟通成本很高，准确的传达和理解的一致性是该阶段的风险控制点，有效的沟通是确保功能实现和准时上线的基础。活动上线后，要对奖品资源的到位情况和推广效果进行监控，并随时根据运营数据情况进行及时的调整，提前制定应急预案。比如活动奖品发放过快，后期资源不够怎么办？渠道推广效果差，如何及时调整以达到推广预期，等等。主要监测点如下：

- 活动防作弊、防漏动监测机制，防止非法机构刷量套利。
- 活动奖品资源配置监测，实时根据发放情况进行中奖概率调整。
- 活动推广宣传文案影响推广效果，要备选多套文案，根据数据情况进行调整。
- 运营效果第三方监控，防止渠道方制造虚假流量。
- 运营压力监控，防止活动参与度过高、出现服务器瘫痪情况。

活动数据是检验效果的唯一标准

现在促销或者活动类运营越来越相信数据的力量，特别是电商类活动，拍脑袋的决策少了很多。用数据去评估活动运营的效果，需要带着目的去分析中间的过程数据，而不是一味地只看结果数据。例如，在商城积分兑换活动中，不同时期的兑换量和转换率不同，这是源于用户对积分产品本身的认知，用户会习惯性地认为年底积分会清零，所以会集中在每年11—12月这一时期进行兑换，从而产生兑换高峰和服务压力。在这里对用户过程数据的分析，远比实际结果更加重要。影响数据结果的因素有很多，其中可以重点关注用户体量的变化、活动用户受众的变化、活动场景的变化、活动时期的变化等。透过数据结果去看数据背后反映的过程数据的影响因素，从而更加客观地去辅助运营人员的决策。

（三）短期活动方案策划

开展短期活动策划，通常来讲是这样设计活动结构的：

（1）通过用户运营数据明确重点挖掘的用户是哪些，发现用户关注的内容是什么。

（2）分析这些用户的使用习惯，制定短期内的优化手段。比如某电商网站希望商户在收到用户订单后2小时内做出响应，并在半天内完成打包和物流发送，等等。

（3）明确用户维系手段和激励方案。主要逻辑是用户只需要满足一定邀请条件，就可以获得一定的奖励。比如老会员邀请新用户可1折购买特定商品等。

从活动种类来讲，大致会有以下几种：

抽奖类活动：满足一定条件的用户可以参与抽奖，奖品可以是实物、现金或其他虚拟物品（积分、优惠券等）。

红包类活动：用户可以在满足一定条件的情况下获得红包，比如现金红包、积分红包、话费红包、代金券等。

收集类活动：用户根据任务进行特定物品收集后，可以兑换相应奖品，比如集齐印章可兑换某类产品等。

返利类活动：用户满足一定消费条件，可获得返利，同时，返利可以在特定场景使用。比如消费满减活动等。

竞猜类活动：用户参与竞猜活动，答对有奖，比如“世界杯猜猜猜”等。

（四）中长期活动方案策划

中长期活动运营通过用户主动参与，重点在于培养用户习惯。周期性活动有助于用户习惯的养成，以下介绍几种常见的中长期活动方案。

签到是特别常见的周期性活动策划方式。比如视频类、社交媒体类网站/App进行长期签到类活动运营，以提升用户黏性，培养用户使用习惯。

等级是旨在建立用户体系的成长激励活动策划方式。比如QQ、游戏类、电商类企业，多开展用户成长激励活动运营，面向不同等级用户提供不同权益内容，通过差异活动内容提升用户活跃度。

用户召回是持续开展的用户挽留类活动策划方式。比如沉默用户唤醒类活动运营，用户退订损失、降级等针对特定用户群开展场景运营进行用户召回。

以下是某款即时通信产品的中长期活动运营方案，主要内容设计如下：

（1）运营目标。通过对用户进行细分，分为新手期、成长期、成熟期、流失期，由内容运营引导制定相对应的运营策略，大力提升用户活跃度。

（2）运营步骤。步骤1：新手期进行新用户转化，促进用户建立关系链；步骤2：成长期进行关系链运营，沉淀用户关系；步骤3：成熟期提高用户在网时长；步骤4：流失期进行存量用户运营，激活沉默用户、降低用户流失、召回用户，对用户进行二次运营（见图8–1）。

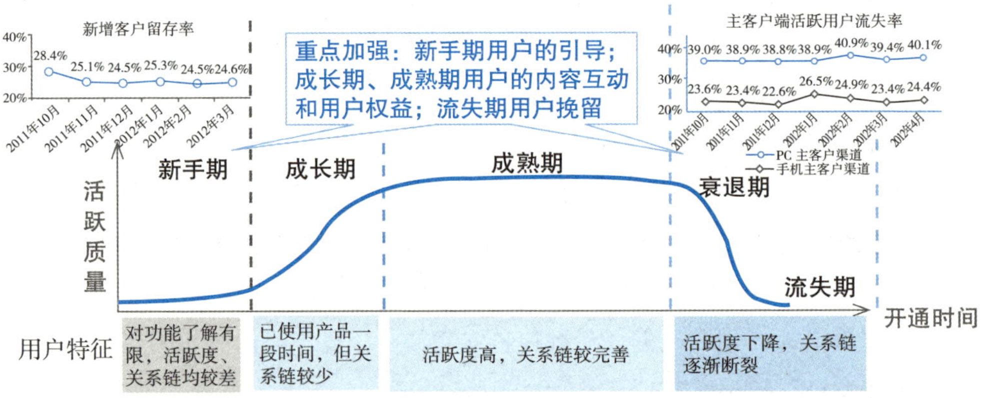

图 8–1　用户生命周期的长期运营策略

（3）运营手段：区分有效用户与垃圾用户，产品初期要为有效用户创造潜在价值，但是这不足以留住用户，所以前期的用户运营策略主要以提高用户留存率为主（见表8–2）。

填写资料引导：通过明确的引导流程，利用勋章、奖励等激励用户主动填写真实资料。

新用户关系链引导：通过好友推荐、可能认识的人、摇一摇、小纸条等帮助用户初步建立关系链。

功能使用引导：引导用户使用产品核心功能，明确告知用户产品功能操作方式及特性；通过任务系统或新手营销活动，引导用户接触更多功能，使得用户体验逐步深入。

内容引导：通过迷你首页弹窗、系统消息弹窗、客户端文字链等渠道，向用户推荐热点话题、游戏、应用等内容，引导用户消费内容。

表8-2 黄金7天运营

黄金7天运营	主要手段
第1天	通过用户电话话单推荐，引导用户初步建立关系链
第2天	引导用户填写并完善个人资料，激发用户与好友的沟通
第3天	向用户推荐各类内容、热点话题、应用、游戏，通过内容引导，延长用户停留时间
第4天	向用户推荐免费短信、定时短信、直接短信、异网短信、富文本等特色通信功能
第5天	通过任务系统用做任务得奖励的方式，引导用户连续活跃
第6天	利用新用户运营活动的趣味性和奖品的刺激，继续引导用户通过可能认识的人、摇一摇、小纸条等功能添加好友
第7天	再次向用户推荐各类内容、应用，重点推荐热点话题、兴趣组等，引导用户参与圈子互动

通过周周主题、月月活动形成常态化运营，在活动参与环节引导用户向已有的半熟人社交关系链发出活动邀请，在共同参与活动的过程中，加深了解、加强互动，活跃关系链（见图8-2）。

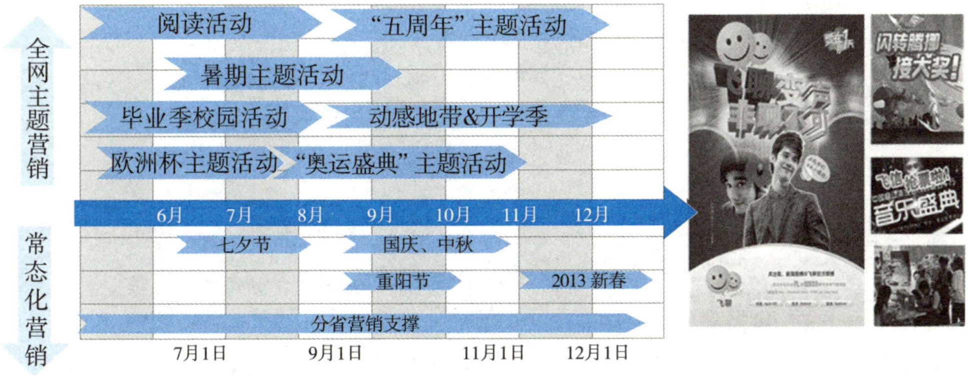

图 8-2 常态化运营活动

（五）让活动运营轻松落地

活动内容的组织与流通其实是一个基于用户需求的完整的产品上线流程，主要包括活动策划、资源确认、制作开发、渠道推广、运营执行、活动总结六大环节，要求能够做好全流程的项目推进，让进度管理执行落地。

1. 活动策划

活动策划是最难确定的环节，活动落地需要多个部门的人员协同合作完成，除了活动运营策划者本人，还需要销售、产品、开发、测试、客服等各方支持，而每个人的利益点和兴趣点不同，如果直接进行会议评审，很可能被直接驳回，影响计划的推进。如果在活动策划的同时提前与相关人员就关注点进行沟通并达成一致意见，那么活动内容的评审通过率会大大提高。在评审会上，可以将讨论的关键点放在多方协作内容的沟通上，通过更加充分的沟通，使得后续的执行效率更高。

活动策划包括但不限于以下主要内容（见表8-3）。

表8-3　活动策划的主要内容

主要模块	内容描述	特别注意
活动主题	明白活动是什么主题，对用户是否有吸引力	活动主题是否有吸引力，直接影响用户点击转换率和跳出率
活动对象	明确活动针对的群体，让用户看得懂	
活动时间	准确表达活动开始及结束时间，奖励发放和领取时间	时间不说清楚会引发用户投诉，给客服带来很多麻烦
活动描述	详细说明活动内容，明确用户的参与方式	
规则详情	清晰地描述活动内容的各项细节要求，规则说明一定程度上可以起到免责作用	让用户看得懂，让活动产品开发人员清楚规则，让客服人员说得清楚
推广渠道	说明渠道选择、预算、投放时间、要求等	让市场人员或者运营人员了解清楚
风险控制	说明风险环节有哪些，有无对应的解决措施	让活动产品开发人员和领导了解风险点，并进行相关决策
数据指标	对于需要监控的数据指标进行说明，尤其是投放渠道、用户转化率、奖品发放等关键指标要明确说明	数据埋点尽可能全，根据数据运营情况，可优化活动路径
资源评估	需要投入的固定成本、奖品资源、推广费用等	明确资源投入会带来什么样的产出
效果评估	活动收益评估，对运营指标，如收入、用户活跃度等的效果评估	活动运营成果展现及汇报
常见问题	提供给客服人员的活动常见问题解答	帮助用户解决活动参与的问题

2. 资源确认

活动效果好不好与资源投入有直接的关系，可将资源分为两类：一是成本投入，二是渠道推广。因此，运营人员需要在活动上线前准备好相关成本预算和渠道推广相关预算，以及所投入资源能产生价值的数据预估，并经过相关领导审批确认。任何企业在活动奖品和渠道推广宣传方面的投入都是经过精心测算的。活动奖品可以是产品本身，如手机厂商自己生产的相关配件，也可以是采购的其他产品，如流量、话费等。渠道推广宣传根据时间点不同，价格也有很大差异。运营人员需要对成本数量、投入时间、推广排期、物料设计和数据监控等进行整体规划。

3. 制作开发

活动的制作开发需要跨部门协作完成。制作开发环节的沟通需要从活动定位、调性、定量、定时方面进行明确，即活动的目的是什么，要呈现什么样的效果，制作风格是什么样的，具体需要对方做哪些事情，活动需要上线的时间点等。

页面设计： 包括页面主题风格、页面元素、色彩要求、页面创意四个部分。主题风格，是用户参与的理由，也就是活动的核心。面向不同的用户群体，设计风格应有所不同，比如欢快热烈、紧张神秘、成熟稳重、年轻多元的页面效果差异很大。页面元素，包括企业LOGO或品牌标识等，需要明确呈现的要求。色彩要求，不同颜色给人的感觉完全不同，活动颜色要符合活动主题的要求，使画面看起来更和谐舒服。页面创意，移动端和PC端的排版和网络环境的差异性，使得设计风格和要求截然不同，需要考虑字体、页面加载、按钮触点等多方面的影响因素，以保证用户使用的流畅性。

制作开发： 包括前端页面制作和后端功能开发两个部分。前端页面制作的页面切图质量直接影响后面页面访问的反应速度，活动页面中的链接跳转、弹窗提示、按钮、浏览器兼容性等都需要前端制作完成。后端功能开发更多的是基于活动效果的功能开发，也包括数据存取、平台稳定性与性能要求等。前端页面制作和后端功能开发需要互相配合、协作完成。

测试上线： 活动正式上线之前需要经过严格的功能、性能以及安全性测试。功能测试是由测试人员和运营需求方共同完成的，测试内容包括：页面按钮及链接是否正常，用户注册登录功能是否正常，活动页面浏览器兼容性及样式是否正常，活动参与或支付相关环节是否正常，数据统计是否完整，以及其他活动策划功能是否正常，等等。性能测试需要有专业性能测试人员对系统承受能力、负载能力进行测试，以保证活动高峰期能承受高并发人群压力。安全性测试要求对系统进行漏洞测试，检查是否存在活动刷量风险等系统安全风险。

4. 渠道推广

渠道推广分为内部渠道推广和外部渠道推广（见表8–4）：内部渠道推广主要指通过App渠道、HTML5渠道、WEB渠道、官方微信公众号渠道、电商平台自营店的内部资源位、系统通知、推送等进行内部转化。外部渠道推广主要指通过搜索引擎、微信大V公众号、新浪微博、应用市场、广告联盟等进行资源置换或推广付费以实现外部渠道引流，要选择用户群重合度高的渠道进行合作。

表8–4　渠道推广

活动渠道											
内部渠道（内部转化）						外部渠道（推广引流）					
App渠道	HTML5渠道	WEB渠道	官方微信公众号渠道	电商平台自营店的内部资源位	……	搜索引擎	微信大V公众号	新浪微博	应用市场	广告联盟	……

5. 运营执行

活动运营的执行管控是活动顺利完成的基本保障，需要在活动的每个阶段准备相应的预案并进行监控，涉及人员、资源、制度、节奏四个方面。

人员：采取运营主责任人制，同时活动关键环节的执行要具体到人，并提供完成的具体时间点。要提前准备相关人员的招聘（或兼职）或临时借调办法，以保证在活动执行中人员到位。

资源：活动中涉及的奖品、渠道、物料等相关成本或资源，时间、广告位及内容等相关的支撑资源，以及应急预备资源。

制度：需要具备执行手册、客服手册、活动管理办法和责任人管理办法，从而在活动中出现问题时能够快速响应并及时解决。

节奏：活动运营从策划到上线运营，环节多、涉及部门和人员多，负责人对活动各环节时间节点的把握很重要，其中一个环节延时就很可能影响整个活动的节奏安排，活动负责人能够将活动准确地传达和保持团队理解的一致性是确保活动运营节奏的基础。

6. 活动总结

常规的活动总结包含活动数据分析和活动总结报告两个部分，这样的活动总结是远远不够的。除了以上内容，还可以包括：通过运营数据分析，发现数据波动反映的主要问题及其影响因素，研究如何改进效果会更好，并指出对后续的工作具备哪些指导意义。总结分析在活动过程中遇到了哪些困难，活动需求实现情况怎么样？合作流程开展得如何？相关资源使用是否与预期相符，原因是什么？从而对后续活动策划和团队协作能力的提升提供经验教训。

四、跨界营销活动运营场景解读

跨界与融合是“互联网+”时代的重要商业模式，也是中国经济升级的大势所趋。在多行业跨界中，营销活动的目的就是要引爆更大的市场、收获更多的资源。跨界营销活动就是实现多个品牌从不同角度服务同一个用户群，营造推广和销售运营的新场景营销。通过资深的创意手段，围绕品牌之间用户圈层的共同性及互联网数据标签化的特点，在一个跨界创意中找到生活中用户的每一个需求，通过跨界创意的途径从品牌圈包围用户圈。跨界运营互联网产品相对较为成熟，电信运营商、内容服务商、系统集成商、终端厂商、设备制造商等正加速将自身业务向产业链上下游跨界场景延伸，打造一体化场景服务。

那么跨界营销活动运营的价值在哪里呢？

- 跨界思维，是最简单、有效的创新思维，甚至是颠覆性、变革性的思维；
- 突破惯例与常规，塑造差异化、多样化，才能让跨界营销更有吸引力；
- 把握本质，制造营销噱头，引起关注，建立情感沟通；
- 基于资源相通点将差异化的品牌信息通过合适的渠道传递给潜在用户。

如何实现跨界营销活动运营？

用户群体跨界： 同一个用户群体在不同的运营场景中表现出来的属性可能完全不同。比如“90后”的用户，在喜马拉雅更多关注的是子女教育类的学习资源，在微信读书则更多关注个人成长类或专业类的内容。所以，在用户群体跨界活动运营中，要重点考虑用户对跨界平台关注的角度。

运营手段跨界： 同一种运营手段在不同的运营体系中的运营目标也可能不同。比如同为微信公众号运营，有些目标是进行品牌推广，有些目标是用来获取用户，有些目标是促进销售。所以，要根据营销场景的转变，理性地进行运营活动目标的制定，合理分配活动运营目标的占比。跨界营销需要找到目标用户特有的聚集地、聚集方式、号召方式。每个群体的垂直属性是最大的势能，越早挖掘就越有可能获得增长突破。

产品和业务跨界：企业推出与传统系列产品有一定差异甚至是完全没有关联性的产品作为市场开拓的新产品。同一活动运营在不同的终端业务场景下运营目标也会有所不同。比如用户在移动端、PC端的场景下关注点也不同，电商、O2O、新闻类、社交类、工具型等业务逻辑不同，活动运营的关键环节设计也不同。在开展产品和业务跨界活动运营中，例如电商和O2O类企业应该更多在价格和商品方面进行合作，社交类、新闻类企业应该更多围绕转发、互动方面制定活动运营目标。

跨界的归零：虽然可以分别从单一维度来阐述运营跨界的转变，但更多的情形是“领域+产品+用户”的同时跨界，实际上强调的是一种归零心态。过往的经验是我们的财富，而结合新的场景来拆解应用才是优势。低级的跨界是简单粗鲁地借用渠道开展活动宣传，中级的境界是通过活动合作扩充双方用户群，而我觉得高级的跨界应该是思考并借鉴不同领域解决问题的方法，实现活动运营的目标。

（一）移动跨界营销活动，带来全新的生活方式

“互联网+”经济时代，在移动跨界营销中最重要的是移动平台，人们使用手机购物、订票、打车、付款已经成为一种生活习惯。移动跨界营销创造了快捷便利的线上线下体验，改变着人们的生活方式。企业积极连接移动平台，抓住移动渠道，就有机会获得更多的移动用户。

1. 借助中国移动运营商8亿用户，连接跨界营销场景

中国移动以积分为纽带，依托海量用户与行为数据，以用户保有和用户忠诚度计划为基础，打通用户跨界营销服务场景，为跨界合作商实现用户引流。与线上合作商开展的跨界营销活动，比如，中国移动积分兑换爱奇艺会员，在爱奇艺会员发展初期，收费会员中有超过一半以上的用户（约1 000多万）是通过移动积分兑换转化而来的。与线下合作商开展的跨界营销活动，比如，通过移动App、短信、官网、微信公众号、实体营业厅等多种渠道实现积分兑换，

打通线下商超、餐饮、便利店等，实现线下实体店用户导流消费。例如，移动440积分兑换沃尔玛5元超市购物券、移动3000积分兑换一杯星巴克咖啡等。移动积分引流带来全新的跨界营销合作模式，让积分消费无处不在。

随着5G时代的到来，运营商流量提速降价，带来了井喷式跨界流量经营的增长，中国移动在流量的入口、加工、出口各环节帮助企业客户和个人用户实现更高价值的变现，同时借助多样化的产品和服务向流量生态化、个性化迈进。比如腾讯视频25元/月定向流量、咪咕视频50G定向流量、爱奇艺专属本地流量等。

2. 微信连接线上线下服务场景，带来全新跨界营销方式

场景是一种连接方式，它是以人为中心进行价值交换的新生活方式的表现形态，场景构成包括时间、地点、任务、线索、连接方式，场景的本质就是对时间的占有。微信连接线上线下服务场景，改变了人们的生活方式，更改变了企业的营销模式。很多企业都通过微信建立跨界营销服务场景，比如餐饮企业通过微信公众号推送促销信息，实现扫码下单、结账，进行会员管理；电商企业通过微信小程序进行账户绑定，实现关系链商品推送，完成一站式购物体验。借助微信客户端作为跨界营销渠道，能够让更多的人看到并且参与其中。

（二）互联网跨界营销活动场景打通与应用

企业开展互联网跨界营销活动的目的就是要获得更大的流量、收获更多的资源。流量对于企业来说就是过去所说的客流，对销售有直接的促进作用。现代人最离不开的互联网场景就是社交和消费，无论怎样的跨界都离不开消费者的需求和生活，只有符合消费者需求的个性化跨界营销场景才可以获得认可。

1. 用户群体跨界

品牌之间的合作，要目的明确且精准互补，要考虑目标消费群体的一致性，将对方的品牌特质，包括调性、目标人群在内的相关事物连接到自己的品牌上，对自己的品牌产生联想。需要注意的是，这里的互补，并非功能上的互补，而是用户体验上的互补。有些品牌合作看似差别大，关联性不强，但实际上两者发挥各自优势，形成完美互补的合作模式，通过圈层发酵，精准地触达广大用户，最终产生品牌叠加的共振效应。

2. 运营手段跨界

微信朋友圈到今天几乎已是最重要的引爆场景，微信App已经从社交沟通工具发展为场景运营的基础设施。在推崇个性化的朋友圈，公众号、小程序、二维码、卡包一类的应用拓展了场景边界，令生活方式更加场景化。运营手段不再局限于单一渠道，运营内容和活动可以贯穿于用户场景全流程，实现用户操作线上线下无缝切换。例如，用户通过朋友圈好友分享的信息关注到企业公众号推送的活动优惠券信息，点击领取到卡包，到线下门店扫描二维码使用优惠，同时快速注册成为会员，享受更多的企业服务回馈。

运营手段的跨界使得活动运营场景渗透能力更强，为用户习惯的养成和用户体系的建立增加筹码。在线上线下运营手段场景跨界打通的同时，实现了更好的运营效果。

瑞幸咖啡（luckin coffee）用半年时间开设了600多家门店，通过App、微信公众号，建立会员、钱包等系统，为线上场景的使用增加了筹码。

下面我们就一起来看一下瑞幸咖啡是如何激发用户养成习惯的，并促进用户体系的建立的：

（1）新用户注册免费获得一杯咖啡，邀请好友、拉新用户获得免费咖啡；

（2）利用节日、活动派发折扣券，提高重复购买；

（3）为激发用户购买，实施买5赠5策略；

（4）办公室同事间的红包不再是单一的现金形式，咖啡红包为大家带来更多沟通的机会。

3. 产品和业务跨界

产品和业务跨界是建立在满足用户服务基础上的，中国移动面向宽带电视用户推出了云视界App，不仅为安装这款应用的用户提供了海量影视剧资源，实现传统电视频道全覆盖，还为用户打造了个性化节目单，实现多屏互动。用户通过微信扫一扫功能扫描电视上的二维码，手机就能绑定电视，通过手机投屏到电视进行播放，使用户拥有更好的观影体验。

4. 跨界的归零

企业在跨界营销过程中需要看清方向，结合新的场景来寻找跨界的机遇，要有归零心态，而不是一味迎合跨界热点。跨界应该思考并借鉴不同领域解决问题的方法，找到适合自己的创新玩法。

vivo手机追求乐趣、活力、时尚且外观卓越，尤其音质方面是其一大卖点。于是，vivo搭上了QQ音乐这款5亿下载量的播放器来进行跨界营销，希望借助QQ音乐的强大粉丝资源和渠道平台，让更多的人知道vivo手机的音乐特色，从而增加销量。

京东会员和爱奇艺会员借助不同领域的优势实现会员互通。简单地说，如果你开通的是爱奇艺年卡，那么你也可以享受到京东PLUS的会员权益，这其中还包括运费券、礼包等福利。如果你是京东PLUS会员，同理，你也能够在爱奇艺上享受VIP的一切特权。双方会员服务的互通，为彼此带来巨大的商业利益和品牌价值，也为彼此增加会员用户接触面，吸引更多潜在用户成为双方平台会员，进一步扩大爱奇艺和京东的付费会员规模。所以，这种互利互赢的模式不失为一种好的选择！

（三）区块链对跨界营销的影响

我们生活在一个中心化的社会中：用微信聊天，在淘宝购物，去学校读书，到医院看病，每一项实践活动都会落实到一个中心。在我们享受着中心化的高效便利的同时，也承担着可能出现的拥堵的困扰和泄密的风险。此外，由于数据由中心化的平台型企业所有，因此其他企业营销方式往往无法对营销活动所带来的产品销售增长能力进行量化。此外，数字广告的很多浏览量和点击量往往是由机器人操作的，这背后的真实数字人们也无从掌握。

区块链的诞生，标志着人类开始构建真正可以信任的互联网，能够在网络中建立点对点之间可靠的信任，去除价值传递过程中的中介干扰，既公开信息又保护隐私，既共同决策又保护个体权益，这种机制提高了价值交互的效率并降低了成本。这就保证了运营创造者，无论是发布文章，还是视频、图片，都可以根据自己作品的受欢迎程度，获取相应的收益。基于区块链的智能合约，可以降低在跨界营销过程中有可能产生的矛盾，让企业更便捷地开展跨界营销推广。

通过在数字媒体上运用区块链技术，内容创造者、发布者和广告营销者都能从中获益。因此，也不难想象，数字媒体领域也将在不远的将来被这一创新性的技术所颠覆。

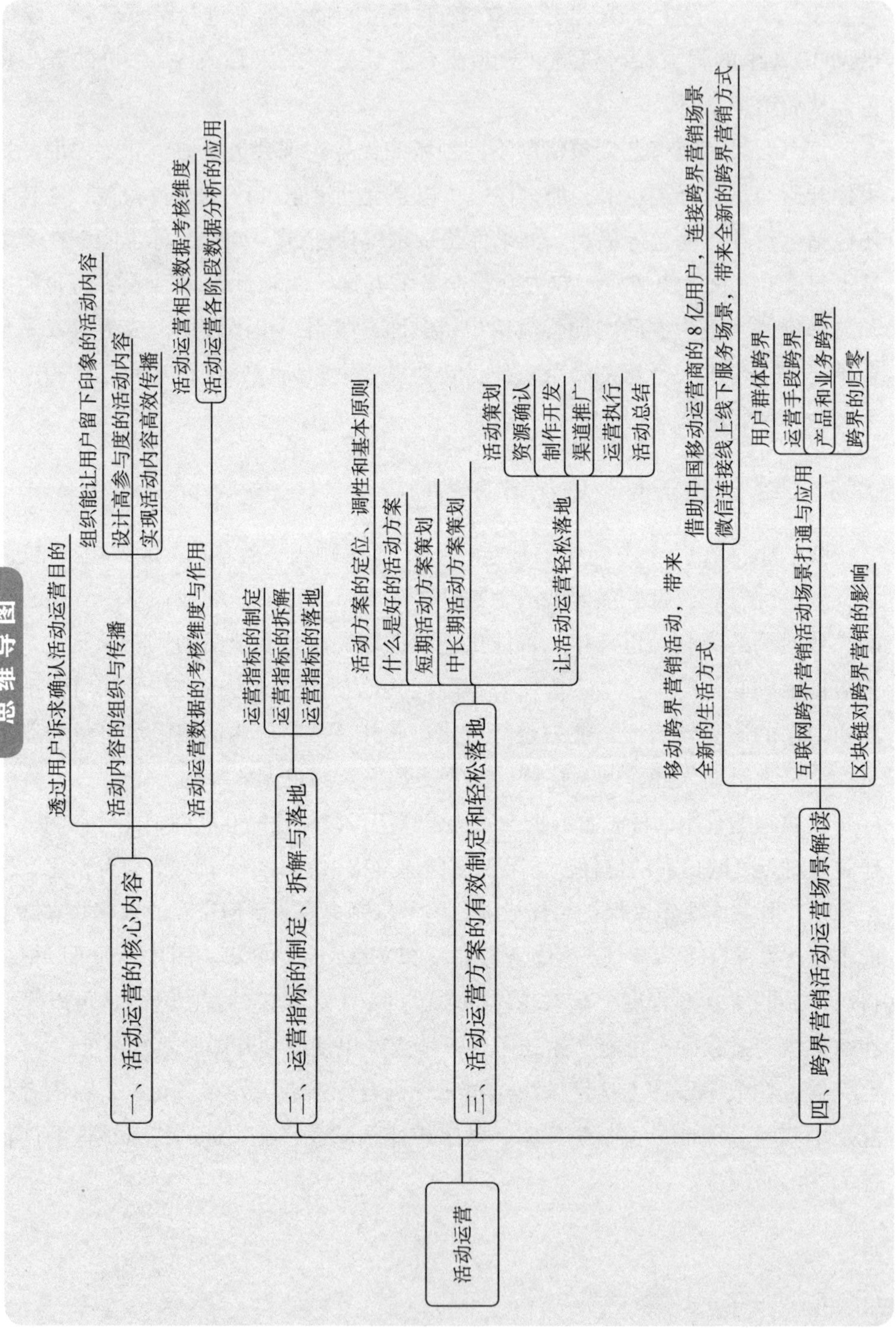
思维导图
活动运营
一、活动运营的核心内容
透过用户诉求确认活动运营目的
活动内容的组织与传播
组织能让用户留下印象的活动内容
设计高参与度的活动内容
实现活动内容高效传播
活动运营数据的考核维度与作用
活动运营相关数据考核维度
活动运营各阶段数据分析的应用
二、运营指标的制定、拆解与落地
运营指标的制定
运营指标的拆解
运营指标的落地
三、活动运营方案的有效制定和轻松落地
活动方案的定位、调性和基本原则
什么是好的活动方案
短期活动方案策划
中长期活动方案策划
让活动运营轻松落地
活动策划
资源确认
制作开发
渠道推广
运营执行
活动总结
四、跨界营销活动运营场景解读
移动跨界营销活动，带来全新的生活方式
借助中国移动运营商的8亿用户，连接跨界营销场景
微信连接线上线下服务场景，带来全新的跨界营销方式
互联网跨界营销活动场景打通与应用
用户群体跨界
运营手段跨界
产品和业务跨界
跨界的归零
区块链对跨界营销的影响

大 / 咖 / 知 / 心 / 谈

杨玲

资深活动运营专家，现任中国移动积分计划运营规划负责人，曾先后在中国网通、《财新》杂志、神州泰岳、中国移动任职。

箴 言

不管你的活动运营基础是什么样的，只要你肯不断学习专业知识，多去尝试和积累经验，经过一段时间的磨炼，任何活动都可以轻松驾驭。

书籍推荐

1. 古斯塔夫·勒庞. 乌合之众：大众心理研究，马晓佳译. 北京：民主与建设出版社，2018.
2. 王靖飞. 跨界红利：互联网时代企业经营新思路. 北京：化学工业出版社，2017.
3. 马化腾等. 分享经济：供给侧改革的新经济方案. 北京：中信出版社，2016.

第九章

产品运营——一个互联网产品的诞生和发展

作者：屈明进

新经济是以信息技术为基础设施的经济。新经济时代的大运营离不开产品，而一个互联网产品诞生和发展的不同阶段，需要运营人具备全面的能力，即在从0到1、从1到10，以及10以后的世界实现商业价值、用户价值和产品价值的统一。

一、引言

常常会有人问我这样一个问题（当他们知道我的职业后）："我有个想法，我觉得这个想法很有价值。我觉得可以做一个App来实现它，只是我完全不懂技术，我要怎么样才能做一个App呢？"

一般听到这样的问题，我总是习惯用产品人的思维去分解问题，找出背后的真实需求。分析一下这个问题，它其实是由以下几个部分组成的：

（1）它有一个可能蕴含着真实用户需求的场景，但不一定经过有效的用户调研。

（2）这个用户需求是否具有商业价值还是未知的。

（3）它对应的是一个具有前端用户感知的互联网产品（是否是个App是以后再探讨的问题），有可能背后包含着庞大复杂的系统。

（4）提出问题的人很可能不理解产品和技术的区别，觉得那都是一回事。

这类问题回答过多次之后，我很想把过往我是如何做一个互联网产品，我所看到的同行朋友们是怎么做一个互联网产品，以及我作为顾问协助别人完成一个产品的初期设定的经验分享给更多人。下面我将围绕以下问题来展开我对于一个互联网产品是如何诞生的理解，希望对大家能有所帮助。

二、从0到1的挑战

1. 从0到1的步骤

一般来说，一个互联网产品的诞生需要的步骤大体如图9-1所示。虽然每个产品经历的细节可能会不一样，但是其基本流程都是如此。先有一个想法，之后通过直接或间接的用户调研分析，进一步验证想法，将其完善并初步转化为需求。再之后由一个关键角色——“产品经理”来将其转化为详细的产品需求。一般最后将会产出一个文档，我们叫它产品需求文档（Product Requirement Document, PRD）。该文档一般可以包括以下内容：产品背景和目标（vision）、目标市场和顾客（target market and customers）的描述、竞品分析（competitive summary）、对产品主要特征做比较详细的描述、使用案例（use case）、需求设计、需求的优先级、初步拟定的进度计划。

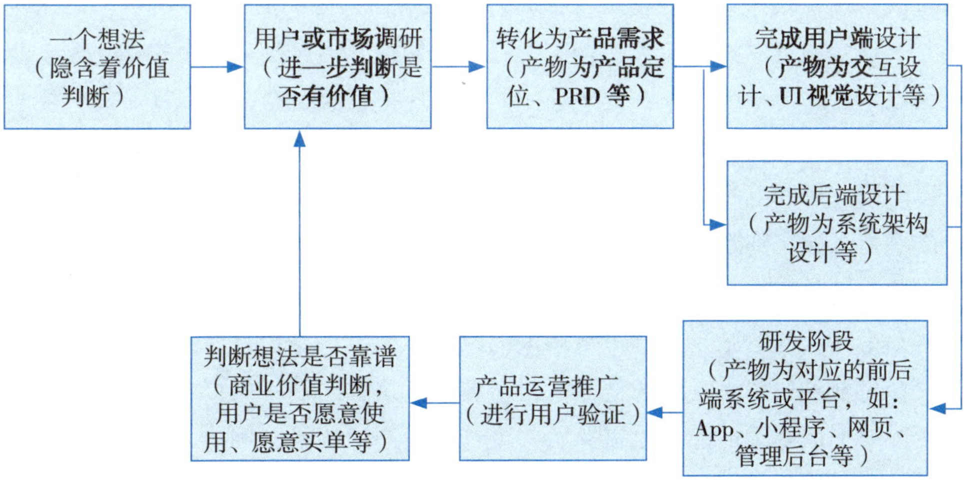

图 9-1　一个互联网产品诞生的基本流程

当完成这一步之后就可以产出一个产品原型，这个产品原型一般用来和需求方、用户界面（User Interface, UI）及交互设计师、开发人员进行沟通。可以粗略，也可以详细，这取决于沟通对象的专业程度。

再往后就需要设计师来完成UI设计，最后的输出物一般为高保真原型，或者叫视觉稿，这部分产出的成品就和用户所见基本一致了。交互设计师在此基础上再进一步进行交互设计。毕竟UI原型是一个死的产物，交互设计师需要做的是，设计用户在产品上做任何动作所得到的下一步反馈是什么（规模小的公司往往没有专门的交互设计师岗位，一般由产品经理或UI设计师兼任）。如果这个产品改动需求涉及后端部分，将由产品经理或相关的技术负责人完成后台产品的设计，再之后就可以进入研发流程，研发完成之后投放到用户手中进行产品的运营验证，判断验证结果是否符合预期。如果与预期不相符，将进行再一轮的产品改进工作。与预期相符或者超出预期，还可以继续深入挖掘，继续做大做强。周而复始，不断迭代优化，就是一个产品从诞生到迭代的基本流程。

2. 一个想法如何开始（怎么知道哪些是可以做的）

我们做任何一件微小或者伟大的事，都是从一个想法开始的。无数互联网的奇迹故事也都是如此。稍微研究过一点“成功学”的人普遍都知道的一个故事，就是马云先生在创立阿里巴巴之前先做了一个产品叫中国黄页。而这个想法的萌生，源于他1995年陪同一个考察团出访美国，在美国发现了互联网这个神奇的东西。别人告诉他用这个什么都能搜索到，他就输入了“beer”这个单词，发现真的可以看到全球各种关于啤酒的信息，但是唯独没有中国。一个想法就在他的脑海中萌生了，他要让中国的企业把信息发布在互联网上，让全世界需要找到企业信息的人都能看到。就是这样一个想法和灵感最终创造了阿里巴巴帝国。后面的故事家喻户晓，我就不去细讲了，在这里我们需要探讨的主要问题是：如何判断一个想法的价值，以及它是否适合成为一个产品？

你先简单问自己几个问题：这件事能影响多少人？能帮助社会或者部分人取得一个什么样的结果？能带来多大的改变？你觉得是否有人会愿意为了这个改变而付费？付费者是谁？他愿意付出多少？这些问题不仅决定了最初的想法是否能够形成一个产品，也贯穿了一个产品生产的始终。例如大家都很熟悉的微信，极强地改变了绝大多数中国人的沟通行为，滴滴改变了一、二线城市居民的出行行为，淘宝改变了人们的购物行为。我们看看每一个成功的产品，最后会发现，其取得的成就无一不是与其影响的人群的规模相关。对人们的行为和社会的影响越大，产品具有的价值越高，获得的成功也越大。

完成初步的用户价值判断之后，你需要判断当前实现的可能性。无论是一个大的商业想法还是一个小的产品功能，可能性判断就是要判断你的资源和最终能达到的收益之间的关系，即你是否能够投入足够少的资源获取足够高的收益。思考这个问题的隐含前提就是当前的技术手段是否能够支持或者达到产品的要求。例如，计算机最早的创意其实来源于英国人查尔斯·巴贝奇（Charles Babbage），在1834年那个电都还没有普遍应用的年代，他就设想制造一台通用分析机，在只读存储器（穿孔卡片）中存储程序和数据来做计算。但是受当时配套技术的制约，他只能用最原始的机械设备制造了差分机和分析机，程序可以根据条件进行跳转，能做出一般的加减乘除法，但由于没有办法应用于大规模计算，一点儿也体现不出机器比人算得更快，因此并没有什么实用价值。查尔斯的发明被束之高阁。直到后来李·德·福雷斯特（Lee De Forest）发明了电子管，计算机的时代才真正到来。这不是查尔斯个人的问题，而是受制于当时的时代。这一点也是人们常常忽略的一个问题：觉得自己拥有一个“天才点子”就很容易成功，而往往在整体技术应用还不成熟的情况下，越超前的“天才点子”面临失败的风险越高。

无论产品大小都是同理：先判断用户价值的大小，判断实现的可行性，再开始你的下一步。

3. 什么是需求（真需求与伪需求）

“一个想法并不等同于一个需求”，切记这一点。

在想法转化为需求之前，我们必须要经过一个步骤——市场/用户调研。调研通常有以下几种方式（见图9-2）：

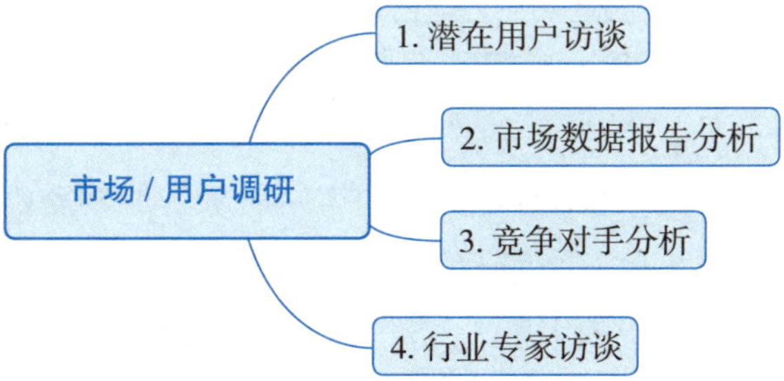

图 9-2　市场 / 用户调研方式

对直接的和潜在的用户及行业专家的访谈，可以通过问卷、电话、走访等多种方式持续进行。市场数据在目前的大数据时代也是很好获取的，必须要重视，尽可能多地获取更多的数据。竞争对手的分析也是必不可少的工作，需要持续不断地寻找直接的和潜在的竞争对手来做研究。对于做调研的细节，在这里我就不详细阐述了，有兴趣的读者可以去读一读两本非常经典的著作——艾·里斯（Al Ries）和杰克·特劳特（Jack Trout）的《定位》，以及菲利普·科特勒（Philip Kotler）的《营销管理》，这两本书都比较详细和科学地阐述了用户调研的做法。这里需要强调的是，用户调研真的是非常重要、非常重要的工作，以我过往十多年做互联网产品的经验来说，经常会遇到这样的情况：一群人坐在会议室中拍脑门产生的点子在经过用户调研后发现差异极大，甚至有完全相反的可能。如果不深入地接触用户，后续做的一切很可能成为在沙上面构建的高塔。

在完成以上调研工作后，基本可以勾勒出一个大体的用户画像了，借此可以进一步详细描述用户需求。最好的做法是将其梳理成一个完整的用户故事（user story）[①]，这一点在产品需求阶段也非常适用。

用户故事描述了对用户有价值的功能。一个好的用户故事应该包括三个要素：

（1）谁需要使用这个产品？（角色）

（2）需要什么样的产品或功能来满足？（产品/功能）

（3）这个产品最终给用户会带来怎样的价值？（价值）

用户故事可以按照以下的格式来表达：

我是__________（角色），我想要__________（产品/功能），用于__________（价值）。

举例："我是滴滴App的用户，我想要查看距离我最近的空闲出租车开过来需要多少时间，用于决策是否使用滴滴帮助我叫出租车。"

如果一个用户故事描述不清楚我们的初始需求，那么需要尽可能地将其分拆成更多更小的故事，最好是可以独立的故事。建立起来一个完整的用户故事体系之后，我们可以通过应用用户故事来比照我们此前通过调研分析收集到的

① 用户故事是一个用来确认用户和用户需求的简短描述，在软件研发中又被描述为需求。

信息，完成由一个个小的需求构建的大用户需求。

在这里需要着重强调的一点就是真需求与伪需求的差异，这是我们在设计一个产品时最容易掉进去的陷阱，也是用户调研工作中会遇到的矛盾。举例来说，你问一个在玩游戏的用户他最想要什么功能，他一定会告诉你，他想很轻松地就能获得更高的级别和更好的装备。如果你真的按照这个逻辑去设计一款游戏，那么最后得到的结果一定是用户很快就会厌倦这款游戏。其实在这里，用户嘴里直接说出来的是一个伪需求，他的真实需求是游戏带给他的成就感，如果迅速达成了这种成就感，用户反倒觉得无聊了。同理，其他互联网产品也是一样的，用我过往设计过的一款产品“唯品会”来举例，也会看到这种情况。当时在设计唯品会的时候一直在强调围绕用户非理性的冲动购买来设计产品的逻辑，因为当时的唯品会围绕的还是清库存的“特卖”模式，真的用户是女性消费者，售卖的商品绝大部分是鞋包服饰。为了让用户有逛起来的冲动，我们设计了让用户不太容易抢到商品的逻辑，例如20分钟的购物车清空，让用户很容易感知到“已售完”，等等。之后，用户总是在向客服抱怨这个问题，每周收到的用户投诉前几名一定有这样的抱怨，“我喜欢的XX商品没有抢到”“能不能不要搞购物车清空”等。但事实上我们做A/B测试就会发现，如果真的如用户所想满足了她们的这些需求，用户黏度反而下降了。这就说明了一个逻辑，主流用户的真实需求仅仅是寻找来逛逛买东西的满足感而已（少有女性是真的缺一件衣服才出来买衣服的，我们在售卖服饰类产品的时候做的都是“非刚需”产品的售卖。）如果我们满足了她们很轻松买到的体验，其实也就弱化了唯品会本身的“特卖”体验，这样唯品会和天猫、京东也就没有了区别，去哪里买都一样了。

4. 判断自己需要匹配的资源

在前文我们提到了一个词“主流用户”，这一点也是判断自己需要匹配资源的关键，因为从来不存在无限的资源用来支持无限的需求。这里的核心就是需要去判定自己的主流用户到底在哪里，其核心需求是什么？只有不断把资源用于解决最主流用户的最主要需求，才会形成非常有效的良性互动。

这里所说的资源包括了公司能提供的人力、资金、业务支持能力、商务关系、政府关系，以及时间等。在以上列举的各种资源中，最容易被人忽略的往往是“时间”这种资源。我们常常有一个认识误区，以为我们是利用资金和人力来争取时间，其实时间同样是我们需要运用的资源。快速高效地向目标前进，这是一种方式；从一开始就制定好时间周期，规划好如何一步步分拆目标，在特定时间内完成积累和沉淀，这也是一种方式。能够预判好需要的资源，之后再开始相应的试错计划，将会使我们的产品更加容易成功。

5. 一个试错的计划（失败来得越早，成功越有可能）

如果我们不太能确定需要投入多少资源才能够实现和达到我们的目标（这种情况其实最常见），就需要制订一个试错计划：MVP!

MVP就是“最简化可实行产品”（Minimum Viable Product）。这一概念是埃里克·莱斯（Eric Ries）在《精益创业》（*The Lean Startup*）这本书里提出的。简单地说，就是指通过提供最小化可行产品获取用户反馈，并在这个最小化可行产品上持续快速迭代，直到产品到达一个相对稳定的阶段。MVP对于创业团队来说是很重要的，可以快速验证团队的目标，快速试错。MVP 的功用就是让你拿来接触用户，从很早就根据用户的回馈来改进你的产品。一般的经验是，用户真正想要的东西往往是最容易被忽略的，如果你一开始不跟用户接触，就很难知道这些内幕，而接触的方法并不是一直不断地打电话或者做问卷问他需要什么。用户对产品的理解肯定和你的不一样，你需要拿出一个模型才可能与用户尽可能贴近地沟通。

下面通过一个例子感受一下MVP的作用和价值。Airbnb是誉满全球的一个产品，其创始人布莱恩·切斯基（Brian Chesky）和乔·杰比亚（Joe Gebbia）很早之前就有了出租空闲房间的想法，但他们并不是一上来就制订一个伟大的战略计划。他们发现当时在他们居住的城市正在召开一个设计大会，来参加会议的人特别多，周边的酒店都爆满了。为了验证这个想法，他们为那些来参加设计会议的人提供了住宿。布莱恩和乔拍了几张他们自己租住的阁楼的照片，创建了一个简单的网页，很快就吸引了3个付费的客人。之后才有了Airbnb。

最小化可行性意味着你合理地投入最少的资源，但同时也意味着你准备好了失败，有计划地失败才是一个成功的开始。爱迪生在发明灯泡时从来就没有认为自己很容易就可以试验出来哪种材料最适合，而是一开始就做好了失败的计划，一千次的失败就意味着他可以排除一千种可能。往往失败来得越早，成功就越有可能。

6. 验证（什么时候觉得一个产品是否能成）

我们需要做的验证有很多种，最直接有效的验证就是看是否有用户喜欢。有用户愿意使用的产品就是成功的基础，而这个愿意不是建立在你直接送了他多少“优惠券”之上。360创始人周鸿祎之前讲过他开发360安全卫士的故事，一开始仅仅因为他被人骂是流氓软件之父，一怒之下就让开发员专门做了一款卸载别人插件的工具“安全卫士”。这款工具开始时更多的是有点搅局的意思，并没有太多地去考虑如何获取用户，更没考虑过盈利。但这款软件投放市场后大获好评，虽然安全卫士不断遭遇同行的抨击，但是用户量却不断增加。这一刻周鸿祎判定这款产品是有前景的，便不顾内外部的反对，毅然决然地把融资进来准备做搜索的钱，投入做360安全卫士，之后不断延伸到搜索和浏览器，再之后才有了360搜索和360导航，才开始真正赚钱。

三、从1到10的故事

1. 需要关注的100个产品细节

“100个细节”只是一个泛指，并不是说真的要在这里列100个细节让你看，而是说，当一个产品成长到有了用户并初步验证了其价值之后需要做的事，并不是去谈战略、谈理想、谈上市计划，而是回到产品上，踏踏实实地去解决产品上暴露出的细节问题。这一步也是很多初具模样的产品常常犯的错误，有太多的初创互联网公司创始人，在获得一个小小的成功，如得到A轮或者B轮融资之后，就开始头脑发热，觉得自己距离IPO也就一步之遥了，开始花大量的精力在各种论坛和会议上吹牛，不断地讨论公司未来100年的战略，最终发现让自己跌了大跟头的往往就是用户不再有新的增长。为什么会不增长呢？答案就在产品的100个细节中。

在产品还是一个从0到1的小产品时，粗糙一点问题并不是那么致命，但到了需要成长的那一刻依然忽略产品的细节问题，就会造成很大的麻烦。你会发现你的用户增速并不会加快，而且很有可能用户的流失速度快于其增长速度。而这个时候你往往又会开始面对一堆同类的竞争对手对你的模仿或者赶超。可以在产品运营侧挽救你的方法就是回归产品设计，堵住每一个让用户流失的漏洞。

给自己列一张表，列出不少于100个细节问题，不断解决它，不断更新它，始终让它保持在100个问题以上。不要说你的产品没有100个问题需要改进，那是不可能的。已经做了8年的微信，产品功能已经非常成熟，但它的需求列表上肯定远远列举着不止100个细节问题。

2. 更多地试错

前面所提到的MVP试错计划，不仅仅适用于从无到有地创造一个产品，它还可以贯穿在一个产品完整的生命周期中。当你的产品初具规模时，不要忘记持续不断地试错。这个试错需要有计划有步骤地尝试，不断拆分出更多更小的资源来做尽可能多的尝试，只有这样，你对于什么是正确、什么是错误才会有更加敏锐清晰的判断。更多的试错将会帮助你创造一个更伟大的产品。互联网产品需要不断地运营迭代，好的产品是通过不断的运营、不断的试错创造出来的，而不是基于一个完整的计划闭门造车创造出来的。传统硬件产品都有个物理化的载体，因此不太容易经常改变。互联网产品之于用户端的本质还是服务，而用户的习惯每一刻都在变化，不仅受到整个互联网技术日新月异的影响，也不断受到同行业无数竞品的改变。所以好的产品就得不断调整，也必须不断调整！不断试错的过程也是我们从“以公司为核心”的思维转变为“以用户为核心”的思维的过程。

3. 产品运营的利器——A/B测试

已经在线上运转的产品，怎么去试错最好？我们不可能如刚刚开局时一样，有了新想法就彻底推倒了重新来过。这里最重要的思路和技巧就是尽可能地运用A/B测试的方法（见图9–3）。

A/B测试，说起来也很简单，就是对用户不断进行分流。比如一个新的功能，不知道该不该上，最好的方法就是先制作好，然后加一个开关对用户进行分流，让50%的用户可以看到新功能，而50%的用户看到的还是旧的功能。这个时候的对比数据就很容易看出来优劣。随着产品的成熟，还有更多的分流方法，例如新老客的划分，不同性别、不同年龄用户的划分，等等。

这件事听上去很耗费资源，但实际上如果长期去做一款成熟的产品，这是不可缺少的环节。开始得越早其实最终消耗的成本反倒是最少的。这也是互联网产品的一大特性，你不必等到凡事尘埃落定之后再去研究、回顾和验证，你需要打开思路，在事情发生的时刻就找到方法去验证。

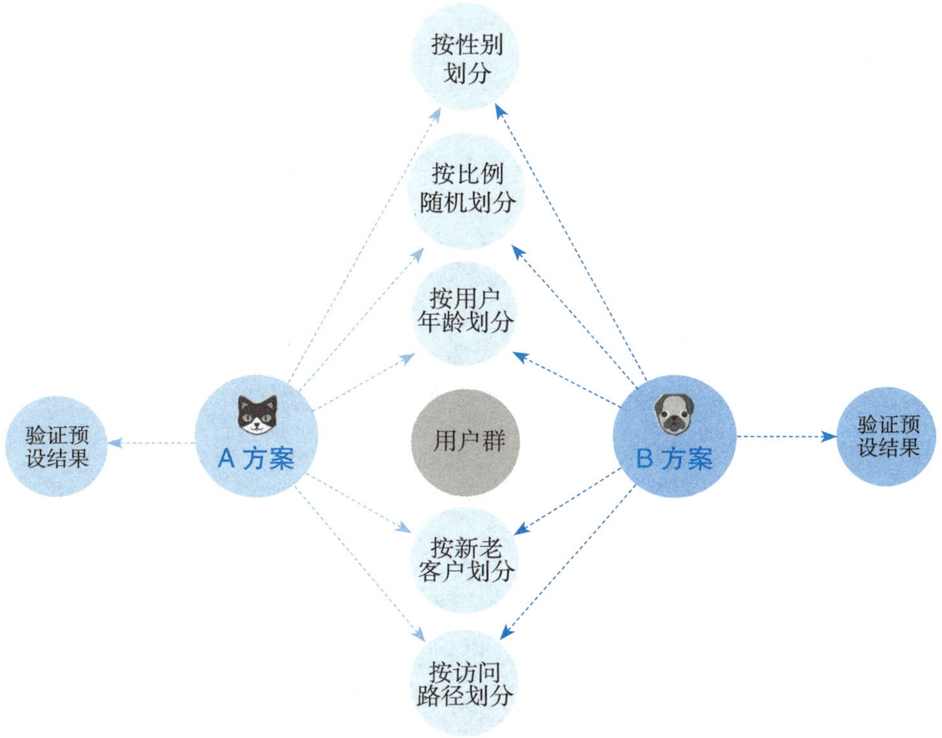

图 9–3　A/B 测试

4. 需求优先级的问题

随着产品的成熟，将会遇到的下一个问题就是优先级问题。A功能想做，B功能也要做，C功能也得做，D功能必须做，D功能还想用A/B测试做两个版本。这时候你就会发现资源永远跟不上需求的脚步了。我曾经一直为这种事头疼，后来去硅谷学习，向谷歌、脸书的“大神们”请教，结果发现大家面对此类问题一样都很头疼，而解决方案也只有一个，排需求优先级。

当然，不同的公司对于优先级的排法各有不同，但从产品运营上来说尽可能地去分拆需求，让其有节奏地被落地执行下去，是一个最基本的原则。可以尝试先去制定一个优先级规则，不论这个规则怎么样，不必太过纠结规则本身的合理性，只需要制定得简单易行即可。最后这个规则在运行过程中，自然会完成“潜规则置换”，达到一个相对的平衡。

再之后我们就可以很有节奏地处理这些需求。我们可以想象一下开发的资源就好比一辆货车，你规划好它定时不断地来站点拉货。而产品需求就好比大小不一、轻重缓急不同的货物。当车每次呈周期地来拉货，我们不断地把货按照优先级摆上去，看到还有空位就多放几个进去。优先级有紧急变化就迅速调整单次装车的方案，而不是去改变车辆运行的速度，不要等车辆已经走一半了再叫回来重新装车。在这样的节奏下，我们的运行周期将会高效很多。

四、10之后的世界

10之后意味着产品和业务走向了成熟，这个时候面临的挑战不仅仅是产品本身的发展，而是与公司的布局、行业的变化息息相关了。

1. 平衡与妥协

在这个阶段做产品常常面对的一个问题就是平衡问题：一些看起来价值并不是那么大的产品还要不要做，一些仅仅解决个别业务部门需求的产品要不要做，甚至之于公司也是，是优先考虑用户体验还是商业价值？

其实用户价值、商业价值及产品价值更像是一个产品的短中长三种周期的不同目标，所以这三者必须相互依存，滚动交替前进。最理想的状态就是各自占据一条边，形成一个稳定的三角形，相互之间形成一种均衡的关系（见图9–4）。

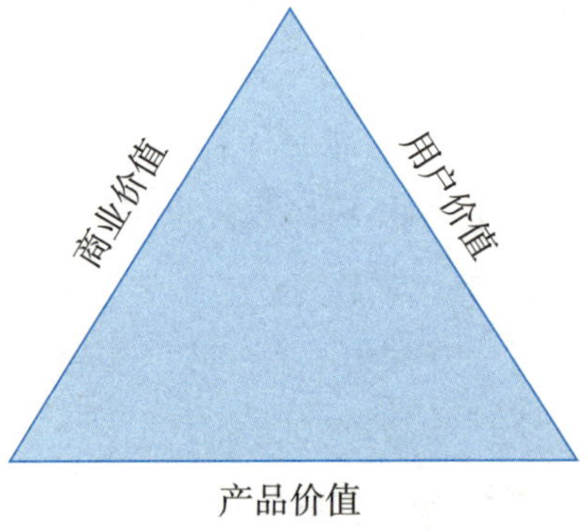

图 9–4　商业价值、产品价值与用户价值的三角均衡

商业价值和用户价值谈起来比较多，大家也比较好理解。那么产品价值是什么？在这里可以理解为暂时用户接受度并不是很高，商业价值也没有很凸显，但是经过产品研判，认为这个产品未来将会极大地改变用户，那么我们就

可以称其具备产品价值。例如一个大家经常会使用的功能——微信的群屏蔽功能。微信设计的群屏蔽功能不再沿用过去QQ的群屏蔽设计，即允许用户完全屏蔽群聊天信息。而微信只能做到不再主动推送提醒，但是聊天内容还是保留着。这一设计就是尽量去避免僵尸群的产生，没有近期的商业价值考虑，也没有完全站在用户直接的需求角度去考虑，而是为了更加长久的产品生命而设计的。

关于妥协的话题不用说太多，产品运营的工作必然面临着妥协，而且越庞大复杂的产品线越会面临这样的问题。来自老板的、用户的，或者其他不同的业务部门的压力，使我们没有那么多时间把每一件事都思考全面，也没办法都能拿出A/B测试方案来做测试。这里需要提醒的是，请注意有计划有策略地做妥协。这里的计划是指带有目的性地为了一些方案的达成去制定相应的“谈判”方案。甚至有可能为了完成B方案，我们可以尝试一开始就提出更加激进的A方案，最终“不得已”妥协为B方案。

2. 克制与创新

产品做到一定阶段，总会听到产品高手们提到一句话：“做产品需要克制。”这里的“克制”是指什么？仅看微信和支付宝这两款产品，就会明白什么是“克制”。克制并不是说做社交的不能去做支付，不能去做电商，而是说每一步都是经过很慎重的考虑和仔细的测试，不要让用户感觉到突兀，尽可能让用户平滑地过渡。而“不克制”的动作背后一般都是一个理由，也是产品经理界流传的一个段子：“这款产品怎么多了这么多奇怪的功能？”“因为产品经理需要写周报！”为了某些目的或者KPI做得太过激进的动作，自然容易遭到用户唾骂，用户会觉得支付做得好好的却非要来做社交，这就属于不务正业了。但如刚刚所说，并不是做社交的不能做支付，也不是做支付的不能做社交，而是怎么做——这个动作是否优先前置了用户，让其感到自然和舒服，帮助他解决了问题，而不是为了自己的周报好看，这就是克制与否的基础。

克制并不是说我们要畏首畏尾不再去创新，克制是我们对一款相对成熟的产品进行创新的前提。关于成熟产品的创新也是业内的一大难题，目前成功在既有产品上完成新一轮创新的，无一不是成就了一款更加伟大的产品。需要留意的是：凡是伟大的创新，大多是已有想法的链接和组合，很少是灵光一现。

这里就要引用史蒂文·约翰逊（Steven Johnson）在《伟大创意的诞生》

（*Where Good Ideas Come From*）一书中提出的一个概念“相邻可能”。牛顿并不是在被苹果砸到后顿悟了万有引力和运动定律，他是经过经年累月的研究，并在前人成果的基础上，才取得了这么大的进展。史蒂文的观点说：创意不是试图创造一个全新的想法，而是要学会做想法拼接的工作。我们继承了前人提出的一些点子，也会在偶然之间闪现一些相关的想法，于是我们把两者加工组合，变成一种新想法。事实上乔布斯也曾指出，如果你去询问那些有创造力的人，问他们是怎么做到的，他们往往会感到有些惭愧，因为他们其实什么都没做，只不过是看到了某些东西，然后把这些东西和他们既有的经验联系在一起，加工成了新的事物。

所以，不断地扩充你的产品的可能性，不断地寻找新的“相邻可能”，然后高效率地将其消化并与己结合，不断完成迭代试错，才有做出更伟大的创新的可能。

五、产品运营实用技巧：理解用户的消费决策

近年来流传着一句话：“不以赚钱为目的的企业都是耍流氓。”同理，脱离了盈利为最终目的的产品和产品运营行为一样是耍流氓。做一个产品的本质是让用户觉得有价值，从而使其成为为该种产品付费的消费者。研究消费者从心理活动到购买行为的整个过程，可以很好地帮助我们完成产品运营。

按照主流的心理学理论，其实人的头脑是由很多不同的意识所构成的。我们常常以为我们思考一个问题并做出一个决定，是我们“自己”决定的，其实并不完全。常常人们在思考的时候会有很多“下意识”的行为，也就是说头脑会根据外界的刺激，做出一些有规律可循的反应。所以在分析消费者行为时，可以对消费者外在的行为过程，即所谓“刺激（S）—反应（R）”之间的规律性进行研究。通过研究这一规律，我们最终能够发现，我们释放什么样的刺激因素，就可以支配用户实现对应的行为反应。就仿佛写一个程序一样，我们对用户的头脑输入预设的指令，那么我们就将收获到对应的结果。

对于一般的消费行为，我们可以将其拆分为以下几个部分：心理动机、目标物和成本。这些组成部分的相互作用促成了消费者最终的决策，如图9-5所示。

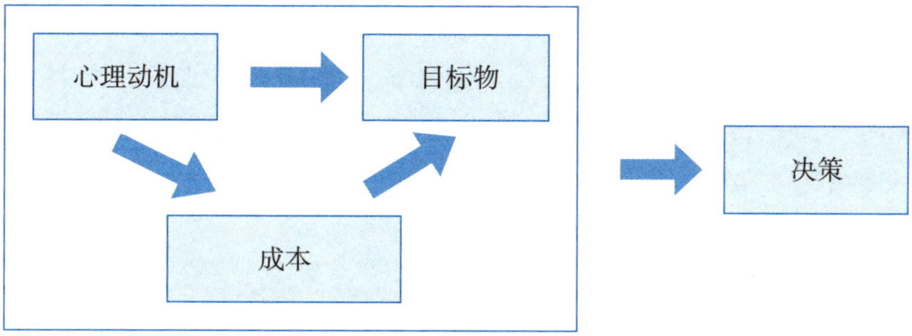

图 9–5　促成消费者决策的机制

心理动机　存在三种基础动机：匮乏、恐惧、向往。

匮乏也就是一种缺失感，这种感觉是最常见到的一种消费动机，常常直接产生于用户自己。一个人觉得很渴，需要喝水，却发现没有合适的杯子，这时候决定去买一个。这就是最直接、最刚需的动机。好的运营和营销手段，需要做的就是放大或调动起用户的匮乏感。在这个人还没有觉得渴的时候，就提前告知他，“你得喝水了，你还没有杯子”，让他感知到他的匮乏。

恐惧的应用普遍度相对于“匮乏”会少一些，但也是我们常常会使用的一种套路。最常见的应用，就是先完成“给予”，让用户对这个物品产生归属感，心理上已经开始倾向于认为这个东西就是“我的”，在开始建立其主权意识的时刻告诉他，这个东西你很可能会“失去”，让其产生会失去的恐惧。这个时候用户就很容易产生消费的冲动。常见的例子就是，大部分的售楼小姐一定会告诉你，你买的新楼多么适合你，告诉你这是“你的厨房”，这是“你的卧室”，最后会告诉你，这个房子很抢手，不下定金很快就会被别人抢购走。

向往是在“匮乏”基础上的常见应用，就是创造一种“移情”，把另一种感情（往往是对更美好事物或者生活的向往）转移到一个具象的产品之上，让用户超出产品本身去向往更美好的东西。例如钻石的例子，戴比尔斯公司花了几十年，最终成功地将钻石和坚贞不渝的爱情相关联。每到求婚时刻，全世界的人都觉得这个时候必须要有一个钻石戒指，而大部分人没有意识到，这个概念其实也就是第二次世界大战之后随着电影的传播才开始被人熟悉和接受的。

目标物　不同的人群对目标物会具备不同的认知。目标物首先必须具备的基本要素是对心理动机的关联，目标物必须是符合用户的原本关联认知的。例如前面提到的钻石，它本身就是具备饰品属性的，符合求婚场景的需求，再加上易于长期保存，就可以和“长久、坚硬、美好”等感知相关联。其次，目标物本身的大小和心理动机的大小也要相关联。如果你创造了一个场景让用户觉得自己知识匮乏，需要学习提升，而你最终的目标物试图放在价值50万的EMBA课程上，那就出现了目标物和心理动机大小关联度不统一的问题，因为很可能用户只是需要购买一本书而已。

成本 我们常常认为成本说的就是金钱，其实成本包含了多种要素：金钱成本、行动成本、学习成本、决策成本、时间成本等。

金钱成本，这是大家最熟悉的成本，能够减少消费者的金钱成本就一定能创造新的销售机会。

行动成本，也很好理解，用户觉得使用你的产品极其麻烦，或者在使用之前的条件很多，他一定很容易放弃。

学习成本，即消费者必须经过额外的学习，改变已有的习惯，才能够使用的成本。在解决这一问题时必须要让用户能够快速理解和学习。

决策成本，对于市面上的很多产品，消费者有购买动机，但最终没有购买，其实很重要的原因是巨大的决策成本。

时间成本，用户不太会直接表达时间成本，但可以通过用户浏览时长等使用产品的参数来发现。如果用户花费了很多时间，最后获得的内容或者成就感不足以补偿其耗费的时间的话，用户的流失概率就会很高。

综合心理动机、目标物和成本这三者，用户最终才会完成一次消费决策。这三者对消费决策均有影响，只是每次作用的分布不同而已。有了以上的分析，不断观察用户，并基于足够的数据，你会发现这是在按照“刺激（S）—反应（R）”之间的规律运行。

最后请相信一点，针对C端用户的营销和产品运营手段，一定是让他越冲动越好，现代绝大部分的消费行为本身就只是一种感官体验而已。

思维导图

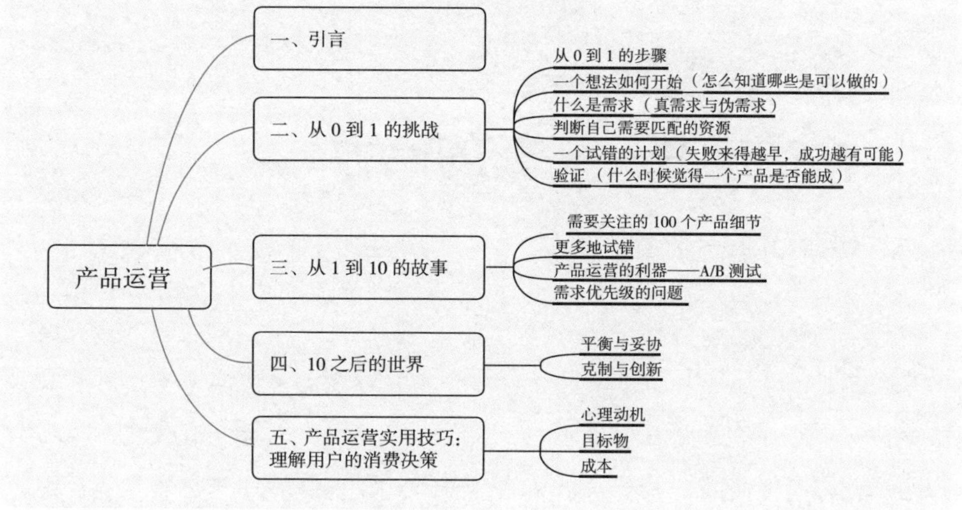

大/咖/知/心/谈

屈明进

中山大学岭南学院MBA，曾任职阿里巴巴高级产品专家、聚划算无线产品负责人，唯品会移动事业部产品总监，并从无到有地完成了唯品会App产品设计研发与手机端特卖零售模式等。SGS，TCL等企业互联网专家顾问。

箴　言

行动和坚持的力量，远高于空想。

书籍推荐

1. 沃尔特.艾萨克森. 乔布斯传. 北京：中信出版社，2011.
2. 埃里克·莱斯. 精益创业，吴彤译. 北京：中信出版社，2012.
3. 雷·库兹韦尔. 机器之心，胡晓姣等译. 北京：中信出版社，2016.

第十章 社交运营——新的活力

作者：谭铭臻

新经济是社交经济、分享经济。新型社交经济模式是关系驱动的网络经济，个体会利用技术手段与他人更好地连接，从而得到优质的商品和服务。社交运营在这一背景下大放异彩，社交运营为大运营版图注入了新的活力。

我们正在告别一个由机构产品主导的世界，走向一个围绕社会关系和社交回报运行的新经济世界。硅谷知名未来学家、未来学院执行总监玛丽娜·戈尔比斯（Marina Gorbis）率先提出“社交建构”（socialstructing）一词，并认为未来商业的本质就是这种关系驱动的网络经济，个体会利用技术手段与他人更好地连接，从而得到优质的商品和服务，这个过程即“社交建构”。

这种新型的社交经济不仅使得全球和本土贸易的联系更加紧密，也改变着从金融、教育到健康的各个方面。它创造了大量新机遇，鼓励人们释放激情，创造新的商业和慈善组织，重新定义工作的本质，解决了各种各样被现有正式经济体系所忽略或引发的问题……

社交一直都是各大商业平台、品牌商和服务商所关注的重点，而且社交也是个人每天参与社会互动的一个重要部分。很多品牌商和平台对社交在商业服务上的应用都有一个共同的认识：强调社交应用于商业可以聚集精准的流量和用户，有利于投放自己的商品、服务和广告等。但是，在实际操作的时候却发现效果欠佳——企业搭建的社交平台显得很鸡肋。

社交讲求情感上的互动，需要建立信任与忠诚，但往往商家只关注结果，忽略了过程。社区讲求养育过程，通过日常的互动与用户建立长期的连接，用户黏度才可以得到提升，最终做出购买决策。想象一下在个人的日常社交中，比如在同学聚会里出现一位很久不见、现在从事保险行业的老同学，一到场就给在座的各位推荐各种保险服务，想必大家都不会对他有什么好感。其实很多企业跟用户互动的方式，正如在同学聚会里卖保险的方式，因此很难得到用户的好评。因为忽略情感的培养过程，直接获取利益，只会让用户筑起防御性的屏障，这时再想跟用户建立深度的连接就很难了。

企业的社交互动方式与个人的社交互动方式也有很大的差异，相信你会关注企业的社交平台账号（微博、微信、公众号等），但你会注意其更新动态吗？可能会，但基本上不会像关心一个朋友一样每天去刷动态。很多企业都有一种社交传播力错觉——它们做了一个社交传播事件，发现朋友圈里都在刷屏这个活动，就会感觉非常良好。但很可惜，其实除了企业的雇员和同行会转发，作为外部用户是不在意的，其实就是一群人在孤独地狂欢。

在社交渠道发达的今天，社交互动的表现层次越来越丰富——微信群、公众号、微博、脸书、LINE、直播平台等，个人可以应用这些渠道，打造个人品牌，吸纳粉丝，最后达成变现；企业可以通过这些渠道与用户建立连接，发掘有价值的粉丝用户，并且把这些用户转化为高效的传播渠道。本章中我将讲述社区的整体运营：（1）社交平台的规划与定位：整合资源，打造可以创造价值的社交平台；（2）社交平台的日常运营：用户运营、内容运营及对外传播；（3）社交平台的生命周期管理。

一、社交平台的规划与定位

在打造属于自己的社交平台之前，先不要急着去模仿别的社交平台，要认真思考社交平台打造的作用是什么？这个社交平台跟原来业务的关系是什么？什么角色会在这个社交平台上互动？对于这些参与角色，社交平台给予他们的价值是什么？在考虑好最基本的定位后，可以再往深一层做换位思考，如果我是用户，为什么我一定要来这个社交平台互动，而不是别的？为什么我要在这里开展社交活动，甚至生产高价值内容？

互联网行业有一句话：“路走对了，就不怕远。”社交平台的搭建不是立竿见影，而是需要一个培育过程的，如果以上这些问题没有弄清楚，很容易会因为资源缺乏、产出周期过长、内部需求优先级等状况半途而废，或者破坏社交平台的生态平衡。互联网行业的快节奏与社交平台的育成过程，是存在时间节奏上的差异的，我个人对此的总结是："搭建社交平台基础设施要快，培育用户黏度要有耐心，开拓传播渠道要紧跟社会热点。"我平时跟很多品牌商、企业沟通的时候都在强调，社交平台的搭建是欲速则不达的。如果你仅仅投入一个月就能搞定，那么也意味着竞争对手也是一个月就能搞定，一个月时间建立的社交平台壁垒单薄如纸。社交平台价值变现，是在做好社交互动、紧密维系用户、搭建好发达的传播渠道之后的水到渠成的结果。

如何有效思考社交平台的定位？一切都要回归到社交的根本。我们不妨结合一些日常生活里的社交场景来思考——不要想让1个人出100%的力气，而要让100个人出1%的力气。但是这100个人为什么要贡献1%的力量呢？只有创造出归属感和长期的情感连接，用户才会愿意为了社交平台贡献自己的资源、内容并进行传播等。所以打造一个高用户黏度的社交平台，获得的回报不仅仅只是精准的独立访客（Unique Visitor，UV），甚至可以获得优质内容、传播渠道、口碑信任度和销售产出等。下面我将逐步讲述如何规划有效的社交平台，定位社交平台并与原有业务进行整合，从而创造有效价值。

1. 社交的核心

社交可以说是一门天赋类的工作，但是在开始定位社交平台之前，我们还是可以梳理出一些社交的核心，这有助于将来搭建的社交平台具备可培育的空间。在人与人之间的日常社交中，有两大核心，即情感和利益。如果没有情感和利益的话，就等同于陌生人，而且很重要的一点是，不要抗拒谈利益。试想一句话："谈钱伤感情，谈感情很伤钱。"我觉得这是出现在过于纯粹的社交关系中，要么只谈利益，要么只谈感情。在我过往的经验中，在搭建社交平台的时候，是一定要同时考虑这两个元素的，不然会影响社交平台成熟后的变现能力。很多社交平台一直以内容分享和情感互动为主，当需要价值变现的时候，就掺入了商品售卖、服务定制等收费项目，但却发现效益差强人意。

下面将讲到社交平台的三个重要的核心特质——创造归属感、社交资源共享和建立共同目标。

创造归属感

这个话题我以群运营为例，因为群是社交平台的最小单位。一个社交平衡健全的QQ群或微信群，会是一种什么形态？大家自觉遵守群规，最常见的就是有新人进群，群员都列队式欢迎，并且有管理员或群员提醒新人改昵称并备注部分信息。这是一种群员自觉遵守群规的表现，甚至群主不在线的时候，其他成员也会自觉执行、相互监督。此外，有些群还会有惩罚规则，如发广告的人需要发红包。群越成熟，群主在线与否越不重要。社交平台内的互动规则，就如同一只无形的手在推动着群的活跃发展，无形中建立起归属感。

社交资源共享

既然群是一个最小单位的社群，甚至是一个最小的社交平台，那么在这上面一定会存在资源的共享。例如，要为一个活跃的群员过生日，群里的人都贡献出自己的力量，成员A提供场地、成员B提供饮料、成员C负责拍照……这就是群内的资源共享。健康活跃的社交平台也是如此，用户会主动贡献自己的人脉、传播力、内容等资源，协助社交平台达成某一个目标。

我曾在某电商平台举办过一个儿童选秀活动，为了方便与参赛者沟通就建了一个微信群。我每天都在观察群内的运作，发现里面的群员为了给自己的孩子拉票，都在相互帮忙。就算活动已经结束了，他们依然保持活跃，定期举办聚会。为确保线下聚会的顺利开展，群员还会提供自己的资源。这样的社群是高活跃度、高贡献率的，在第二年的儿童选秀活动中，群员们还给活动做正面的背书和宣传。

建立共同目标

之前说到群规则和资源共享，那么接着说一下最核心的元素，就是为什么这群人会聚集在一起？继续以群为例，数码群、游戏群、专业知识分享群、汽车群……群的定位决定了群里成员的属性。这里有一点非常重要，即如果是基于一种兴趣而建立的群，其活跃寿命会很短。因为虽然建立在兴趣这个共同点上的群在刚开始运营的时候会非常活跃，但是仔细想想，我们会一直都专注在一个兴趣上吗？几乎很难，所以兴趣群冷却也是最快的。因而在进行社交平台的前期规划时就要考虑到这一点，不然你的社交平台很容易失去活跃度。

当一个群具备了共同的目标、归属感和社交资源共享的特质时，就可以说这是一个健康的群。同样，如果社交平台具备了这三个核心特质，它将源源不断地为企业、品牌提供资源。因此，在最初搭建社交平台时就要重点考虑这三个核心。

2. 社交与商业结合

我过往都在电商平台做社交，早期电商都希望社交平台能带来更多的精准流量，提升转化率和用户留存。这很明显是电商平台的流量漏斗思维，因为电商的流量必然经过首页—商品列表页—商品详情页—购物车—收银台等多个环节，提升转化率、独立访客的质量和数量都是有效提升销售的方法。而且早期的社交平台也是基于“熟人关系”建立的，因为熟人推荐给你的东西，信任度和接受度都相对高些。

其实我在做社区的时候认真思考过社区和电商频道是什么样的关系（见图10–1）。当时大家都担心，流量都跑社区去了，会不会影响销售？但是电商App端要拉动更多的流量又非常吃力，单靠日常App推送和短信等手段，频道的资源又受制于全站。经过思考，我认为社区定位的关键点有以下几个：

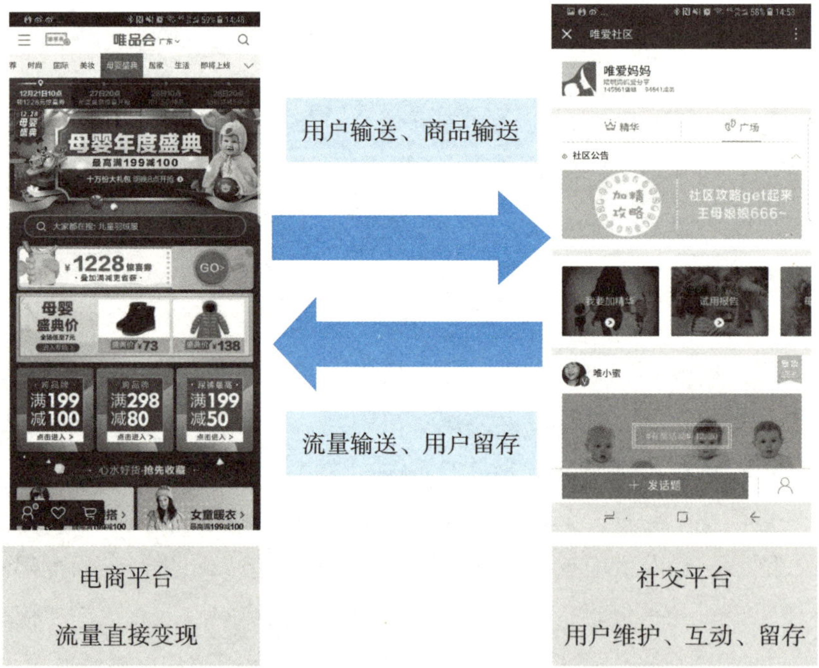

图 10–1　社交平台定位及与 App 端的关系

（1）社区建立在电商App外部，可以整合到微信公众号中；

（2）电商App就如同线下卖场，而社区就如同卖场里的咖啡厅；

（3）社区不做普通的内容，只提供商品知识内容，一切内容要围绕商品；

（4）在不断尝试的过程中，摸索出三种最有效的与用户互动的方式；

（5）一定要让社区的用户习惯在社区花钱，创造高价值的消费互动；

（6）社区的运营要融入“人”的元素，让用户感受到背后是有情感、有个性的人，而不是冷冰冰的企业公众号。

定位清晰

在做电商社交平台规划的时候，一定要定位清楚。我们可以将社交平台看作商场里的咖啡厅，这里虽然人多，但绝对不允许放置商品，因为咖啡厅是用于舒缓用户在商场购物后的消费罪恶感、提升用户满意度和黏度的地方。这个道理大家可能都懂，但是一旦换到线上的话，却忘记了——看到社区这么多用户和独立访客，就想着不如推荐商品吧，用户很精准啊。试想一下线下场景，从你的商场走出来进入你的咖啡厅的顾客难道就不精准吗？如果在咖啡厅里也摆放商品，最后有可能连咖啡厅都做不下去。

平衡社交平台上的各个参与角色

在社交平台上最根本的是人，必须对每一个参与角色进行清晰的画像，站在他们的立场考虑：“如果我是他，来这个社交平台做什么？能获得什么？跟其他角色之间的关系是什么？”一般在电商的社交平台上有三大角色——用户、电商平台、品牌商家（见图10–2）。随着社交平台的发展，后续会加入其他角色，如内容提供商、外部跨行业合作方等。

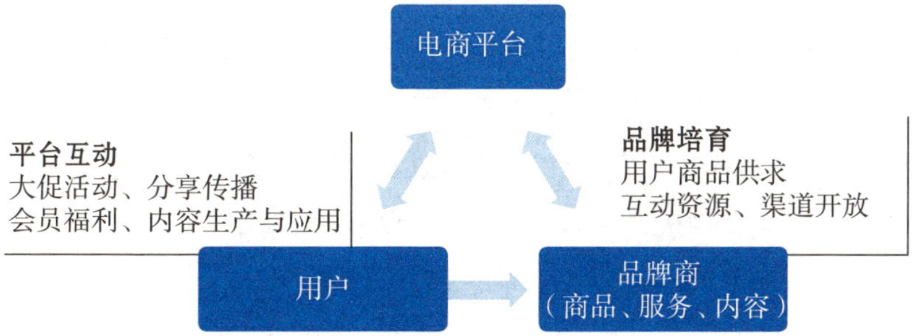

图 10–2　社交平台上各角色之间的关系

用户是最重要的参与者，他们到一个电商平台建立的社区，肯定不是为了主动接受商家的广告推销的。最常见的是因为投诉问题跑到社区里申诉，这对社交平台是非常不利的，所以需要通过“社交环境”来影响用户这个角色。说得接地气一点就是，如果用户进入社交平台，看到的不是投诉问题，而全部都是在交流如何使用商品、现在流行什么商品以及商品大促信息的话，相信投诉互动会很少。因此，要控制好用户的互动轨迹，就一定要控制好社交环境。

此外，用户来到一个电商平台，就是想了解商品信息和一些促销信息，可以说是带着问题来寻找解决方案的。例如，母婴产品的用户带着问题（比方说孩子夏天容易感冒怎么办？）来到电商平台，如果该社交平台给出一堆育儿知识，那就真的是太表面了。因为提供育儿知识绝对不是电商平台的特长，而且业界已经有很多育儿社区在做这件事情了，电商平台应该做的是提供解决方案，就是商品，具体地说就是婴儿睡袋。这样梳理一下，做社交平台规划的时候就能够清楚应该提供什么样的服务给用户，答案应该是教用户如何使用和选购婴儿睡袋，并提供最佳的商品选购指南。

电商平台，需要得到正面背书的UGC，同时需要创造一个封闭的环境来培育用户的忠诚度，也就是说要搭建出一个用户忠诚度养成平台。我过往的经验会把社交平台搭建在微信公众号上（这里要注意一点，技术底层要灵活，这样可以随时把社区移植到其他第三方社交工具）。目前微信还是占据用户大部分时间的社交工具，所以将电商社交平台与微信公众号结合是有效接触用户的渠道。对于电商社交平台而言，就是在用户离开商场之后，怎样再跟用户保持联系。在众多电商平台、同类品牌中，怎样让用户的购买决策偏向于自己？社交平台可以说是比较好的解决方案。有一点很清楚，那就是卖场是商品变现的地方，而社区是用户留存的地方。

品牌商家的立场跟电商平台有点相似，除了卖货也需要建立用户对它们的忠诚度，品牌商在社区内可以获得属于它们的精准用户，它们可以在社交平台上发起新品试用、特卖团购、会员特权等互动，尤其是新品、高客单价商品等，都可以通过社交平台获得高质量用户和二次传播。我之前在某母婴社交平台上开展了高端奶粉晒空罐活动和会员福利团购等，都明显提升了用户的活跃度和品牌商品认知度。

案例10-1

电商平台母婴社区定位实例

这几年，我在电商平台公司规划母婴社区的时候，就是根据以上提及的经验进行思考的。该母婴平台拥有众多的母婴品牌商，而且用户规模也是百万级的。虽然说母婴品类一定要做社区，但是该如何做并不是很明确。当时我想到的是，业界已经有非常多育儿类的社交平台，它们拥有成熟的内容体系，并且已经积累了庞大的内容知识库，而我如果基于电商平台去跟风抄袭这些育儿社区的模式，很明显是没有意义的。当时我发现，这些社区的育儿内容同质化严重，而且育儿问题需要母婴商品去解决。而电商平台拥有丰富的商品，而且品牌商还拥有商品的使用方法与专业知识，这些是普通育儿网站所不具备的。而作为用户，最希望的是通过商品能够解决实际遇到的育儿问题，同时还可以试用。因此，当时我对该母婴社区的定位是：可体验的育儿百科全书。

社交平台一直围绕商品与用户展开互动	用户分享内容、平台发布内容，都要围绕商品	在日常运营中，强调人的元素，而不是一个冷冰冰的企业账号

图 10-3　电商平台母婴社区实例

“体验”是核心，普通的育儿内容社区只是“纸上谈兵”，缺乏可体验的商品。而“内容”，并非是用电商平台的短板去跟育儿社区的长板对抗，而是发挥品牌商的商品知识内容优势。作为电商平台，不但可以留住用户，而且可以培养用户在该平台消费的习惯。所以，在做社交平台规划的时候，一定要全面考虑，结合自身的优势、行业状况和市场需求等因素，而不是一味同质化地模仿。在这个特卖平台母婴社区的定位案例中，就是先把平台角色的特点与需求梳理清楚，再梳理两者之间的利益关系。

3. 社交创造价值

社交平台带来的价值其实非常多元化，就好像我们在现实生活中进入一个资源丰富的朋友圈子一样。电商平台通过社交不但获得“流量”与“收入”，而且能获得其他增值资源，如用户生成内容、用户的人脉关系圈等。

优质的UGC和PGC

高质量用户会贡献自己生产的内容（UGC），而且这部分内容具备客观说服力，能够带来良好的口碑和传播力，甚至可以帮助企业从用户的角度出发，弥补官方信息上的不足，提升产品的销售转化率。在UGC丰富到一定程度时，会产生新的业务形态和应用场景。例如穷游网，拥有来自世界各地的UGC和专业生成内容（Professional Generated Content, PGC），已经演变成一个海外游的工具，穷游App就是整合这些信息，并快速帮助用户完成行程的制定。

高质量传播渠道

在互联网流量吃紧的今天，引流争夺让资源位供不应求，从外部引入的流量转化率是偏低的。新用户从看到资源位进行点击，到完成App下载、注册、购买，中间存在一个非常大的流量漏斗。而且用户在网站上看到你投放的广告，说不定下一秒就在另外一个网站看到你的竞争对手的广告，用户不再是被困在一个信息封闭的空间内接受转化。但是，社交平台培养出来的高质量用户，就像会流动的资源位，只要这个高质量用户到达的地方，他都会向属性接近的用户推荐你的商品和服务。例如，你的母婴品类大促的爆款很值得买，高质量的用户会到育儿群内转发，或者在小区的业主群内转发等。社交平台能将高质量用户转化为高效、精准、免费的传播渠道。

爆款打造

社交平台能够聚集众人并实现互动，这种资源是复合性的，不是单纯的独立访客流量，它具备影响力与情感驱动力。马油被打造成爆款就是一个很好的例子，起初就是很多代购达人通过社交平台把马油在网络上炒红，此时因为信息不对称，马油的毛利是最高的。当整个市场都在热捧马油的时候，这些代购达人就已经退场去做别的爆款了，他们通过社交平台获得了第一杯羹。社交平台的爆款打造，就是对高质量用户、优质UGC和畅通的传播渠道的综合应用。

用户黏度提升

在平台与商品严重同质化的今天，除了通过个性化服务和特色营销，要让用户能在选择时偏向于你的方法就是社交互动了。在现实的社交场景中，我们都不怎么喜欢“无事不登三宝殿”的人——平时没有任何互动，突然哪天就登门拜访，要求助于我们。这一刻无论是哪一方，都会很尴尬，最起码我们会觉得，这人跟我连点赞之交都不算，交情还没到这份上。而求助的人估计也是实在没有办法才求助于这么生疏的我们。其实电商、品牌在和用户的日常互动中也会存在这样的问题，所以千万不要等到需要拉流量拉销售的时候才想起你的用户。社交平台提供了跟用户开展互动的天然环境，通过福利派发、用户关怀、借助时事热点等方式，不停地在用户的印象中打造平台、品牌的形象。同时，这种价值不是普通的独立访问量数字能衡量的。

社交平台的价值是非常多元化的，它创造的价值超越了日常考核的独立访问量、销售和转化率。社交是偏向于情感的互动，利益虽然也会在其中，但是情感驱动是社交活动的根本。所以有很多价值是无法量化的，就好像我们很难用数值直接衡量别人对我们的爱有多深，而只能通过一些间接的表现来衡量，例如他为我做了多少事情、他送过我多少东西等。所以在搭建社交平台的时候，要注意社交平台的定位，可以肯定的是，社交平台绝对不是变现的最直接方式，但却是资源开发的最好平台。

如果不具备搭建社交平台的资源，可以使用第三方的社交平台，如微博、微信等。在今天流量去中心化的时代，要用户下载App并且保持活跃是很苛刻的，不妨在第三方平台上运营社交互动。用户可能一周都不会打开某个电商App，但却不能一天不用微信。你在销售场景外接触用户的时间和互动越多，那么你的销售机会就会越多。

二、社交平台的日常运营

社交平台的运营是一个与用户建立情感联结的过程，需要从日常点点滴滴的运营工作做起。就像我们平时跟好朋友相处一样，需要有互动，经常约会、聊天、互相帮忙等。社交的核心是人，所以用户运营是重中之重，用户忠诚度与黏性做好了，社交平台才能具备生产力。优质内容、精准流量、传播渠道、爆款打造等社交平台创造的价值，都是在社交平台成熟后水到渠成的结果。所以在运营的过程中，要坚守社交平台的规划与定位，要有足够的耐心。过于心急的价值变现有可能会破坏社交平台的根基，就像跟一个朋友刚熟悉起来，却忍不住开口提各种超越了目前友谊阶段的要求，那么不仅场面尴尬不说，还有可能失去这位有发展潜力的朋友。

1. 社交平台用户运营

社交的核心既然是人，那么用户运营的过程跟日常社交的人际关系处理就有相似之处。我们都会对自己身边的人进行分类：铁哥们（可以帮忙的）、闺蜜（可以聊心事的）、同事（一起共事但有点距离的）、过客（一面之缘或接触很少的）、陌生人（接触一次后可能再也不见的）。我们可以把社交平台假设为自己，而用户就是跟我们打交道的人。

社交平台用户运营，会把用户分为粉丝用户、活跃用户、潜力用户和普通用户（见图10-4）。在运营用户的时候要留意这四种用户的比例，粉丝用户可以说是社交平台对外的主要传播出口，他们不一定有优秀的内容生产力，但是一定会有积极的传播意愿与传播渠道。活跃用户有内容生产力，但他们的内容不一定偏向于平台，也有可能生产出对平台不利的内容。潜力用户经常到社交平台或彼此之间开展互动，不一定会生产内容和传播内容，但能配合平台营造出社交氛围。普通用户，偶尔参与社交平台的活动与互动，黏度低。

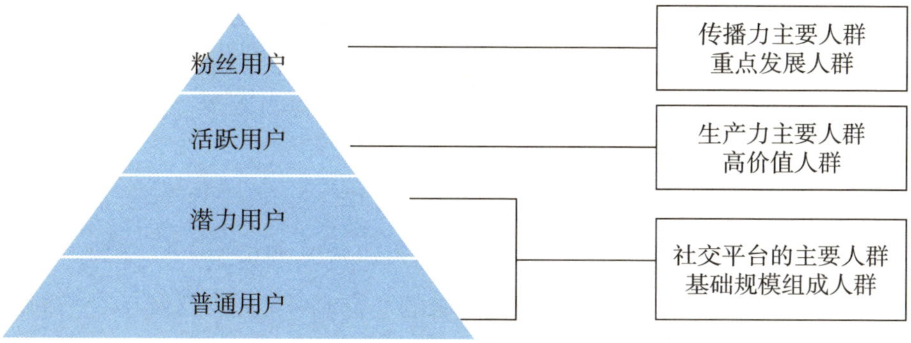

图 10-4　社交平台用户分级

对四种用户的定义清晰后，可以针对每种用户定制运营计划。但是要注意，社交平台的运营阶段不同，重点发展的用户也不一样。

首先是平台累积期。在社交平台开始运营初期，活跃用户相当重要，因为他们具备内容生产力，他们创造什么样的内容，就会营造出什么样的平台氛围。例如海外旅行社区，在启动初期，让留学在海外的学生兼职撰写海外游的游记和当地信息，这样就决定了这个旅行社区是基于海外游的旅行信息共享平台，消费力在中等水平以上。达人和专家，也会归属到活跃用户中，他们都是具备内容生产力的，虽然他们为平台提供内容与背书是需要收取费用的。

其次是平台增长期。当平台积累了一些内容并形成一定的用户规模后，需要让整个平台活跃起来为爆发期做准备。就像在家里办朋友聚会，吃的玩的东西都准备好了，朋友也都到齐了，就要开始一些互动让聚会的氛围活跃起来。这个阶段就是平台增长期，需要更多的潜力用户来带动气氛。我在运营某电商平台的母婴社区时发现，有些用户不具备内容生产力，但是只要有新的帖子出来，他们就会主动进行评论、点赞等互动，这些就是潜力用户。这时候的母婴社区感觉非常活跃，因为一个新用户进来就感受到热闹的氛围，自然也会被带动着活跃起来。

最后是平台爆发期。在社交平台具备了内容、用户规模及互动机制，并形成了可持续发展的变现模式之后，需要爆发性增长。这时候要重点发展粉丝用户，这类用户就是社交平台的对外传播渠道，他们就像歌迷会会长一样，会把内外用户团结起来，主动承担对外传播的工作。而且粉丝用户会整合平台的优秀内容，凭借自身的信用背书，把平台的内容推送给自己的社交圈。

四种用户对社交平台有着不同的价值，在社交平台的不同阶段发挥着独特的作用。这四种用户也是用户的四个成长阶段，普通用户经过平台的氛围影响可能会成为潜力用户，但是如果运营不当，活跃用户也会变成潜力用户，甚至普通用户。

普通用户

普通用户是社交平台中占比最大的用户，流动性也最大。这类用户来源非常多，有可能是通过社区口碑传播带来的，也有可能是社区活动带来的。我在运营社交平台的时候时刻都留意用户规模的数字，同时关注每天的增长与流失。刚来到社交平台的普通用户能否被留存，取决于社交平台的内容方向、社区氛围（社区内的人是什么样的人，是高端用户还是低端用户？他们聊的话题是不是适合我？社区的活动是不是吸引我？……）。同时，要设置一些针对新用户的活动，让新用户感觉到社区内有小利益（如免费领、付邮试用、转盘抽奖、HTML5小游戏等）。这里有一个关键点，就是一定要发动活跃用户来欢迎新加入的普通用户，就像之前提到的微信入群列队欢迎一样，因为这样会在运营过程中加入“人”的关键元素。

普通用户群可以说是一个优质用户的金库，一定要善用。要定期关注社交平台举办的内容生产活动，例如试用报告、围绕主题让用户写内容等活动。很多社交平台运营的时候过分关注眼前的“达人”，忽略了普通用户中潜在的新生达人，造成了平台优质用户青黄不接的情况。

潜力用户

忠诚用户可以说是普通用户经过各种互动后晋升到的阶段，但是潜力用户有可能只是“习惯下的忠诚”。所以需要通过一些社交运营工具来运营潜力用户，以实现用户留存或进一步的用户培育。

最常见的社交运营工具，就是用户等级体系和徽章制度。不要让徽章制度跟利益挂钩，但徽章制度必须跟贡献相关。就好像一些社会荣誉不能通过金钱购买一样，社交运营可以说是线上社会的缩影，要平衡好利益与荣誉的关系和比重。在运营某电商社交平台时，我把社区内的利益与荣誉划分好，并且用不同的方法体现出来。荣誉方面，采用优秀内容贡献作为评价体系，而利益方面，采用品牌商品试用等物质激励作为奖励。图10–5的内容就是通过虚拟徽章体系激励用户贡献优质内容与提升忠诚度。下文谈到活跃用户运营时会通过案例说明这个体系是如何运作以激励用户贡献优秀内容的。

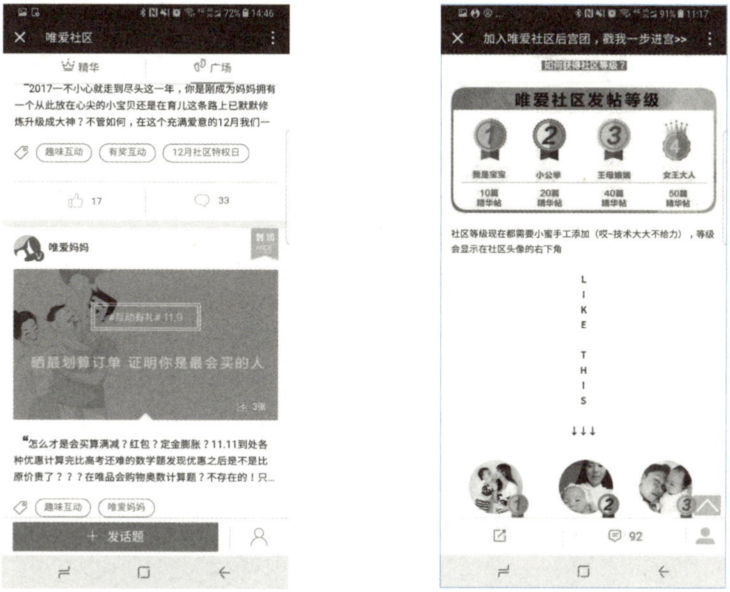

图 10-5　唯爱社区内容、氛围与徽章制度

潜力用户不一定都具备内容生产力，他们就像聚会里跟着气氛兴奋起来的人一样。所以要通过社区内部活动，让潜力用户养成互动的习惯。在策划社区活动的时候，不要只盲目地看用户规模是否有增长，要关注社区中点赞、评论、转发的数据，这些数据非常能说明你的潜力用户的占比与状态。当社交平台用户数在增长，但是互动数据不高时，就要开始留意潜力用户的转化是否有问题。

活跃用户

这类用户可以说是社交平台的中坚力量，他们能贡献出自己的资源来带动社交平台的发展，而且自身具备内容生产力。我在运营某电商社交平台时，用各种方法不断激励该类用户做出内容贡献，形成更强的归属感。当时我用了“高价值商品优先试用”的方式来激励该用户生产内容，品牌商家需要有用户为其高价值商品背书，生产优质的口碑内容，而这类用户的内容生产质量较高。同时，我也会把资源发放到活跃用户手中，如社交平台的资源位、奖品资源、管理权利等，让活跃用户在社交平台中策划和举办小型活动。

案例10-2

微信群运营活跃用户

微信群是非常好的运营工具，可以对活跃用户中的顶尖用户进行单独运营，在群里可以发放福利和分派有奖励的任务，因此进群对于活跃用户已经等同于一种特权。擅用微信群运营高活跃用户，不但可以聚焦于运营细节，而且可以节约开发资源和时间，无须依赖复杂的用户级别体系。当时我在运营微信群的时候，品牌商还将育儿专家拉进群里分享，活跃用户则将学到的知识分享到社区、朋友圈等渠道。之后很多用户都在问，如何加入官方群。这种运营方式突出了用户等级所带来的阶层差异，能够有效地将潜力用户和普通用户转化为能为社区贡献的活跃用户。

微信群是一个封闭式的空间，很多运营手法可以更具人性化。当时我们母婴官方群的同事也是一位妈妈，她将自己的群昵称改为“宝宝小名+妈妈”，这样的一些小细节不但可以强化用户对妈妈这个共同身份的认同与情感联结，同时更显得这个群内有种亲切感。

我们会每周投放内容生产任务到群内，让妈妈们报名参加。在妈妈们报名后，根据每位妈妈擅长的商品品类和内容风格，确定认领任务的妈妈名单。运营人员会给认领任务的妈妈们优质内容的标准，确保内容的质量。最后生产出来的内容就是社区里的精华帖和妈妈口碑，在前台所有用户可见。这里有关键的一步，就是如何激励这些生产优秀内容的活跃妈妈。当时我们设定了每个月的特权日（见图10-6），在这一天，妈妈们可以根据精华帖的数量来兑换品牌商提供的奖品，奖品的列表以及获奖妈妈的名单都会公开，同时也会把加入官方微信群的方式公开（见图10-7）。这样可以做到贡献优质内容的用户获得荣誉感和实物激励，同时促进潜在活跃用户的转化。其实在这个运营案例中，把激励体系简化了，没有复杂的会员升级体系，只是通过简单的精华帖数量来激励用户生产内容，产生荣誉感。而且整个运营过程中，既有情感的元素，也有利益的元素，这一点很重要。之前在讲社交平台规划时就提过，让你的用户习惯在社交平台上有利益的互动，这样做有助于以后社交平台的变现。

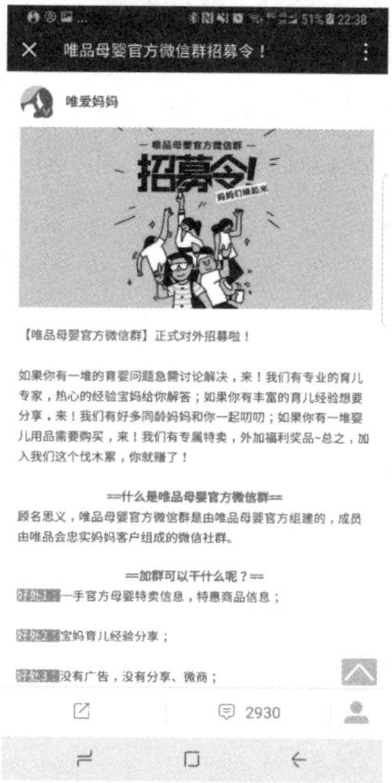

图10-6　社区用户特权日运营　图10-7　社交平台招募活跃用户进入官方群

粉丝用户

这类用户可以说是社交平台的内容出口，也是重要的社交渠道，他们会到处正面地宣传平台。他们承担了渠道和平台销售的角色，会主动将社交平台好的体验覆盖到自己的社交圈子中。粉丝用户的运营讲求归属感的打造，这种归属感的打造非常巧妙。试想一下，我们对家庭有归属感，不仅仅是因为血缘关系，更多的是我们能影响这个家庭，可以说家庭里有我们的付出与情感联结。粉丝用户也该如此运营，通过群来运营粉丝用户是一种精细化的运营方式，对于一些自身有影响力的粉丝用户可以采用该方法，毕竟粉丝级别用户的占比最低，但是传播贡献价值最高。我在运营某母婴社交平台时，让负责社区运营的同事建立微信群，把对社区感觉良好并积极参与互动传播的用户拉到群里。社区的改版、问题的收集反馈、线上团建活动的策划、商品福利的建议等都让这些用户参与，并在采纳意见后，在社区公告中表彰为此做出贡献的用户。当用户的声音被聆听、被采纳、被认同时，自然会产生归属感。

用户是整个社交平台的核心，一切的运营动作都必须围绕着用户的培育开展，在用户还没有跟社交平台建立深厚的感情之前不要急于变现和产出。用户运营的重点要根据社交平台的运营节奏进行调整。一个发展健康的社交平台有传播的人、有吆喝搞气氛的人、有吃瓜群众，每类人群都是必不可少的。从宏观层面要观察每类人群的占比和状态，从微观层面要精细化每类人群的独立运营，并通过数据来观察每类人群的运营情况。

2. 内容运营与日常互动沟通

社交平台有了人的聚集与黏度后，就要让整个平台“动”起来，而互动的过程离不开优质的内容。可以说，互动与内容的运营要一起来做，点赞、转发、评论等互动方式都是轻内容[①]。像用户运营一样，可以先对内容进行分类。以某电商的母婴社交平台为例，将内容分为了用户内容、专业内容、互动内容和商品内容（见图10–8）。因为该社交平台在规划的时候就将自己定位为“可体验的育儿百科全书”，所以商品知识是内容的核心，也是互动的主题。

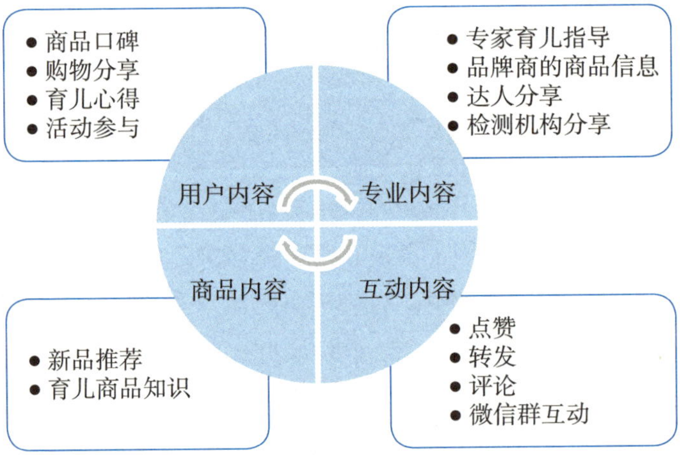

图 10–8　某母婴社交平台内容结构

用户内容运营

用户生成内容非常重要，因为这些内容更“接地气”，用户更容易接受。但是其缺点是，平台很难控制这些内容，这时无论出于内容方向的控制，还是出于内容质量的控制，都需要运营的参与。

① 轻内容：用户参与门槛低，运营资源消耗较低的内容。

用户内容运营需要注意几点：用户生产的内容质量参差不齐，内容对平台的利弊难以控制，内容分类困难，内容生产力不稳定。

用户生产的内容质量问题可以通过活跃用户来解决，让具备内容生产力且生产的内容质量优秀的用户作为头部生产力。之前的案例已有提及，可以通过微信群分派任务的方式实现优质内容的生产。只要将优质内容尽量曝光即可，这样做，可以让优质的内容营造出高质量社区的氛围，同时也可作为其他用户的内容模板。有这些活跃用户作为主要内容生产力，还可以解决内容生产力的不稳定问题。

内容分类非常重要，因为当内容达到一定规模时，可以通过梳理内容将其变成工具。例如，社区内有100篇用户内容是关于品牌A的，那么就等于商品知识库中已经有充足的关于品牌A的内容，但是这些内容都是在不同的时间段、由不同的用户生产的，如何归类呢？答案就是打上内容标签。在用户生产内容的时候，就要引导用户给自己的内容打上标签。最后通过内容标签就可以快速地整合内容。

专业内容运营

专业内容带有引导性，这部分内容由专家、生产商、权威机构和代言人等生产出来，可以说，专业生产内容是站在有利于社交平台的角度的。PGC由于可控性强，所以运营起来注意两点即可，就是PGC的生产与场景应用。社交平台的类型决定了需要什么角色来生产PGC，如某电商平台母婴社区，由于用户关注的都是商品正品与安全问题，所以由育儿专家来生产内容最适合。如果是娱乐类型的社交平台，如游戏、直播等就适合由意见领袖来生产内容。

由于PGC数量较少，要将其充分应用到适合的场景。例如母婴类的社交平台，会让专家在微信群内与用户互动，之后总结出互动的主题和内容，将其应用在社区首页或在微信公众号和活跃用户群中进行推送。虽然PGC具备专业性，但是离用户有些距离，最好结合UGC一同应用。例如在母婴育儿专家的专栏内，加入用户的讨论与互动，并聚集过往同样主题的优质UGC。这样，PGC作为专业性指引，UGC拉近平台和专家与用户的距离，内容应用将会更加高效。

互动内容运营

虽然互动内容在社交平台中占比不大，但是如果能够合理利用，就可以营造出良好的社区氛围。平时微信群聊的时候，把有趣或关键的聊天对话截图进行应用，就是互动内容的运营。此外，正如之前PGC运用中讲到的，将育儿专家在微信群互动分享的过程记录下来进行应用，也是互动内容的运营。互动内容注重的是“动”，就是有价值信息的来往沟通。在日常的社交互动中，人们也是围绕一个主题进行讨论的，最后要么总结出有价值的结论，要么就是营造了热闹的氛围。

案例10-3

唯品会“小模特大赛”

唯品会每年一度的“小模特大赛”都会吸引众多的小朋友和家长参与，而家长“晒娃拉票”的信息流过万条。拉票有助于营造“小模特大赛”活动在社区中的热闹氛围，也是用户之间相互建立关系的互动行为。但是每天庞大数量的“晒娃”信息流，让整个社区信息堵塞，关于促销活动、商品分享、购物心得等其他信息被冲刷得无影无踪。

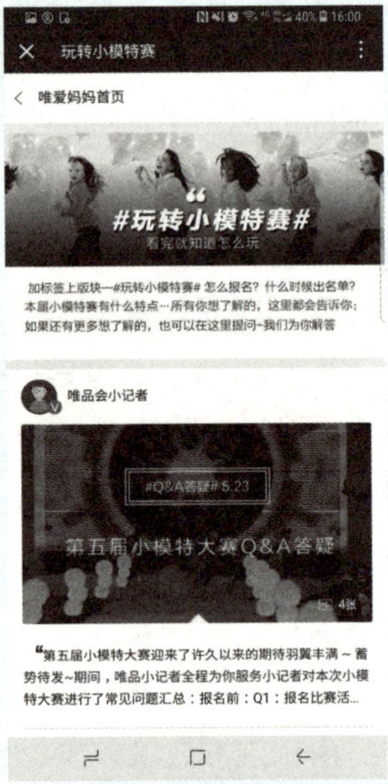

图10-9　小模特活动专区

当时社区采用了建立小模特活动专区（见图10-9）的方法，把“晒娃拉票”的互动内容全部集中到活动专区，以维护社区的购物分享氛围。同时互动内容的聚集，更凸显出“小模特大赛”的规模与热闹氛围，而且可以通过活动专区，将大赛的问答信息和活动进程报道更有效地传达给用户。

商品内容

这个是电商社交平台独有的内容，这里简单介绍一下。以我运营的母婴社交平台为例，当PGC、UGC沉淀足够多的时候，可以通过标签，将品牌相关的信息聚集起来，实现最初的社交平台定位，即“可体验的育儿百科全书”。

例如，某品牌的相关知识内容足够多，而且同期还有促销活动，用户只需要在微信公众号上输入品牌名称，即可获得相关内容及活动信息。当用户来母婴微信公众号输入品牌查找商品知识和活动信息已经成为一种习惯时，社交平台就不仅是社区，是精准流量的入口，而且也是高质量售前导购服务的手段。

内容是互动的前提，所以将每一种内容精细化运营，可以促进社交平台的互动氛围。内容也是社交平台的核心，是最难跨越的壁垒，所以在日常的运营中要耐心积累内容。业界有众多社交平台，虽然模式可以复制，但是那些成功的社交平台始终难以超越，主要就是内容积累这层壁垒难以跨越。

3. 社交平台的对外传播

社交平台从宏观上看，是一个封闭式的环境，目的是为了培育用户和内容的质量。社交平台要有各种各样的对外渠道，以获取更多的用户与资源。最常见的内容传播和互动传播如下：

内容促使传播

优质的内容是传播的最基本条件，能够被用户分享的内容具备以下特质：①内容与用户的身份认同或经历有共鸣；②知识科普，有提升认知的价值；③社会热点话题，有观点的争锋。

利益促使传播

最常见的利益互动传播就是电商活动的红包瓜分、红包分裂、组团拿大奖等。互动传播背后讲求效益，也就是以最快的方式找到精准人群，并促使这类人群产生购买行为。

游戏促使传播

性格测试、HTML5小游戏、星座运程、相互了解程度测试等都具备游戏传播力。

三、社交平台的生命周期管理

从零开始搭建社交平台，重中之重是对平台进行规划和定位，即整合平台自身具备的资源，确定社交平台的作用。当社交平台有了明确的定位之后，就可以根据自身的业务将社交平台划分成几个发展阶段，如搭建初期、内容丰富期、用户扩张期、价值变现期等。根据每个阶段的运营需求，再确定与之相应的产品功能支持。社交是需要运营的，建议花更多的心思在运营上，在每一个运营期都要观察用户数据和用户行为的特质，及时调整运营策略。这里主要将社交平台的整体运营过程划分为三个阶段来讲，并归纳出工作中的重点。

这三个阶段要做的运营工作和产品迭代非常多，但只要掌握了运营的核心做法，要做什么活动、要做什么产品功能开发都不是问题。一切工作都必须围绕着这三个阶段的核心目的而开展，就如之前所说的，不能一味只追求数字，这是一个跟用户建立深度情感联结的过程，过早的利益化反而会让用户产生抗拒感。

1. 从零开始搭建社交平台

每一个社交平台都有自己不同的资源和定位，所以在这里我们只谈社交平台初始搭建的关键运营动作。在社交平台搭建初期，不妨思考以下几点：

这个平台的主要服务对象是谁？他们的画像是怎样的？怎么可以找到这类用户？

为什么用户要来这里互动？为什么用户不去其他同类社交平台互动，而选择来这里？

用户的互动，对我们自身业务的价值是什么？或者说，我们的业务为什么需要一群人在平台上不停地互动和留存？

做好了前期的思考和规划后，在搭建社交平台的过程中，有几个运营关键需要留意。

“先有鸡还是先有蛋”

所有平台在起步时都有这个问题。例如，淘宝是先有卖家还是先有买家？必须是先有卖家，因为有了丰富的商品再导入用户流量，才可以实现后续的价值。旅行社交平台的做法也是一样，前期都是编辑优质的内容，或者有偿让一些有优质内容生产力的用户先堆砌出内容。之前在讲内容运营的时候提及过，初期社交平台的内容是怎样的，就决定了社交氛围是怎样的，所以一开始必须先堆砌好内容。之后可以生产出内容的模板，方便具备内容生产力的用户创造符合平台需求的内容。

种子用户的引入

人是社交平台的核心，而且刚开始搭建平台的时候，首批核心用户决定了平台的成功与否。有很多社交产品都是内部员工先使用，同时采用邀请开通的饥饿营销，获得首批优质的种子用户的。因为平台刚开始搭建的时候用户规模不大，所以可以对用户进行精细化运营，甚至采用人盯人的方式，重点维护一些高价值、高传播力的用户。

杀手级价值

平台搭建初期，一定要有杀手级价值，让用户为了这个价值不得不来平台。前期不需要太多锦上添花的功能，而是要集中所有的资源和流量去发展杀手级价值。

先做好基础建设再开展传播

社区平台是“走心”的运营，而且在目前流量吃紧的互联网环境下，要跟用户产生第一次接触很不容易。在没有把社区氛围、内容质量和种子用户质量做好之前，不要急于进行传播和用户扩张。初始搭建社交平台的时候更需要的是“内功”，“内功”做好了，规模扩散是水到渠成的事情。建议开始时更注意与用户质量相关的数据，而不是规模数据。例如，用户停留时间、内容生产数、日活跃用户数（Daily Active User, DAU）、互动数据等。

社交平台的初始搭建是一个关键，根基不稳的话，后面所有的运营动作都会感觉被束缚着，很多刺激KPI的活动都会收效甚微。所以不要急于要求规模数据，而是要把运营焦点放到用户和内容质量上。可以说，社交运营是一个厚积薄发的过程，平台内部需要复杂的运行逻辑，并进行多次运营迭代，但对用户端则需要提供简单易懂且有趣味性的产品和服务。

2. 社交平台规模扩张与完善

在前期的运营投入夯实整个社交平台的运营基础之后，就可以进行规模扩张了。在追逐规模的同时，也要留意整个平台的社交内容与用户质量，而且为了社交平台后续的变现，这个阶段需要有一些收费或有偿的项目出现，让用户有利益的概念。扩张阶段不单只是考虑规模上的扩展，也要考虑到社交平台沟通渠道的完善、多样化的服务搭建，还有外部资源的引入等（见图10–10）。

图 10-10　社交平台扩张阶段的运营工作

合理地开展用户规模扩张

目前大部分运营手段都是通过活动增加用户规模的，也有通过趣味性的用户自传播带来新增用户的。要确保稳健的增长，两方面的运营都需要做。采用活动增加规模，必须要摸索出一个有效的方法，在日常活动中不断尝试，有效果的方法可以重复使用。而趣味性的用户自传播，一般而言是偶发性的，可以针对一些特定的节日和场景来尝试，但不能期望过高，就连微信红包也是偶尔与春晚合作一次而成功实现了大规模新增的。

在用户规模扩张的过程中，必须时刻留意与用户质量相关的数据，确保整个社交平台的氛围得以保持。过快的增长会影响整个社交平台的氛围，无论什么时候，都要重点关注活跃用户和粉丝用户的运营。用户是社交平台的核心，用户的质量决定了平台的质量与运营效果。之前我在运营母婴社区的时候，在运营活动大规模增加用户后，对流失的用户非常在意。但是这个是必然和自然的现象，活动结束后流失的用户最初都是冲着活动所带来的利益来的。后来我发现，这些流失的用户，在下次同样的运营活动的时候，又会回到平台上来。所以在规模增长期，要密切留意用户的变化，及时调整运营策略，坚守社交平台氛围与用户特质，而不是一味追求规模数字的增长。

沟通节点与渠道的搭建

沟通渠道不仅是指分享到各大社交平台的渠道，如朋友圈、QQ、微博等，社交平台自身的渠道也要搭建好。如果有独立的社交平台App，一定要设计好App推送的场景和频率。之前我运营母婴社区的时候，整个社区是建立在微信公众号上的，所以会通过微信的消息模板来实现传播与沟通。例如之前的活动中，用户领取了母婴商品的优惠券，当销售活动开始的时候，会提醒用户福利券可以开始使用了。早期的社交网络服务（Social Networking Services，SNS）平台也会在关键时间节点上与用户保持沟通，例如，某用户添加你为好友、某用户对你的照片回复了等。沟通渠道与节点的搭建，可以确保你的社交平台与用户保持密切的有效关联，而不再是一个信息孤岛。

开发收费项目，培养用户利益概念

让用户对利益有概念是一件很重要的事情，社交平台的刚性服务可以免费开放，但是需要开发出各种收费的尾部应用，而且要善用收费项目。例如，购物（服务）少花钱是一种特权，但需要购买会员资格来获取此项特权；某些限量版的社区特供商品（服务）也是一种特权。要灵活应用收费项目打造出社交平台上用户的优越感，同时让用户有利益的概念。初期不建议做太多的收费项目，有几个精品收费项目即可。要做到让用户消费完之后有荣誉感、愉悦感和身份象征，这样才可以推动社交平台实现变现。

外部资源引入

社交平台前期可以说是封闭式的培育和运营，但是到了扩张期需要对外有深度的合作。外部资源的引入有助于丰富社交平台的服务，同时能带来优质平台的背书。社交平台对外合作也等同于一个人参与到社交中，只是社交的对象有可能是电商企业、航空公司、线下服务等。社交平台也不能孤独地存在，不然在扩张中后期用户就会陆续流失。

扩张完善期是一个考验前期铺垫的基础是否扎实的环节，用户的质量决定了后续的拉新能力，也决定了各种运营活动的效果与成本。内容的质量也决定了传播效率和社交平台的氛围。这时候需要有计划地扩展规模，时刻留意社交平台中用户的质量和变化，内容的方向要保持原有的定位，还要开展各种长尾收费项目与外部资源的引入。

3. 社交变现

变现是商业的最终目的，在社交中的变现不一定都是直接变现。如果说电商的变现就是通过将商品卖给有需求的人来实现的，那么货源和用户是变现的基础。但是社交平台的变现，更像是日常我们所见的“社会资源”变现，它的变现方式更多，而且存在很多的可能性。需要再次强调，社交带来的变现不一定是现金收益，维系用户黏度、整合人际关系中的资源、热门话题及商品的打造、特权服务的销售等也是变现的方式。

我在运营母婴社交平台的时候也面临变现的问题，毕竟电商型的社交平台最容易让人联想到销售。我把母婴社交平台的价值变现定义为以下几点：

①占据用户购物外的碎片时间，提升用户黏度；

②为母婴销售频道引流，配合大促做好流量储水池；

③社交平台专属团购，在商品售卖的同时做好社交渠道特权和用户体验。

以我在运营母婴社交平台时的团购活动为例，与商品销售的变现方式不同，社交平台的变现建立在关系之上。社交平台的变现方式包括精准的用户群流量、用户黏度与复购提升、优质内容生产、商品售卖收益等。与普通团购不同，整个社交平台团购过程中的一切都围绕着用户开展，关键在于要让用户参与到整个团购活动中，包括策划、商品确定、价格建议、开团传播及售后口碑传播内容等。因为社交以“人”为核心，所以要充分让用户来主导这个团购变现过程。

用户需求收集

在母婴社交平台的日常运营中，运营人员会留意用户在微信群中提及的商品需求，同时也会在社区的帖子中征集用户的购物需求。在团购活动中，运营人员更是会咨询核心用户的建议和需求，同时结合母婴频道售卖的商品数据进行校验，商品的需求变成由用户发起的。与一般团购活动数据相对比，这种用户发起的团购开售6款商品，其中3款售罄，而其他3款售卖比都在80%以上。

商品筛选与价格确定

经过需求收集及数据校验之后，运营人员会就商品清单与社交平台的核心用户进行讨论，从选品到价格都会咨询用户的建议。这个过程非常考验之前的用户运营工作，优质的用户具备一定的代表性，而且后续也需要他们的传播协助。经过这个过程，核心用户也会感受到一种“特权”的身份与荣誉。就算在变现的过程中，也要把用户运营做进去，这就是社交运营的特殊之处。

开团售卖

社交平台团购的商品需要差异化，这样做可以让用户除日常的购物之外，也会经常来社交平台上逛逛，同时建立用户对社交平台选品的信任，让以后的变现更容易。而且还可以加入限量的专属优惠券，多发放给核心用户和具备传播力的用户，他们感受到良好的购物体验自然就会协助开售传播。同时，这样的“特权”也提升了这些优质用户的归属感与荣誉感。

口碑传播

比较幸运的是，我所运营的母婴社交平台在之前搭建的时候做的运营工作比较扎实，用户质量都比较高，用户都非常自觉地进行晒单和口碑内容生产。运营人员将这些内容收集整理后，发布到各个渠道，包括母婴销售频道、微信公众号以及线上社区广场。至此，我们将这种社交专属团购变成一种有效的常规变现方式，变成标杆活动并反复举办。这些用户产生的口碑传播，有助于帮助其他用户对社交平台产生黏度，同时培养出消费的习惯。

四、结语

社交平台变现是一个综合考验日常运营工作是否到位的环节，而且社交平台带来的价值变现形式非常丰富，能够帮助企业获得更多优质的用户。在流量吃紧、各大电商平台竞争激烈的今天，社交平台变得尤其重要，因为这是占领更多用户碎片时间的好方法。谁跟用户的关系越好，用户选择谁的概率就越高，而且社交平台能够提供销售以外的增值服务，在商品和价格同质化的今天，社交平台未尝不是一个很好的突破口，值得企业投入与经营。

思维导图

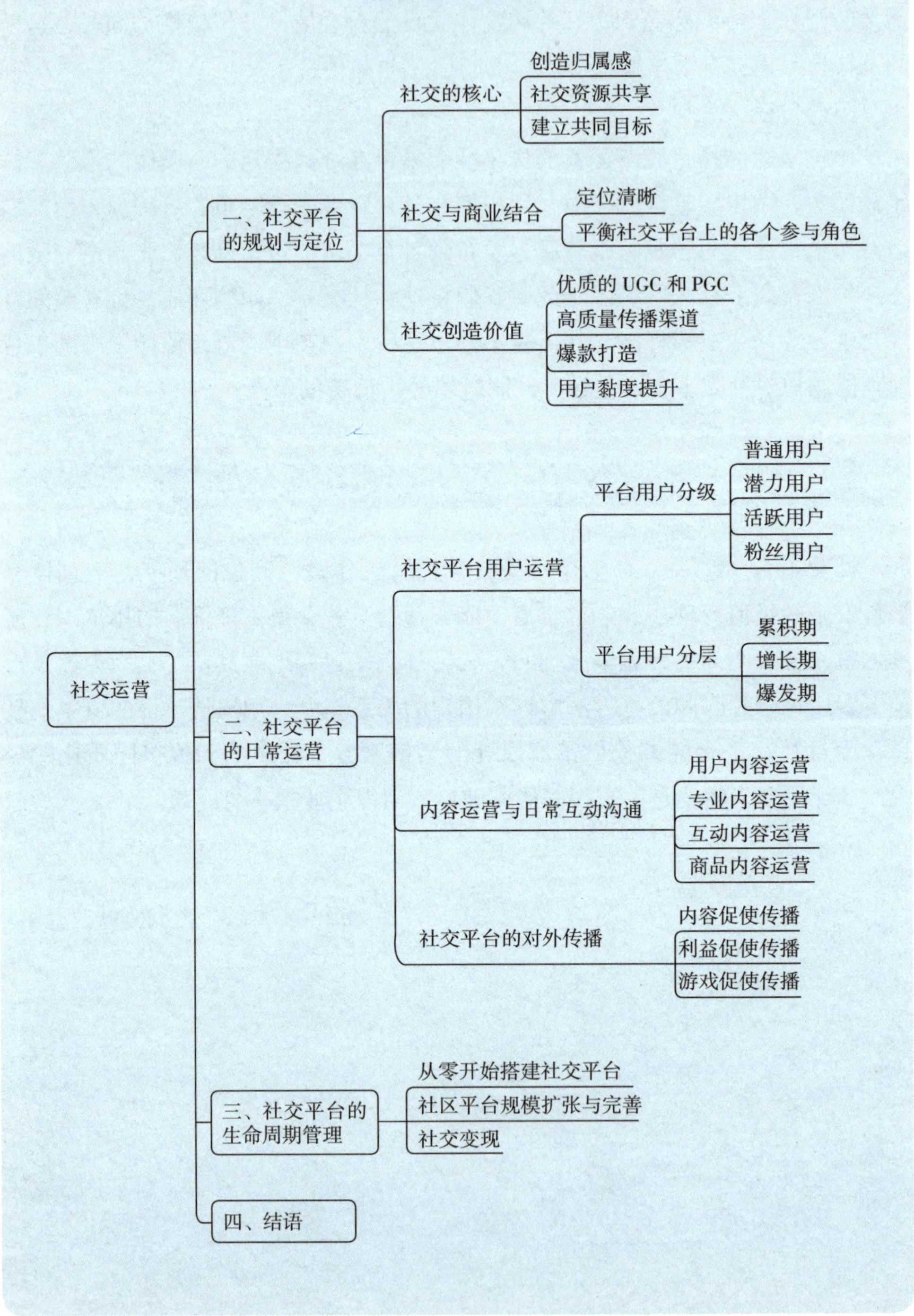
社交运营
一、社交平台的规划与定位
社交的核心
创造归属感
社交资源共享
建立共同目标
社交与商业结合
定位清晰
平衡社交平台上的各个参与角色
社交创造价值
优质的 UGC 和 PGC
高质量传播渠道
爆款打造
用户黏度提升
二、社交平台的日常运营
社交平台用户运营
平台用户分级
普通用户
潜力用户
活跃用户
粉丝用户
平台用户分层
累积期
增长期
爆发期
内容运营与日常互动沟通
用户内容运营
专业内容运营
互动内容运营
商品内容运营
社交平台的对外传播
内容促使传播
利益促使传播
游戏促使传播
三、社交平台的生命周期管理
从零开始搭建社交平台
社区平台规模扩张与完善
社交变现
四、结语

大/咖/知/心/谈

谭铭臻

16年互联网产品运营经验。唯品会商务中心母婴业务部社交平台负责人，曾担任阿里巴巴资深社交产品运营经理，运营阿里巴巴社交平台淘江湖、淘金币及阿里旺旺社交产品。

箴　言

阅读和旅行是获取知识的两个重要途径，要保持对这个世界的好奇心，这种与世界打交道的方式，是我一直以来的坚持。

书籍推荐

1. 穆臣刚. 哈佛社交课. 北京：中国法制出版社，2019.
2. 木瓜制造、原田玲仁. 每天懂一点性格心理学，郭勇译. 长沙：湖南文艺出版社，2012.
3. 拜五四. 社交心理学. 北京：首都经济贸易大学出版社，2009.

第十一章 运营总监的人力资源管理

作者：李晓莉

一切问题都是人的问题，不论新经济还是传统经济均是如此。从管理生产力到管理生产关系是管理的质的飞越。正确的组织人才观和方法论往往需要那些精通业务、从一线摸爬滚打提拔上来的运营总监们进行系统化的学习。

一、运营总监的核心人力资源管理能力

为什么要在一本运营管理书籍里加入运营总监的核心人力资源管理能力的内容？原因很简单：运营总监要想工作业绩好、个人成长快，是离不开人力资源管理水平的提升的。作为业务部门，运营部每年的预算基本是从上而下制定的，业务目标也是从上而下一层层承包的，只有人力资源可以根据业务进行更为灵活适当的规划与调整。因此，怎样充分用好人力资源管理，从而更好地实现业务目标，简直可以用技术与艺术并重来形容了。

在互联网行业，运营总监的含义从来不简单，包括电商运营总监、内容运营总监、网站运营总监、用户运营总监、游戏运营总监，等等。这些运营总监在人力资源管理方面有一些共性。下面通过分析电商运营总监的职位描述来举例说明（如表11-1所示）。

表11-1　电商运营总监职位描述

他做些什么？（主要工作职责）	他必须知道什么知识和技能？（工作能力要求）	什么能使他成为优秀员工？
1. 负责公司整体产品类目的运营工作，包括商家运营、业务运营、流量运营等线上运营工作	1. 本科以上学历，熟悉互联网的产品类别、熟悉类目运营特点及电商行业趋势	1. 专业知识扎实，对电商行业类目运营管理积淀深厚
2. 深刻理解该类目涵盖业务领域的现状及发展趋势，制定本类目的业务发展规划并落地执行	2. 擅长某一领域或者多个领域的类目运营思维，逻辑清晰	2. 具有相关行业和企业优秀经验
3. 深刻理解用户的业务需求、非功能需求、流程需求，并将需求落地为产品功能、平台流程	3. 具有娴熟的沟通技巧，执行力强，具有优秀团队合作精神、敬业精神	3. 运营功能及场景设计能力强，流程与业务需求把握佳，具有成功落地经验
4. 能策划形式多样的类目运营活动，包括线上、线下等方式	4. 具有互联网电商行业类目运营活动相关经验者优先	4. 有较好的商业触觉，线上或线下至少一种活动组织策划能力强，精通多个类目运营业务场景
5.沉淀某一互联网行业类目运营的解决方案	5. 具有类目系统性解决方案运营经验者优先	5. 项目管理水平高，学习能力佳，有较强的前瞻性和行业视野
6. 有管理团队经验、高执行力和团队协作能力	6. 有互联网运营团队管理经验3-5年以上，具备跨团队沟通能力和影响力	6. 优秀的团队管理技巧、丰富的跨团队项目管理经验和卓越影响力

从表11-1中可以看出，一个电商运营总监的能力主要包括两个方面：

（1）为了完成工作职责必须具备的知识和技能（第二列），这是对一个合格运营总监的基本要求；

（2）为了成为一个优秀或卓越的运营总监所需要具备的知识、技能和素质（第三列）；

在运营总监的人力资源管理能力上，由表11-1可以看出，最重要的是优秀的团队管理技巧、丰富的跨团队项目管理经验和卓越影响力，可以将其理解为优秀管理者胜任素质模型，表11-2是某集团公司优秀管理干部胜任素质模型的具体内容：

表11-2　优秀管理干部胜任素质模型拆解

模块	胜任素质	要求达到层级	总层级数
追求卓越	结果导向	5级	6级
	适应调整	3级	5级
	监控能力	3级	5级
组织影响力	影响能力	5级	6级
	团队领导	5级	6级
	组织理解	3级	5级
企业家品质	战略导向	3级	4级
	建立创新组织	4级	5级
	归纳思维	3级	5级
基本素质	组织文化认同	3级	4级
	积极心态	无层级	无层级
	责任心	3级	4级
	重诺言	无层级	无层级
	学习领悟	1级	3级
	人际理解	3级	4级

表11-3中所示是某成熟电商公司对于运营总监任职资格的界定表（见表11-3），我认为A级别适合大部分创业中期的独角兽电商、O2O平台、交易类互联网公司运营总监的任职资格，B级别适合大部分创业中后期及大互联网公司运营总监的任职资格。

表11-3　某电商公司运营总监任职资格的界定表

岗位评分标准			
职业序列	运营（运营管理）		
评估项目		A级别	B级别
知识经验	1. 广告文案专业知识	具备良好的版面编排能力、独立策划专题的能力和创作能力	对内容、设计有宏观把控能力，能掌握专业领域的最新进展，推动企业的长期发展
	2. 电商行业/时尚产业经验	能敏锐洞察用户需求，有独到的运营理念及策略，有一定的时尚素养积淀	深入理解电商行业/时尚产业的运作与发展，能建立分析模型，为公司的长期发展提供决策支持

（续表）

岗位评分标准			
职业序列		运营（运营管理）	
评估项目		A级别	B级别
专业技能	1. 运营管理能力	能研究行业运营模式，制定行业战略规划，参与部门决策	能参与行业模式变革，影响国内零售业态的发展
	2. 营销策划能力	能全面整合线上线下营销推广资源，制定长期营销推广策略，并且产生足够的业界影响力	能结合产品线核心利益点，制定整体营销策划方案；能够跨事业部和公司策划大型活动，并达到预期效果
	3. 数据分析能力	能够带领和指导团队成员完成复杂的分析专题，优化完善所属方向的数据分析体系	能够结合行业现状，通过数据挖掘和分析等手段优化产品线的整体运营情况，持续改进运营效果，具备实现数据商业价值的能力
软技能	1. 创新思考	寻求突破：能运用广泛的知识思考业务问题，不断寻找新的价值增长点	鼓励创新：能整合管理创意团队，控制创意作品品质与进度，提升创意团队的作业水平
	2. 沟通影响力	策略影响：能运用自己对群体运作机制的了解，引导他人按照自己的想法来行动以实现特定目标	搭建平台：能有意识地在组织中搭建沟通平台，协调多方关系和矛盾，并保持沟通自由、开放、透明，最终达成一致
	3. 推动能力	有效推动：能制定中长期（6个月以上）工作计划并有效推动实施，对产品线运营及产品优化有宏观把控能力	卓越执行：通过寻找并协调资源的分配和运用，尽可能优化地完成任务，统筹建立整套运营体系，提升产品经济效益、市场及业内影响力
价值观	需具体案例体现	30%	40%

二、运营总监的组织管理

电商运营总监职位描述表是根据胜任力模型来拆解和呈现的，适用于内部管理干部招募和考评等的能力评估问题设计，也适合企业在培养运营人才时的课程设计。从人力资源管理者角度而言，运营总监的管理也可以从组织管理和人才管理两方面展开。组织管理主要是组织架构设计与维护、人力成本预算与管理、组织氛围的营造与提升，以及与人力资源部门的分工合作，下面就对这四个主题进行逐个解析。

1. 组织架构设计与维护

每个公司运营团队的构成基本类似，仍旧以电商运营团队为例，图11-1和图11-2是典型的组织职能图及对应的架构图。

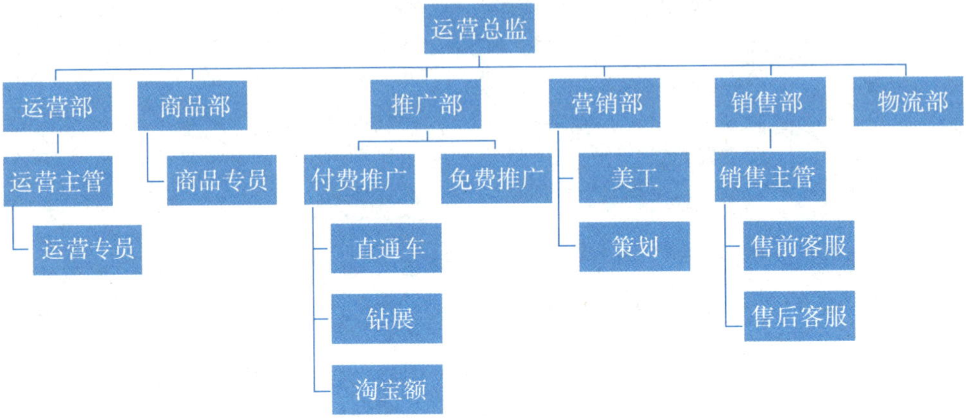

图 11-1　运营团队职能图

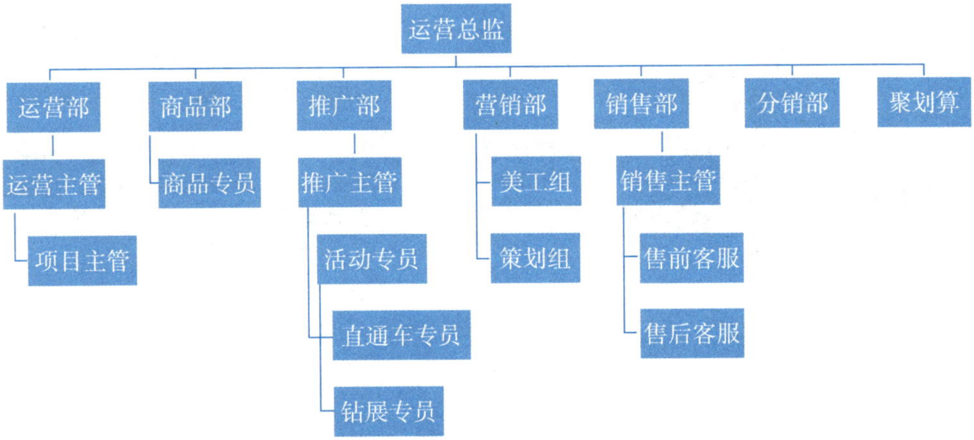

图 11-2　运营团队架构图

在组织架构设计上，通常会根据业务发展的不同阶段、运营总监擅长领域等来进行具体划分，比如早期更多的是一人多角，中期开始进行不同功能团队的划分，成熟期则更多根据战略目标实施侧重点及短期目标实施侧重点的平衡来划分二、三、四级团队。比如某个时期推广部可能会被并入营销部统称推广营销部，或者商品部和运营部合并为商品运营部等；在成熟期可能根据不同类目进行团队架构划分，比如美妆运营部、运动用品运营部等，然后每个类目下面又有独立相关的团队，以及共同的资源团队。

在组织架构的设计和维持上，很多时候需要考虑团队中坚力量的保留和发展，尤其是当某个核心员工被竞争对手或大互联网公司挖走时。比如，运营总监希望经理A负责推广和营销，经理B负责销售，一旦经理B离职，则有几种处理方式：

（1）经理A的经验和动机（motivation）都不错，把销售部并入营销部进行整合管理；

（2）整合时机未到，市场上刚好有较合适的人选，可以招募进来代替B做管理；

（3）整合时机未到，市场上没有较为合适的人选可以招募，可以从销售部提拔一个合适的人选上来管理这个团队；

（4）整合时机未到，市场上没有较为合适的人选可以招募，销售部又没有合适的人选可以提拔，则由运营总监亲自带领这个团队一段时间；

（5）整合时机未到，市场上没有较为合适的人选可以招募，销售部又没有合适的人选可以提拔，运营总监也没有时间和精力亲自带领这个团队一段时间，则将这个团队分而治之，可能并入不同的团队；

（6）整合时机未到，市场上没有较为合适的人选可以招募，销售部又没有合适的人选可以提拔，运营总监也没有时间和精力亲自带领这个团队一段时间，如果团队成员自我管理能力强，可以组合成不同项目进行短时间放羊式管理。

2. 人力成本预算与管理

对于运营总监，人力成本预算与管理很重要，也是管理能力高低的一个体现。企业主的职责就是在一定框架内用最少的资源产生最大的利润，而运营总监则要负责本部门的盈亏。

在运营部，人力成本预算主要可以分为以下两个部分：

（1）人力成本：主要是人力资源类预算，包括招聘费、组织发展与培训费、工资福利、企业文化费、咨询服务费及其他费用等。

（2）行政成本：主要是日常办公费、物业费、固定资产、差旅费、交通及通信费、装修费、水电费、维护费、行政福利及按部门分摊的其他行政费用。

对于运营总监，如果不涉及办公室装修或固定资产等大型行政费用摊销，可以灵活调整的人力成本管理费用主要体现在以下五个方面：

（1）招聘费：制定合适的猎头费是重点大头，可以通过内部推荐和校园招聘来平衡，既保障了员工质量，又有足够的人才梯队应对业务发展的需要。

（2）培训费：一般大互联网公司都有一定比例的培训费，一般包括：企业大学或培训中心一部分、各二级部门一部分和备用一部分。而且相对于培训费，更要关注培训质量。

（3）工资福利：招聘不同职级员工所需要花费的人工成本差异甚大，一个管理能力强的总监可以只招聘60分但高潜力的员工，这样提供的薪酬福利自然比招聘80分员工的要低不少。两个职能部门合并如果能减少人头数，自然也可以节省工资福利的开支。当然，一个岗位如果只需要在第四季度招聘，也肯定比第一季度就开始招聘要节省很多成本。综上，工资福利主要在员工职级、组织架构和招聘时间这三个方面影响总体人力成本。

（4）咨询服务费：这也可能是一笔较大的开销。运营总监可以在这方面考虑进行资源整合，共用及免费使用行业优质资源，比如依靠内部团队的能力提升来解决实战问题，再通过外部行业交流和同行高手的定期不定期沟通进行行业视野最佳实践的学习，最终达成运营团队自身的总体内部咨询服务能力的提升和问题的解决。

（5）差旅费：只出必要之差，出差前有规划，出差后有总结。

3. 组织氛围的营造与提升

对于运营总监来说，搭建团队架构、招募合适的成员加入都很重要，而同样重要的还有组织氛围的营造与提升。如果把团队搭建比喻成人的骨架，团队成员比喻成血肉之躯，那么组织氛围就是这个人的灵魂了。组织氛围的营造与提升意味着这个团队能否走得远、走得快，在团队行为上具体表现为：

工作表现 =F（个人特性、工作、环境）

个人特征：

- 知识、技能、社会角色、自我评价、性格、动机等，它们处于不同的层次。

工作：
- 工作的性质和复杂性。

环境（氛围）：
- 上级的管理风格；
- 同事的行为方式；
- 组织的文化、氛围。

没有人可以脱离环境得到好的生活和工作质量。组织氛围的营造要素包括领导者的能量、团队的能量和个人的能量三个层面。

领导者的能量是决定一个组织的要素，因为领导者影响的是整个团队的团队文化、发展瓶颈和提升空间。而能量主要体现在专业能力、组织能力、团队效能、人才管理及客户满意度等方面。我们可以简单地分为两类，第一类是领导者的权威，包括领导者的专业能力、敬业情况，以及带领团队的目标设置与管理过程的能力。第二类是领导者的温情。每个人都希望自己有所成就，同样也希望自己置身于一个安全温暖的环境中可持续发展，所以领导者的温情包括为团队打造的文化、领导者的包容，以及对团队整体能力发展所做的贡献。从人力资源管理角度看，这主要涉及领导力和企业文化建设，需要尽量在团队中营造良好的氛围：个人适度自由、同事和上级的尊重、学习与成长、奉献的机会、正价值导向、挑战以及薪酬激励等。

团队的能量更多的是指团队间的协同，团队成员对共同目标的追求，对团队潜文化的塑造，它是团队文化的重要补充。在这里和大家分享一本书《冠军团队》（*Championship*），尤其是里面提到的成功金字塔对团队能量的打造意义深远，如图11-3所示。这里我重点讲一下自若，所谓自若可以理解为做好你自己，而不是和别人比较；自信，即面对不确定性时对自己能力的充分运用，它并不由学历或背景带来，而更多的是内在的能力和个人的气场，以及最顶层的信念和耐心。我们都看过奥运会，在追求更快更高更强的体育界，胜者往往是那个拼到最后并耐心做好自己的人，他往往是因为另一个高手出错而最终大获全胜（如图11-3所示）。

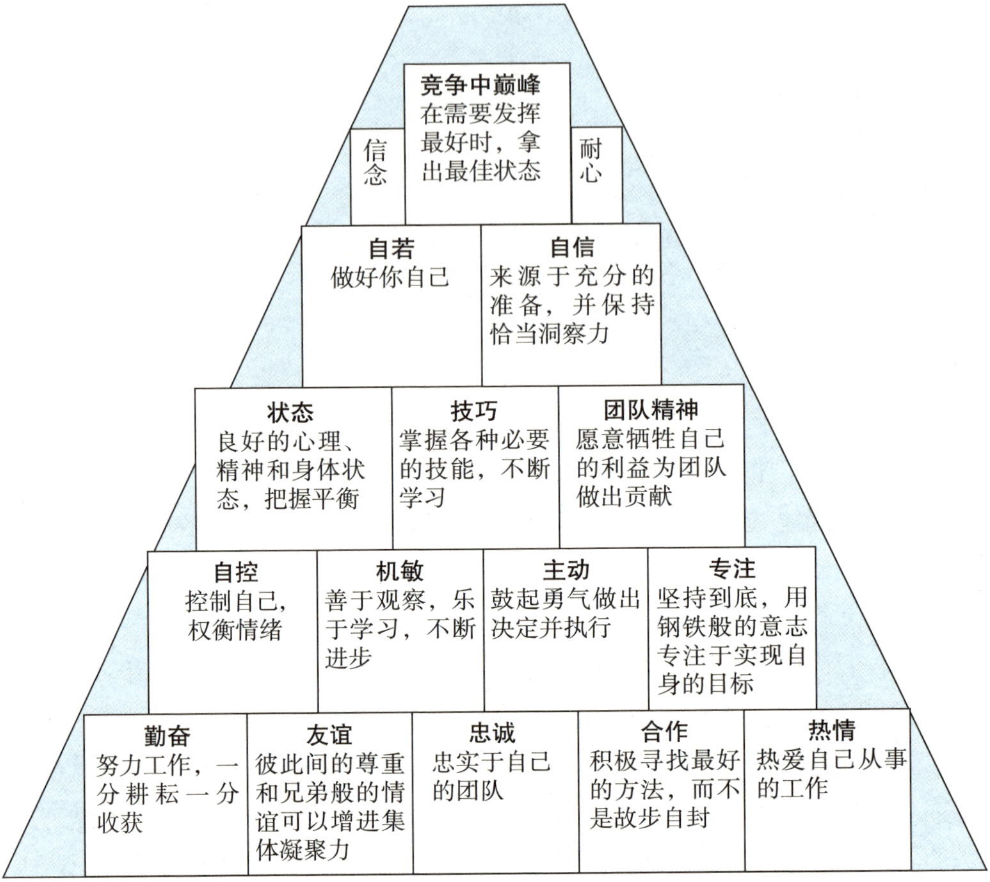

图 11-3　成功金字塔

资料来源：［美］约翰·伍登、史蒂夫·贾米森，《冠军团队》，李兆丰译，东方出版社，2010年版，第25页。

而组织的文化和氛围更多地是指价值观，以及价值观在日常工作和重大决策中的体现。换句话说，文化和氛围是价值观、胜利和成功的综合产物：价值观是基石，胜利和成功是验证文化和氛围的结果。大多数互联网公司坚持用户/客户第一；合作协同、简单高效、诚实守信是重要指标；专注、敬业是不变的原则，如图11-4所示。

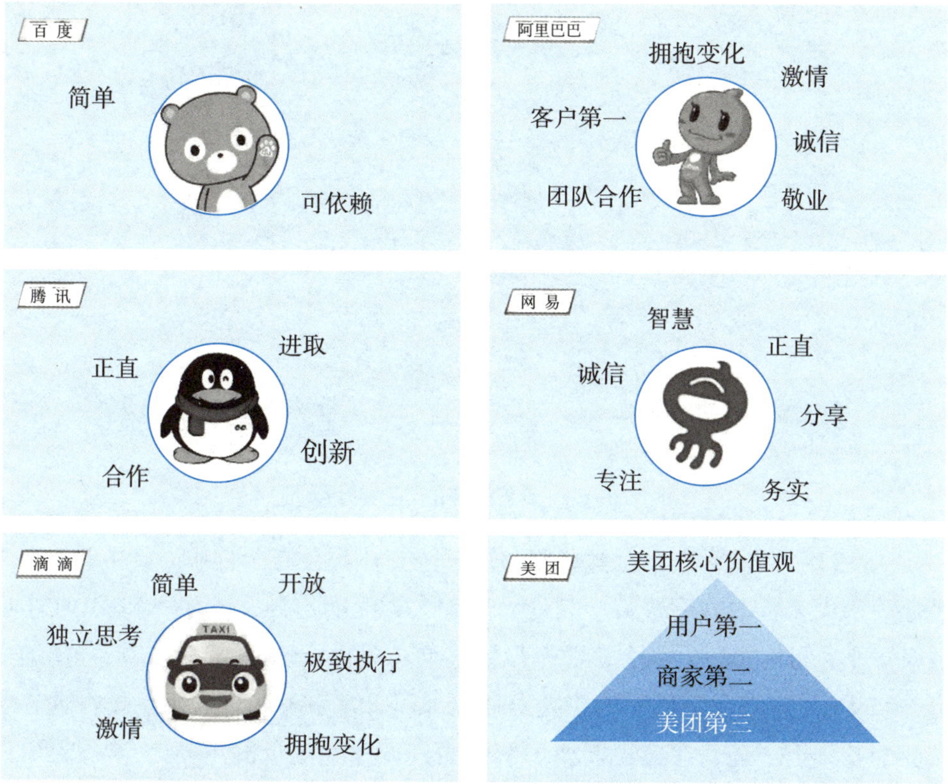

图 11-4　各大互联网公司价值观

资料来源：各公司公开信息。

4. 与人力资源部门的分工合作

在企业内部，人力资源部门等后台部门通常被称为职能部门，而市场、运营、技术等部门被称为业务部门。对于业务部门与人力资源部门的分工合作，根据目前互联网企业的人力资源（Human Resources，HR）三支柱架构，主要有三条线：专家中心（Center of Excellence，COE）、人力资源业务合作伙伴（HR Business Partner，HRBP）和共享服务中心（Share Service Center，SSC）。这个架构主要是戴维·尤里奇（Dave Ulrich）提出的，他指出，人力资源部门应当像企业一样运营。在这个部门中，应有人负责客户管理与接口，有人负责专业技术与发展趋势管理，有人负责服务交付。这种运营模式目标明确，可以高效运作，提升客户满意度和人力资源部门的人效，进而提升组织能效，如图11-5所示。

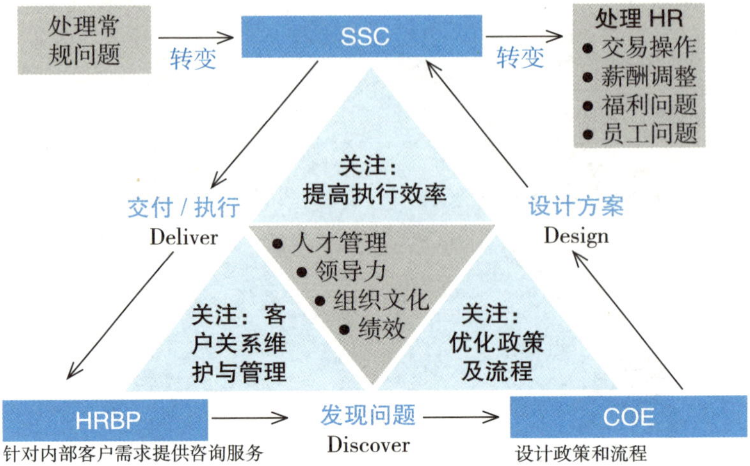

图 11-5　尤里奇 HR 三支柱模型

从图11-5可以看出，运营总监和这三个支柱都会有所合作，其中和COE主要是关于人力资源管理政策、制度、流程等方面的指导、反馈；和HRBP主要是根据业务目标进行的人力资源全模块咨询与项目、政策、制度、流程落地实施；和SSC更多是帮助员工解决人力资源部门日常事务和员工关系。在这三个支柱的基础上，运营总监也需要了解人力资源这个角色的主要内涵，即HR四角色，如图11-6所示。

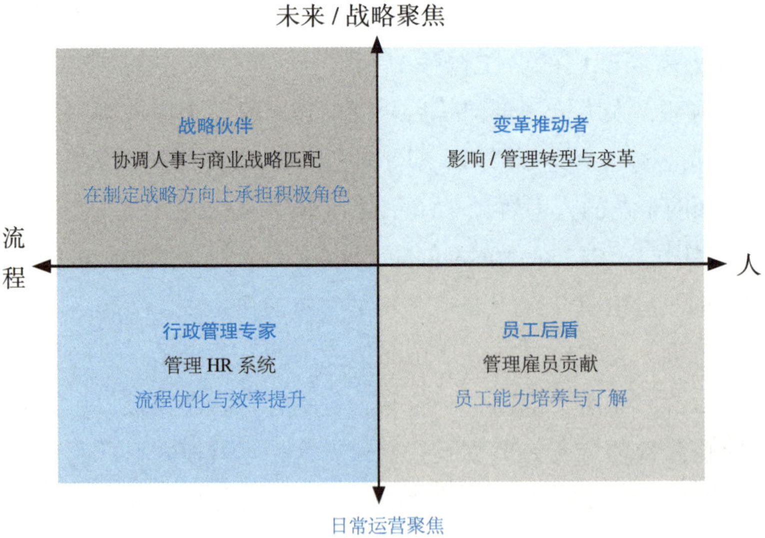

图 11-6　尤里奇的 HR 四角色模型

角色一：战略伙伴。尤里奇认为人力资源部并不应该制定战略。制定战略是公司高层管理团队的责任，而人力资源主管只是这个团队的一员。运营总监如果需要人力资源部参与部门战略的制定，可以邀请HR一起来讨论部门战略，具体步骤如下：第一步，人力资源部应负责制定部门的组织架构，推动和引导一些深入的讨论，大家共同研究运营部应该采取什么样的组织形式来执行战略。讨论内容可以包括战略、结构、奖励、流程及人。第二步，人力资源部必须承担组织审查的职责，引导运营部管理层展开关于"匹配"问题的热烈讨论——部门文化与企业文化和战略目标相匹配吗？诸如此类。假如是否定的，那么人力资源部就应该带领运营部讨论如何来弥补缺陷。第三步，人力资源部要为组织架构亟须变革之处提供方法，带领大家讨论、创造一些最佳实践，比如文化变革项目或者评估与奖励体系中的最佳实践。第四步，人力资源部必须把自己手头的各项工作都清楚地列出来，并按照轻重缓急排定次序——哪些任务是执行部门战略所必需的？哪些任务是刻不容缓的，而哪些可以暂搁一旁？简而言之，要确定哪些任务是与经营业绩真正密切相关的。

角色二：变革推动者。由于全球化、技术创新和信息的自由流动，如今世界的变化速度更加让人头晕目眩。人力资源部还担负着帮助运营总监形成应对变革和利用变革的能力的职责。变革项目可能包括建立高效能的团队，缩短创新周期，或者应用新技术。人力资源部要确保这些项目及时得到界定、开发和实施，确保公司的愿景（比如，我们要成为行业的全球领先者）能够在运营部转化为具体行动，帮助员工搞清楚为了实现长远目标，他们可以停止、开始，或继续从事哪些工作。

角色三：行政管理专家。例如，有的公司自己设计了一套全自动的、灵活的福利管理系统，从而省却了员工的文书工作，也有选用相关HR SaaS系统的；而通过新的技术手段筛选简历，则更是缩短了招聘周期和招聘质量；还有很多公司启用了办公自动化（Office Automation, OA）系统和内部通信工具腾讯通（RTX）等，员工借助这些工具可以实时了解公司信息，顺畅地和高管直接交流。这都是通过精简流程和采用新技术提高工作质量和降低工作成本的案例。

角色四：员工后盾。人力资源部会通过各种企业文化活动加强凝聚力，如各种社交活动、俱乐部活动、野餐、夜跑、联合募捐活动等。在运营部管理层会议上，人力资源部要作为员工的代言人，向员工提供个人与职业发展机会，并提供各种资源以帮助员工达到公司对他们的要求。甚至更为复杂的，比如要求雇用更多支持人员，建议对某些项目进行流程再造，建议对某些项目更多地采取团队形式，或者建议让员工对自己的工作计划拥有更多的控制权，等等。此外，人力资源部还需要通过组织专业的管理培训班、领导力项目，以及员工满意度调查、敬业度调查等，对直线经理进行培训和指导，使他们明白保持员工的高昂士气多么重要，以及如何做到这一点。

三、运营总监的人才管理

运营总监的人才管理是整个运营部业务发展和团队管理的基石，与组织管理的角度不同。运营总监的人才管理是从人的角度出发，更多地从人才招募、人员发展、薪酬平衡和绩效管理（也有观点是从选用育留）这四个方面来进行。

1. 人才招募

人才招募其实就是看人识人、人岗匹配的过程，这个过程包括人才寻访、人才识别、人才辨别和人才质量控制四个方面（当然，前瞻一点的还包括人工智能与人才招募、雇主品牌的调研与应用等）。

所有的人才招募都是从业务规划开始的，经由战略布局后，运营部门需要根据整体战略制定出部门的战略和目标，再根据目标和目前的人力资源来制定人才招募计划，明确要完成这个目标需要什么人、什么级别、多少人、什么时候入职，入职后如何快速融入整个组织并产生相应绩效，如何发展该员工以完成每年增长的运营目标和满足团队发展的需要。

了解清楚人才招募规划与人员需求后，运营总监和HRBP、招聘部则进行例行沟通，把需求提交到人力资源部，并定期不定期地一起回顾人才招募的进度和相关问题的解决。一般情况下，运营部会先根据自己的资源找一些简历，而人力资源部的主要寻才渠道则包括：网络渠道（如智联、51job、猎聘、拉勾、Boss直聘等）、人才库（包括内部人才库和人力资源部人脉、相关推荐等）、内部招聘（内部竞聘、内部推荐、内部晋升等）、社交新媒体（包括微信、领英、脉脉等）、校园招聘（包括秋招、春招，实习生、MBA招聘，校企合作等）、第三方合作伙伴（包括猎头、招聘流程外包等）以及人才地图（俗称MAPPing）。下面是几个主要招聘寻才渠道的特点。

- 网络渠道：最常用且覆盖面最广的收集简历的渠道，有些创业公司通过网络渠道招聘的人数占公司招聘总量的80%以上；
- 内部招聘/人才库：性价比最高，是顶尖公司如腾讯、蚂蚁金服近50%的社招人力资源来源渠道；
- 社交新媒体：挖掘核心高潜力员工中发展最迅猛的互联网引才模式，尤其是微信招聘特别值得关注；
- 校园招聘：是培养具备企业DNA生力军和核心高潜力员工的重要途径，这个渠道在目前企业的招聘中所占比例越来越大，很多企业按10%～20%的员工比例进行年度校园招聘；
- 中高端猎头：是最核心、高潜力人才引入的主要方式之一，通常占到一个成熟互联网公司招聘总量的5%左右；
- 人才地图：长期引才入户，是招聘战略攻坚战的基础，同时也是企业内部招聘从被动满足业务部门招聘需求到主动地同步业务与招聘步伐的重要工具。

从招聘规划、招聘需求沟通、胜任力/任职资格明确、面试问题设计等人才识别的步骤，到收集来自各种渠道的合适且有意向的候选人简历，基本上就进入人才辨别阶段了，也就是简历筛选、面试及评估阶段。简历筛选相对简单，只是占用时间长，这部分工作目前有些企业已经开始用人工智能技术来解决。而对于面试，不同企业通常有不同的要求，一般成熟企业会选用好几种面试技巧，比如校园招聘最常见的是结构化面试、无领导小组面试、压力面试等，批量招聘可能用到结构化面试加STAR面试技巧①、无领导小组面试等，中高端人才面试则更多是用STAR面试技巧、情景面试、压力面试、半结构化面试、非结构化面试。当然，所有的面试都需要一个高效面试法则：所有面试官都需要一个统一的面试标准、清晰的招聘理念、明确的价值观衡量尺度、合格的面试技巧培训等，具体包括：

- 高效面试法则：企业长中短期战略辨才之基础，是面试官最重要的内容之一；

① STAR面试技巧中的“STAR”是Situation（背景）、Task（任务）、Action（行动）和Result（结果）四个英文词的首字母组合。使用STAR面试技巧可以对应聘者做出全面而客观的评价。

- 快速筛选简历：高效辨才第一步，主要从简历框架（骨架）、主要关注内容（血肉）、简历特色（灵魂）这三个方面快速筛选；
- STAR面试技巧：金牌面试官最重要技巧之一，几乎适用于所有面试，而且是目前被验证的最有效的识才辨才的面试技巧；
- 结构化面试：批量招聘提效小技巧，可以广泛应用于如实施工程师、售前支持工程师、入门级销售、客服、校园招聘等场景；
- 无领导小组面试：修炼金牌面试官必杀技之一，很多时候也适用于校园招聘、批量招聘0—3年工作经验要求的员工面试场景等。

在整个人才招聘过程中，企业都会很关注人才质量的控制，毕竟招错一个人成本太高（甚至有研究表明成本是该招错员工年薪的10倍），而招错员工似乎又是很难避免的，就连杰克·韦尔奇这个号称第一CEO的人也不得不承认在自己年轻的时候，选人只对过50%；而到事业巅峰的时候，也不过80%。因此，整个招聘质量的控制就显得越发重要了，目前观察到互联网行业很多成熟大公司的做法基本上体现为：

- 打造雇主品牌：精准定位，提升企业人才竞争力，并提升企业价值链，从内而外地不断升级；
- 高效渠道管理：事半功倍的简历源头把控，需要对众多渠道（有些公司甚至有上百个人才寻访渠道）分类、分层、分级管理；
- 面试官管理：无法忽视的面试质量管理基础，打造新互联网时代优质面试官，从而提升校园招聘人才的综合素质；
- 录取谈判：高效招聘临门一脚的技巧——规避误区，全程跟踪，重点突破，难点攻克；
- 高招聘力团队的打造：精准招聘管理的前提，可以从团队领导、项目协同和成员发展三个角度进行打造，前文中提到的成功金字塔仍然是很好用的法宝。

亚马逊公司招聘三大原则很值得运营总监们借鉴：

（1）通过每次招聘提高标杆。将公司已有的员工作为提高水准的标杆，每次面试以及每个面试环节都让员工参与，给予员工权力，让他们来定夺面试者是否会提高公司的实力。当然要找那种水平高的、有判断力的员工。告诉他们，他们的工作就是要保证新招聘来的人要高于公司特定层级、岗位的员工的平均水平。

（2）设定招聘筛选比例，即首轮电话面试和最终聘用人数之间的比例。将所有团队都算在内，你每年会收到数以千计的简历，进行数百次的电话面试。这样一来，你就能够掌握公司招聘的大体数据，以保证每个团队都在以高标准招聘新人。

（3）不要忽视企业文化。亚马逊公司的高管认为，应该用一半的面试时间来考量文化契合度这个因素，亚马逊下了很大工夫来确定自己的核心领导准则，并认真考虑这些准则对于所有层级、所有工作岗位的意义。

2. 人员发展

我们常说，人才招募是引进“大树”“树苗”还是引进“小草”是大有区别的。首先，“小草”和“大树”“树苗”不是一个品种；其次，“小草”是长不成“树苗”，更长不成“大树”的，而“树苗”在一定环境下则可以长成“参天大树”；最后，一个大生态环境里不仅需要“大树”，还需要“小草”，企业要很清楚什么环境下才需要“小草”。

所以，运营总监所关心的团队成员的发展主要分为两个部分：人才定位和人才培育。

人才定位主要指人才的胜任力模型的设计或者任职资格的明确。一般情况下，企业的任职资格会对三个要素做综合考量：职系与序列的明确、能力素质要素的提炼、能力素质要素的评级。人才招聘会根据任职资格进行面试问题的设计、面试评估表的设计及面试决策，人员发展则会在同样的标准下进行，包括人才发展项目的制定、配套的培训以及内部能效的提升指标等都会参考。表11–4介绍了一个产品运营经理不同级别的任职资格（简版）案例。

表11–4　产品运营经理不同级别的任职资格（简版）

职业序列		运营	
评估项目		P1 运营经理 I	P2 运营经理 II
知识经验	1. 广告文案专业知识	具备良好的文字功底，熟悉文案撰写类型，能创作出各种文案风格	文字功底扎实，触觉敏锐，能掌握多种文体的写作，并有效指导他人
	2. 电商行业/时尚产业经验	对电商行业/时尚产业有较全面的了解	对电商行业及产品线熟悉，有敏锐的业内触觉和一定的时尚触觉

职业序列		运营	
评估项目		P1 运营经理 I	P2 运营经理 II
专业技能	1. 运营管理能力	能创新运营管理工作和产品的展示，提高各项转化率	能分析产业运营体系，参与制定行业商业逻辑及分层标准，协助解决行业重大问题
	2. 营销策划能力	有根据产品利益点策划活动的能力，能根据活动效果分析得失，提出改进方案并复制到下次活动	能找出产品线核心利益点，并策划跨部门大型活动，并达到预期效果
	3. 数据分析能力	具备海量数据处理经验，能整理有效数据和现象，发现数据核心问题，提出并落实改进计划	有较强的数据挖掘和分析能力，善于制定数据分析的方向，并通过数据分析解决问题
软技能	1. 创新思考	主动尝试新的工作方法和程序，并不断检验、确证和改进	有创新意识并对外部变化反应迅速，能深度挖掘需求并进行整体创意策划
	2. 沟通影响力	能同时采用多种论据、信息去影响和说服他人	能换位思考，采取不同方式灵活沟通，并能就具体情况做出调整和妥协，促进相互理解和取得共识
	3. 推动能力	能主动采取各种方法解决遇到的困难，协调资源，确保完成任务	预测潜在的风险点和问题，分析可控资源和可能的收益，以达成挑战性的目标或提前完成任务
价值观	略	略	

人才培育的着力点主要有以下三个，具体操作基本上由运营总监来引导：

（1）项目中锻炼：通过重大项目、跨部门项目、新项目来锻炼；

（2）人际中培养：主要在于企业的导师制，如运营总监的亲带、项目带、日常带，资深员工的参与带等；

（3）培训中成长：这部分比例最小，但必不可少。一般认为，与前面两种方式的比例保持在7：2：1比较合理。培训课程的设计除了企业大学、培训部的设计，运营总监还可以在部门内部设计相应课程，包括案例分享、沙盘、脑力激荡、行业交流等。

3. 薪酬平衡

对于管理者而言，薪酬是一个逃避不了的严肃问题，薪酬的内外部平衡又是管理者最头痛的问题之一。

讨论这个问题的前提是：薪酬是一种企业机密，任何人未经授权不得了解他人薪酬。从运营总监角度看，实现薪酬内外部平衡的通常做法是：

（1）严格管控薪酬是企业机密这个准绳，任何人不得打听或告知他人关于薪酬的事情，不管是否涉及双方；

（2）目前观察到的所有公司均没有实现完全的平衡，更重要的是如何趋近平衡；

（3）一般情况下，传统行业的内部平衡比外部平衡更重要，但对于互联网行业，往往外部平衡比内部平衡更重要；

（4）对于不平衡的状态，互联网企业基本上以与时俱进、跟进目标公司为主要方式进行调整。

对于运营总监来说，薪酬平衡这个问题相对还可以接受（和技术产品部出现的问题相比较），但也需要花费心思来处理。最简单的处理方式是薪酬包。所谓薪酬包，是指包括薪酬在内的整体解决方案，包括组织氛围、企业文化、培训机会、团队管理等很多方面，也可以理解为雇主品牌打造的核心。一般情况下，雇主品牌打造内部优先于外部，方式略有不同。

内部雇主品牌打造包括：

- 有竞争力的薪酬福利体系；
- 清晰且富有吸引力的员工发展通道和培训机制；
- 丰富的企业文化活动；
- 亲和的工作环境与和谐的伙伴关系；
- 完善且现代化的管理制度与流程；
- 员工的敬业度和忠诚度。

外部雇主品牌打造包括：

- 了解外部求职者需求；
- 雇主品牌定位清晰、特别；
- 雇主品牌推广具有针对性且高效；
- 吸引潜在人才；

- 提升人才市场知名度；
- 获得人才市场美誉度。

一些知名的最佳雇主调查也显示，薪酬并不是员工最看重的因素。图11–7是CBCD模型给我们的启示：

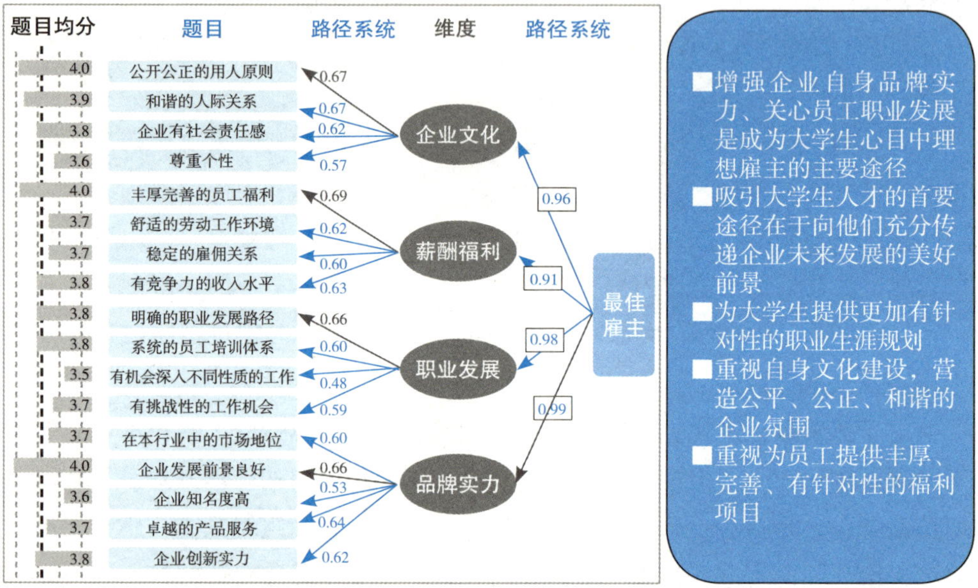

图 11–7　CBCD 模型及其启示

因此，我们需要明白：

- 薪酬平衡是个永恒且动态的问题；
- 比薪酬更重要的是如何艺术地管理运营团队；
- 在薪酬差别不大的情况下，打造企业价值观下有特色的运营团队文化和氛围更为重要。

4. 绩效管理

我们都知道绩效是人力资源管理的一个核心指标，它执行得好不好和绩效管理体系的搭建有很大的关系。

目前对于几乎所有的公司，整体的一切管理运营都是以绩效为导向的，不管这个公司有没有明确的绩效管理体系，所有的商业管理都是围绕绩效而展开的。在人力资源管理领域，绩效管理的方法也在不断增多，如目标管理、KPI、平衡计分卡、360度评估……方法多了，如何选择就变得重要了。了解清楚常见的绩效管理方法，不仅可以选择适合企业内部的绩效管理模式，也可以通过绩效管理，使企业达到设定的战略经营目标。

对于运营总监来说，不管选用哪种绩效管理制度，更为重要的是如何在整个企业绩效管理制度下做好团队绩效管理和成员绩效管理。在日常绩效管理工作中，KPI是我们最经常接触和讨论的方式。在KPI指标的设定中，我们主要需要考虑以下情况。

（1）KPI指标设定原则包括两层含义：一是指标体系的设定原则，即与公司的战略与年度经营计划相一致原则、重点突出原则、可行性原则、充分沟通原则、激励原则与公正原则、职位特色原则和综合平衡原则；二是具体岗位KPI设定原则，即我们通常说的SMART原则——具体的（Specific）、可衡量的（Measurable）、可达到的（Attainable）、相关的（Relevant）、有时间限度的（Time-scoped）。

（2）KPI指标设定要求：我们需要注意，目标设定要与员工沟通达成，目标应是只要努力就可以达成的；尽量将目标种类浓缩在7项之内；下一级目标要与上一级目标有关，与各部门的目标相互配合；依指标的重要性不同给予不同权重等。

（3）KPI指标设定要点：数量和时间一般不作为单独的考核标准，考核的内容一定要是自己可控的；形容词不能作为量化考核的标准；考核标准要遵循三个定量原则——上级期望、历史数据、同行数据；考核标准要应用逆推法，上级一定要和员工达成一致。

（4）KPI指标设定7法（见图11-8）。

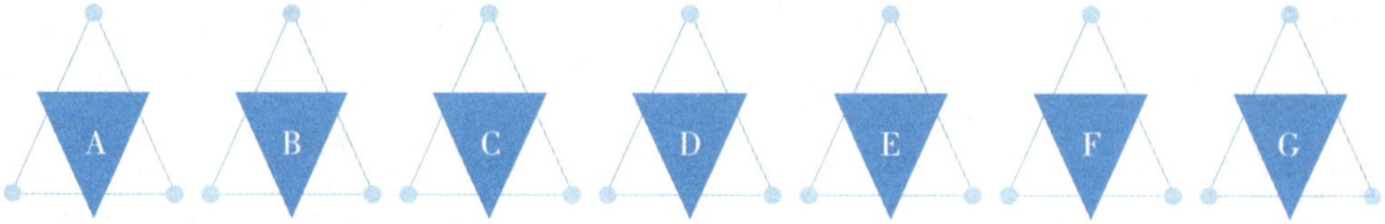

比率法

如人力资源部的招聘计划完成率＝实际招聘人数/计划招聘人数

非此即彼法

如部门归口公司一级制度（流程）发布计划达成率为10%，完成10%给10分，未完成给0分

说明法

如品管部的管理评审结论登记为该类指标；如果该指标在季度中所占的权重为20分，那么，非常有效20分，有效10分，无效0分

层差法

如人员招聘周期＝用人单位提出用人申请经确认的时间到员工招录到位的时间段。
A. 10分，20日以内；
B. 5分，20—25日之内；
C. 0分，25日以上

区段法

案例（见表11-5）

插值法

案例（见表11-6）

加减分法

案例（见表11-7）

图11-8 KPI指标设定7法

表11-5 KPI指标设定——区段法

关键业绩指标	目标值			分值	措施和手段	完成期限	权重	考核标准	数据来源	实际值	得分
KPI	必保目标	理想目标	挑战目标								
回款率	80%	100%	100%	20	……	考核期内	20%	□达到100%，为20分	财务部	90%	18
								□(90%，100%)，为18分			
								□(80%，90%)，为15分			
					……			□低于80%，为0分			

表11-6 KPI指标设定——插值法

关键业绩指标	目标值			分值	措施和手段	完成期限	权重	考核标准	数据来源	实际值	得分
KPI	必保目标	理想目标	挑战目标								
回款率	80%	100%	100%	20	……	考核期内	20%	□达到100%，为20分	财务部		
								□低于80%，为0分			
					……			□中间线性扣分			

表11-7　KPI指标设定——加减分法

关键业绩指标	目标值			分值	措施和手段	完成期限	权重	考核标准	数据来源	实际值	得分
KPI	必保目标	理想目标	挑战目标								
完成公司规定的销售额	500万	800万	1200万	50	1.奖金激励机制	考核期内	50%	□=理想目标值，为50分；每增加50万，加5分	财务部		
					2.增加广告投入			□每减少50万，扣5分			
					3.销售技能培训						
					4.客户沟通服务			□低于必保目标为0分			

（5）跨部门关联指标的设定（见表11-8）。

表11-8　跨部门关联指标

人员类别	挂钩考核
运营总经理/总监	所有经理得分的平均分
经理 /副经理	公司分30%+部门分70%
副经理及以下人员	部门分30%+个人得分70%

（6）个人/部门/公司业绩指标挂钩，同跨部门关联指标的设定。

个人KPI的设置有技巧，团队KPI的实现则不仅需要技巧，更需要运营总监有超强的战略与管理能力，即如何充分运用与时俱进的团队绩效管理来提升组织绩效能力。

（1）绩效管理误区（见图11-9）、原因分析与解决方案（见图11-10至图11-15）。

图 11-9　绩效管理误区

绩效目标与战略目标不挂钩

↓

员工对考评目的不了解

↓

不明白自己的绩效目标与
实现企业战略的关系

↓

导致工作无目的性

↓

积极性随之下降

↓

不利于工作任务的完成

↓

战略目标无法实现

图 11–10　目标模糊的原因分析

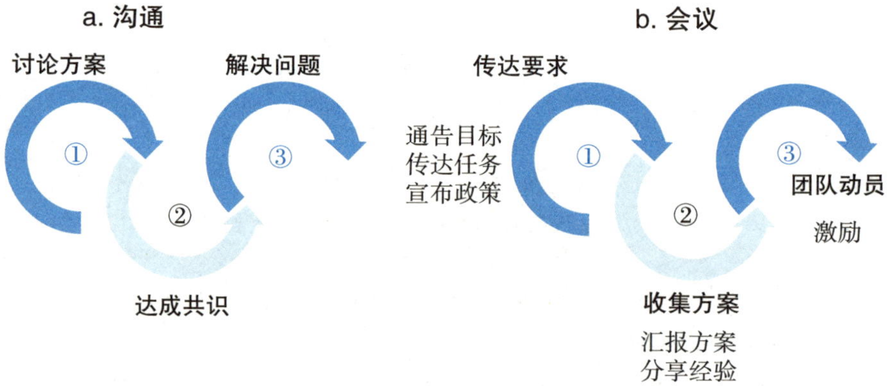

图 11–11　目标模糊的解决方案

原因分析	解决方案
目标是有了，但缺乏实现计划和措施	目标是有了，远方有多远就定了
↓	↓
没有明确的计划 不知道要干什么	各级管理者 明确任务分解
↓	↓
没有相应的措施保障	KPI 分解，人力资源、财务资源跟上
↓	↓
没有相应的培训	必要的培训跟上
↓	↓
不知道怎么干	管理者 / 核心骨干带头干
↓	↓
企业目标无法达成	企业目标达成

图 11–12　措施缺位的原因分析与解决方案

不到考核的时候不检查	设置过程 KPI 进行定期考察
↓	↓
检查跟进频次少	对项目关键节点不定期开会检查
↓	↓
员工的工作过程失去监督	结合周报 / 月报进行监督管理，指导纠错
↓	↓
失去监督往往会导致黑洞	专设监督角色，如领导者或项目经理
↓	↓
资源流失、效率低下	充分利用高效沟通、系统和技术支持等
↓	↓
企业目标达不成	企业目标达成

图 11-13　检查追踪不到位的原因分析与解决方案

没有有效的激励措施	建立全面薪酬绩效体系
↓	↓
不知道奖惩什么	物质精神相结合，短期长期共考虑
↓	↓
不知道如何奖惩	制度流程跟上，提供培训发展的机会等
↓	↓
不知道何时奖惩	小事立即奖惩，大事重在系统化
↓	↓
奖惩不到位，员工积极性受挫	明确奖惩建氛围，员工积极性提升
↓	↓
目标无法实现	目标实现

奖励：嘉奖、优秀评比、外部培训、晋升、加薪、年终分红、股权激励等多种方式
惩罚：口头警告、记过、记大过、降职、调岗、劝退、开除等

图 11-14　奖惩不清的原因分析与解决方案

没有明确的实施计划，不知道要干什么	计划任务分解术
↓	↓
没有相应的培训，不知道怎么干	团队内培训、企业内培训和外部培训相结合，以实战技巧为主
↓	↓
没有合理的评估体系，干好干坏没人知道	绩效评估流程明确，绩效考核沟通顺畅
↓	↓
没有有效的激励措施，干好干坏都一样	切合实际的激励措施，激励先进淘汰后进
↓	↓
企业目标无法达成	企业目标达成

图 11-15　执行力差的原因分析与解决方案

（2）系统支持，简单但重要。想做好绩效管理，从宏观到细节都涉及系统支持，主要是管理支持和技术支持两方面。管理支持包括从上而下的绩效管理（文化和氛围），从上而下的目标管理、项目管理（技术层面）、团队管理（领导力发展支持）和其他资源如人力、财务等的整合，等等。而技术支持主要包括系统化支持、数据/大数据支持和运营维护的技术支持。

（3）绩效评估，包括绩效评估难点、标准、评定和策略四个方面。

绩效评估主要涉及两个难点：一个源于绩效管理整个层面，包括绩效评估制度不健全、绩效评估执行不力、绩效评估与奖惩挂钩不到位、绩效评估方法和程序不合理，以及不关注考核者的训练；另一个源于绩效评估执行者这个层面，包括执行者的逃避心态、充当“老好人”、对考核制度和程序等不太了解、关注对下属的“控制”而不关注“改进”和“辅导”，以及评估方法和技术的缺乏。

在绩效评估标准上，主要有三点需要运营总监注意：①需求分析——只看最关键的结果和过程；②实现沟通——确认理解，具体描述；③共同商定——共同目标，达成意向。

绩效评估的评定和面谈策略中，也有三点需要运营总监注意：①评定信息收集——事实和结果；②评定信息的来源——内部指客户、本人、员工自身、其他员工，外部指客户、供应商、其他来源等；③评定内容重点：工作目标和标准的达成情况、评语及表扬，绩效不好的个人原因、所做的努力、关键事件和数据等。

（4）绩效沟通、反馈与运用，主要涉及员工薪酬、晋升和个人发展。下面是三个方面的范例。

范例1：

绩效调薪原则

人员绩效调薪，以绩效管理办法第四条第四项之调薪范围为依据。

人员之调薪额度，必须经过主管针对员工于工作期间之绩效评估结果作为调薪依据。

以不超过全薪之百分之五十为上限。

评估结果	非常杰出 A	超过标准 B	符合要求 C	需要改善 D	表现不合格 E
调幅比例	40%以上	20%~30%	10%~15%	5%~10%	不予调整

范例2：

某公司人员晋升资格

科级（含）以上人员晋升条件需具备：

（一）连续两个年度个人考绩表现达到甲等（含）以上；

（二）完成各层级人员规定之教育培训课程；

（三）担任公司内部讲师1年（含）以上，且年度授课10小时以上（两种以上课程）；

（四）提出晋升后当事人的工作要求以及培训发展计划。

（五）晋升前6个月部门KPI绩效平均成绩80分以上。

范例3：

某公司主管晋升需接受培训课程项目

职称 课程类别	主管级	经理级	高级经理级（含）以上
必修课程	1.基层主管角色与职责	1.中阶主管的角色与职责	1.高阶主管的角色与职责
	2.TWI人员训练	2.MTP管理才能发展训练	2.MTP管理才能发展训练
	3.人事规章制度	3.人事规章制度	3.人事规章制度
	4.质量管理系统	4.非人力资源主管的人力资源管理	4.非人力资源主管的人力资源管理
	5.内部讲师培训课程	5.非财务主管财务报表分析	5.非财务主管财务报表分析
		6.绩效管理	6.策略规划
		7.内部讲师培训课程	7.绩效管理
			8.内部讲师培训课程
选修课程	需包含下列课程累积达两门以上：	需包含下列课程累积达三门以上：	需包含下列课程累积达三门以上：
	如何带领高绩效团队、有效的领导与激励、项目管理、压力管理与情绪管理、人际关系、问题分析与解决、有效沟通技巧、计划书撰写实务、会议技巧	如何带领高绩效团队、有效的领导与激励、项目管理、压力管理与情绪管理、人际关系、问题分析与解决、有效沟通技巧、计划书撰写实务、会议技巧	如何带领高绩效团队、有效的领导与激励、项目管理、压力管理与情绪管理、人际关系、问题分析与解决、有效沟通技巧、计划书撰写实务、会议技巧

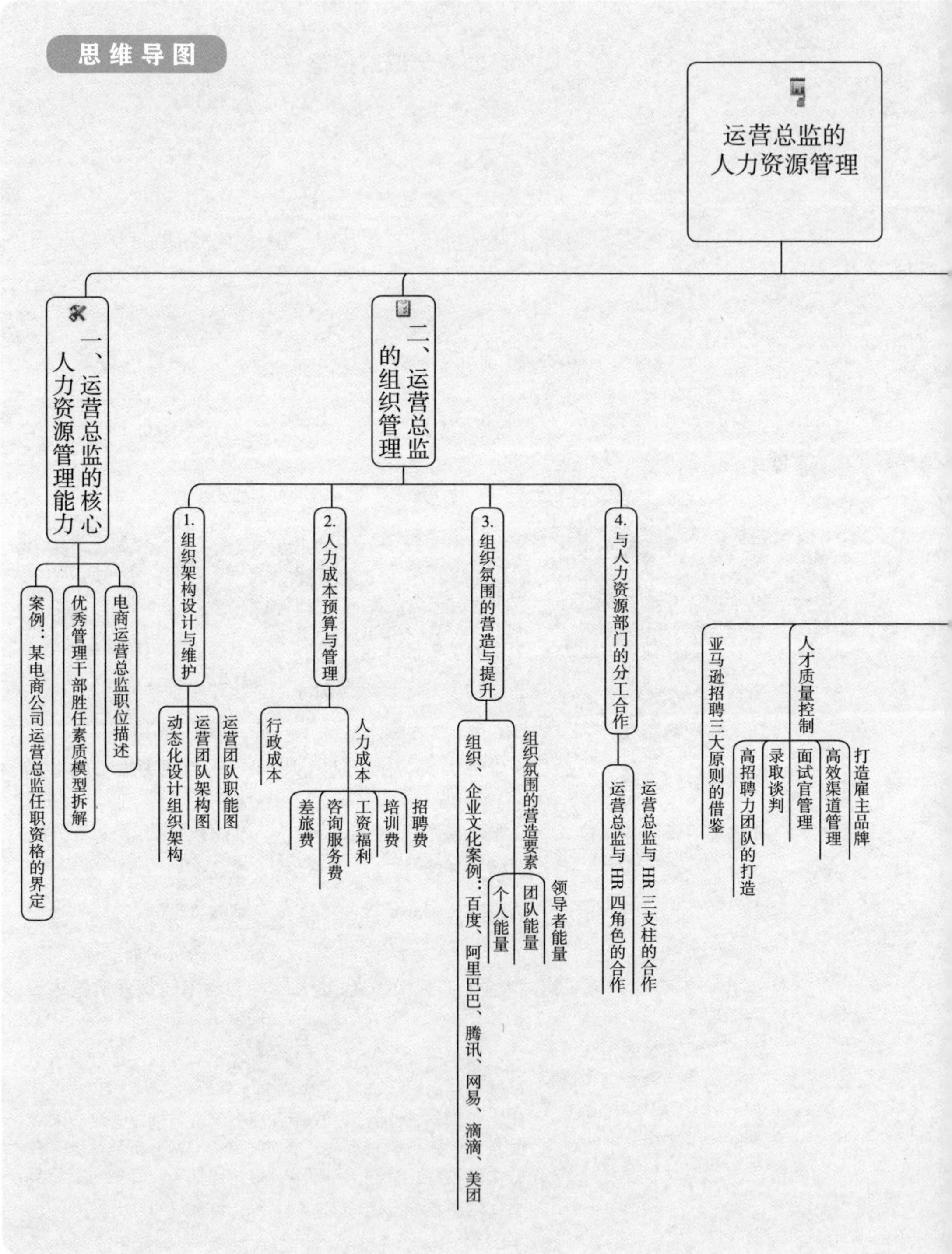
思维导图
运营总监的人力资源管理
一、运营总监的核心人力资源管理能力
电商运营总监职位描述
优秀管理干部胜任素质模型拆解
案例：某电商公司运营总监任职资格的界定
二、运营总监的组织管理
1. 组织架构设计与维护
运营团队职能图
运营团队架构图
动态化设计组织架构
2. 人力成本预算与管理
行政成本
人力成本
招聘费
培训费
工资福利
咨询服务费
差旅费
3. 组织氛围的营造与提升
组织氛围的营造要素
领导者能量
团队能量
个人能量
组织、企业文化案例：百度、阿里巴巴、腾讯、网易、滴滴、美团
4. 与人力资源部门的分工合作
运营总监与HR三支柱的合作
运营总监与HR四角色的合作
亚马逊招聘三大原则的借鉴
人才质量控制
打造雇主品牌
高效渠道管理
面试官管理
录取谈判
高招聘力团队的打造

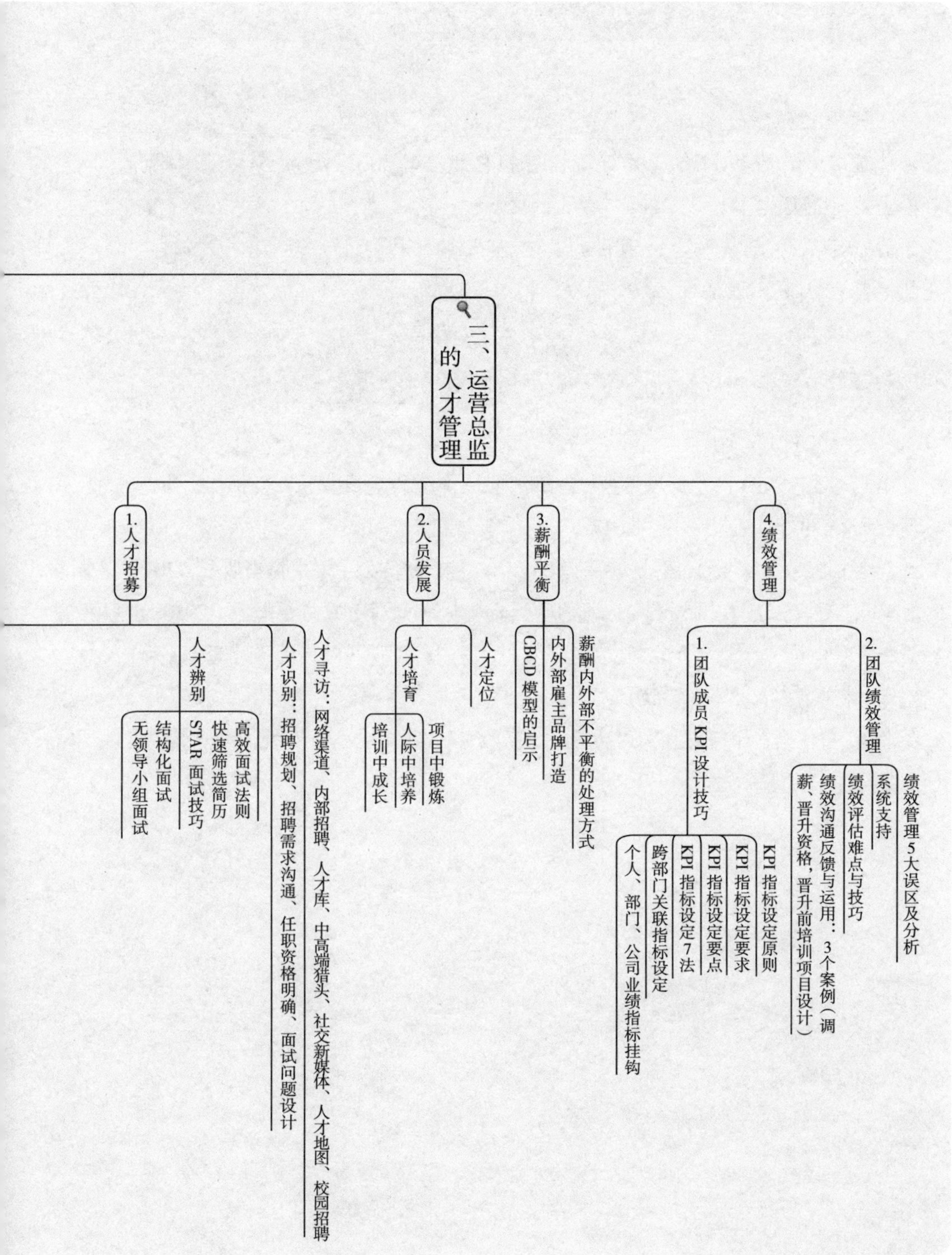
三、运营总监的人才管理
1.人才招募
人才辨别
高效面试法则
快速筛选简历
STAR面试技巧
结构化面试
无领导小组面试
人才识别：招聘规划、招聘需求沟通、任职资格明确、面试问题设计
人才寻访：网络渠道、内部招聘、人才库、中高端猎头、社交新媒体、人才地图、校园招聘
2.人员发展
人才培育
项目中锻炼
人际中培养
培训中成长
人才定位
3.薪酬平衡
CBCD模型的启示
内外部雇主品牌打造
薪酬内外部不平衡的处理方式
4.绩效管理
1.团队成员KPI设计技巧
KPI指标设定原则
KPI指标设定要求
KPI指标设定要点
KPI指标设定7法
跨部门关联指标设定
个人、部门、公司业绩指标挂钩
2.团队绩效管理
绩效管理5大误区及分析
系统支持
绩效评估难点与技巧
绩效沟通反馈与运用：3个案例（调薪、晋升资格，晋升前培训项目设计）

大/咖/知/心/谈

李晓莉

法国国立科学技术与管理学院MBA，康奈尔大学战略人力资源管理专业认证。18年工作经验，曾担任过全球500强及独角兽企业HR高级总监。

近20个人力资源平台特邀讲师，查理·佩勒林博士亲授《4D卓越团队》认证讲师。

箴言

勤奋踏实，宽容爱心，诚实守信，永不放弃，梦想常在。

书籍推荐

1. 戴维·尤里奇. HR人力资源转型：为组织创造价值和达成成果，李祖滨，孙晓平译. 北京：电子工业出版社，2017.
2. 拉斯洛·博克. 重新定义团队：谷歌如何工作，宋伟译. 北京：中信出版社，2019.
3. 约翰·伍登，史蒂夫·贾米森. 冠军团队，李兆丰译. 北京：东方出版社，2010.
4. 里德·霍夫曼、本·卡斯诺查、克里斯·叶. 联盟：互联网时代的人才变革，璐蒙佳译. 北京：中信出版社，2015.
5. 费洛迪. 合伙人：如何发掘高潜力人才，高玉芳译. 北京：中信出版社，2015.